도그마는
드라마다

도로시 세이어즈
홍병룡 옮김

Ivp

IVP(InterVarsity Press)는
캠퍼스와 세상 속의 하나님 나라 운동을 지향하는
IVF(InterVarsity Christian Fellowship)의 출판사로
생각하는 그리스도인을 위한 문서 운동을 실천합니다.

Letters to a Diminished Church ⓒ The Estate of Anthony Fleming deceased, 2004
Creed or Chaos? ⓒ The Estate of Anthony Fleming deceased, 1947
The Whimsical Christian ⓒ The Estate of Anthony Fleming deceased, 1987

Originally published in English under the title
Letters to a Diminished Church by W Publishing Group,
a division of Thomas Nelson, Inc.
Korean translation rights arranged with David Higham Associates Limited
of 5-8 Lower John Street Golden Square London W1F 9HA, England
through Eric Yang Agency, Seoul, Korea.
All rights are reserved.

Korean Edition ⓒ 2017 by Korea InterVarsity Press
156-10 Donggyo-Ro, Mapo-Gu, Seoul 04031, Korea

이 한국어판의 저작권은 EYA(Eric Yang Agency)를 통하여
David Higham Associates Limited와 독점 계약한 IVP에 있습니다.
신 저작권법에 의하여 한국 내에서 보호를 받는 저작물이므로
무단전재와 복제를 금합니다.

Letters to a Diminished Church

: Passionate Arguments for the Relevance

Dorothy L. Sayers

차례

해설: 문학적 상상력으로 신학의 세계를 펼쳐 보인 '창조적 지성'   7

1부 기독교 교리를 다시 생각한다   21

1. 역사상 가장 위대한 드라마   23
기독교 교리의 핵심인 성육신 사건

2. 우리는 무엇을 믿는가   33
신조에 담겨 있는 믿음의 내용

3. 도그마는 드라마다   41
오도된 기독교 교리에 대한 변론

4. 신조인가, 무질서인가   51
신조에 대한 무시와 무질서 양상

5. 기독교 도덕   79
재조정되어야 하는 기독교 도덕 기준

6. 다른 여섯 가지 큰 죄   87
정욕을 포함한 일곱 가지 죄

7. 왜 일하는가 121
창조적 활동으로서의 노동

8. 부활절의 승리 149
악의 문제와 그리스도인의 궁극적 승리

2부 창조적 지성의 소명 161

1. 기독교 미학을 정립하기 위해 163
플라톤 미학의 이해와 예술의 기독교적 본질

2. 창조적 지성 193
언어가 지닌 위력과 그것의 선용

3. 알레고리를 쓰고 읽는 법 211
알레고리라는 문학 형식의 가치와 유효성

4. 파우스트 전설과 마귀의 관념 259
악역이 미화될 우려가 있음에 대한 경고

5. 키루스에게 드리는 감사 287
실존 인물이었던 키루스와 예수

6. 단단한 음식물 299
연륜이 있는 자의 의무와 권위

7. 창조적 예술가의 소명 309
일상에 의미를 부여하는 예술가의 창조성

저자 연보 355

해설
문학적 상상력으로 신학의 세계를 펼쳐 보인 '창조적 지성'

_**백소영**(이화여자대학교 기독교학과 교수)

"신학과 문학은 동일한 경험을 기술하는 각각 다른 두 표현이다." 세이어즈의 말이다. 어찌 신학과 문학뿐이랴. 과학도 철학도 이 커다란 우주 안에 하나님의 형상으로 '낳은' 인간의 경험 파편을 기술하는 한 모두 '하나를 지향하는 몸짓'인 것을…. 그러니 신학은 신학대로, 문학은 문학대로, 과학은 과학대로, 철학은 철학대로 각자의 몫을 다하는 것만으로도 벅차다. 현대적 지성에 익숙한 많은 이들이 이리 믿으며 칸칸이 나누어진 삶을 살아왔다. 나도 예외는 아니다.

사실 나는 문학을 깊이 있게 알지 못한다. 탐정 추리 소설로는 영미권에서 아가사 크리스티와 더불어 쌍벽을 이룬다는 도로시 세이어즈임에도 불구하고 일찍이 그녀의 소설들을 접해 보지 못했다. 그녀가 제도권 신학자로서 체계적인 조직 신학 저서를 저술한 바 없으니 신학자로서의 그녀는 내게 낯선 이름이었다. 하지만 2009년 가을, 우연한 기회에 접한 세이어즈는 내 가슴을 뛰게 했다. 살아 숨쉬는 그녀의 언어들이 뿜어내는 열정이, 그리고 무엇보다 21세기 오늘을 사는 우리에게조차 영감을 불러 일으킬 만한 신과 인간과 사회에 대한 그 깊고 근본적인 신학적 통찰력이 나를 마법처럼 끌어 당겼기 때문이다.

1893년 영국 성공회 사제의 외동딸로 태어난 도로시 세이어즈는 어린 시절 병약했던 탓에 제도 교육 대신 아버지와 가정교사에게 가르침을 받았다. 이후 옥스퍼드 서머빌 칼리지에 입학해 현대어를 전공했고, 1915년 최우등으로 옥스퍼드 최초의 여자 졸업생이 되었다. 요즘 아이들 말로 '엄친딸'이다. 세이어즈가 한 백 년쯤 늦게 태어났더라면 어떤 인물이 되었을까? 그러나 그 모든 '최초'는 험난한 법이다.

졸업 이후 그녀의 삶의 궤적을 돌아보건대, 세이어즈 역시 시대의 범주로는 담아 낼 수 없을 만큼 앞서간 개인으로서 대가를 톡톡히 치른 듯하다. 고등학교 교사, 출판사 직원, 학교 사무직, 광고회사 카피라이터…. 그녀의 재능으로 무엇인들 못 해 냈으랴만, 대학 졸업 후 십 년이 채 안 된 동안 그녀가 거쳐 갔던 다양한 직업들은 그녀의 내적 방황의 외적 표현일지도 모르겠다. 간간이 시집도 냈지만, 그녀 안에서 폭발할 듯 이글거리던 창조성을 표현하기에는 역부족이었으리라. 그 이십여 년을 세이어즈는 "어렵고 실망스런 관계들을 접한 시기"라고 회상하지만, 그건 개인의 불운 이상이었다. 이는 그 '최초'의 비극이다. 편견과 전제에 사로잡힌 동시대인들에게 온전히 이해받지 못한 채, 천재들은 빛나는 별을 가슴에 안고 피 흘리며 사는 법이다.

그녀의 사랑도 순탄치 않았다. 연이어 실패한 세이어즈의 사랑은 서른한 살의 그녀에게 존 안토니라는 사생아를 안겨 주었다. 그러나 세이어즈는 1926년, 스코틀랜드 출신의 저널리스트 아더 플레밍을 만나 결혼했고 그 둘의 동반자 관계는 평생 지속되었다. 열두 살 연상인 플레밍은 세이어즈의 저작 작업을 음양으로 도운 진정한 소울메이트였다. 그 무렵 그녀는 자신의 평생 직업을 찾는다. 바로 전문 작가로서의 길이다.

그녀가 쏟아 낸 작품의 양은 그녀 안에서 꿈틀거리던 창조적 아이디어의 힘을 단적으로 보여 준다. 그녀의 상상 세계 안에서 살던 이상적 인간인 피터 윔지 경을 주인공으로 한 탐정 추리 소설들은 *Whose Body?*(1923, 「시체는 누구?」, 시공사)를 시작으로 모두 열네 편이 탄생했다(*Cloud of Witness*(1926), *Unnatural Death*(1927), *The Unpleasantness at the Bellona Club*(1928), *Lord Peter Views the Body*(1928), *Strong Poison*(1930), *The Five Red Herrings*(1931), *Have His*

Carcase(1932), *Hangman's Holiday*(1933), *Murder Must Advertise*(1933), *The Nine Tailors*(1934, 「나인 테일러스」, 동서문화사), *Gaudy Night*(1935), *Busman's Honeymoon*(1937), *Thrones, Dominations*(저자 사후 Jill Paton Walsh가 완결함), *In the Teeth of the Evidence*(1939)].

세이어즈는 1930년대 중·후반부터는 종교 극작가로도 활동했다. 그녀의 문학적 감수성과 극적 상상력이 기독교적 주제를 만나 '성육'한 장르가 희곡인 셈이다. 캔터베리 대성당의 청탁을 받아 쓴 희곡 *The Zeal of Thy House*(1937)는 그녀에게 대중적 인기를 안겨 주었다. 이후 그녀는 *The Devil to Pay*(1939), 라디오 방송용 예수 탄생극 *He That Should Come*(1940), 텔레비전 방송용 예수 생애 희곡 *The Man Born to Be King*(1942), 리치필드 성당 750주년 기념 연극 *The Just Vengeance*(1946), *The Emperor Constantine*(1951) 등 모두 일곱 편의 종교 희곡을 썼다. 특히 BBC에서 방송했던 *The Man Born to Be King*에서는 현대 영어를 구사하는 예수를 주인공으로 등장시켜 논쟁과 대중적 호기심을 함께 불러일으켰다.

세이어즈의 작품 활동 장르와 관심사를 연대별로 꼭 구분할 필요는 없겠으나, 큰 흐름으로 볼 때 1920년대와 1930년대 중반에 이르기까지 탐정 추리 소설에 몰두하던 그녀는, 이후 1930년대 중후반에서 1940년대에는 종교 희곡을, 그리고 1940년대 이후에는 신앙 에세이에 집중했다고 할 수 있다.

Begin Here(1940), *The Mind of the Maker*(1941, 「창조자의 정신」, IVP), *Creed or Chaos?*(1947) 등은 비록 체계적인 신학적 저술은 아니지만, 현대인의 감수성과 언어로 현대 문명—현대 교회를 포함하여—의 근본적인 오류를 지적해 낸 뛰어난 저작들이다. 세계대전을 거치며 쓰인 이 신학적 글들은 인류의 파괴적 힘을 직면한 그리스도인으로서 피할 수 없는 숙명이었다고 생각한다. 또한 그녀는 이 시기에 단테의 「신곡」(*The Divine Comedy*) 번역을 시작했는데, "지옥편"(1949), "연옥편"(1955)을 번역하고 "천국편" 번역을 미완결한 채 1957년 12월 17일 심장마비로 자택에서 사망했다.

소설가로서 세이어즈는 대중적 인기를 누리다 간 사람이다. 탐정 추리 소설도 주목받았으며, 무엇보다 대중 매체를 통해 기독교 복음을 전할 필요성을 절감한 당대의 종교 지도자들에게 수많은 러브콜을 받았다. 전통적인 영국 성공회의 입장 안에서 고백한 그녀의 신앙적·신학적 주장들이 문학이라는 새로운 표현 방식을 통해 현대인들에게 참신하게 다가갈 수 있다는 장점 때문이었으리라. 이 책 「도그마는 드라마다: 문학적 상상력과 교리의 재발견」(원제는 '시들어 가는 교회에 보내는 편지') 역시 현대 문화적 전제와 삶의 방식에 익숙한 오늘날의 교회와 그리스도인들에게 동시대적 언어와 이슈를 가지고 기독교 교리를 재해석한 뛰어난 글이다. 에세이 모음집인 관계로 통일된 구조로 전개되고 있지는 않지만, 모든 내용들을 꿰뚫는 중심 전제는 '하나님의 형상을 닮은 인간의 창조적 능력'이다. 이 본성을 잊고 잃은 까닭에 현대 문명의 전개 과정 속에서 20세기 유럽 교회들이 제 역할을 제대로 해 내지 못했다는 것이 그녀의 지적인데, 이 일침은 기독교가 '개독교'로까지 불리면서 공공의 적이 되어 버린 21세기 한국 땅에서도 여전히 유효한 예언자적 외침이라 생각된다.

기독교 신앙을 "역사상 인간의 상상력을 가장 크게 뒤흔든 흥미진진한 드라마"로 평가하는 세이어즈에게 '교리'는 신이 만든 것이 아니라 '인간에 의해 표현된 것'이다. 분명 신조(교리)는 "우리에게 하나님뿐 아니라 사람의 참 본성에 관한 가장 본질적인 사실을 알려" 주지만, 이는 불변하는 하나님의 진리와 질서에 '대한' 인간의 고백이기에, 언제나 다시 그리고 새로이 표현될 수 있다(되어야 한다)는 것이다. "하나님이 정수들을 만들었고, 나머지는 모두 사람의 작품이다." 수학자 크로네커의 말을 즐겨 인용하던 세이어즈에게, 인간의 특히 그리스도인의 역할은 하나님이 이미 만드신 '정수'로서의 세계를 시적 상상력으로 표현해 내는 창조적 작업이다. 따라서 기독교 전통이 말하는 교리를 '축자 영감적'으로 접근하는 보수적 그리스도인들은 오류를 범하고 있다고 평한다. 커다란 우주의 법(교리)을 유추하고 시대에 맞게 재해석해 낼 능력과 의무가 있는 인간의 열린 창조성을 잊고, 과거의 문자만을 답습하고 있기 때문이다.

한편, 기독교의 언어들을 비과학적 언어로 치부한 현대 지성을 향하여도 세이어즈의 비판은 거침없이 쏟아진다. "노래하는 석공들이 황금 지붕을 짓고 있네." 꿀벌에 비유해 표현한 시인의 언어를 과학적 관점으로 접근하여 '틀린 혹은 부정확한 서술'이라고 말할 수 없는 것처럼, 계몽적 이성을 자랑하는 현대 지성조차 기독교의 교리적 언어들을 '틀린 혹은 부정확한 서술'로 간과해서는 안 된다는 것이다. 세이어즈에게 신학적 언어(교리)는 시적 상상력의 세계에 속한다. 이 상상의 언어는 "증명하는 게 아니라 창조하는 기능"을 발휘한다. 기독교는 "우주에 대한 합리적 설명"이다. 다만 인간의 유한성으로 인해 그 표현 방식으로 직유나 은유를 선택할 뿐이다. 바로 이 지점에서 신학은 문학과 만난다.

그녀는 현대 사회가 근본적으로 그리고 전체적으로 위험에 처했다고 보았다. 때문에 교회는 그리스도인들이 '유추'해낸, 신과 인간과 세계에 대한 '교리'를 바탕으로 새로운 질서를 창조해 내는 작업을 시도해야 한다고 주장한다. 현대 교회가 신뢰를 잃은 이유는 "신학을 고집해서가 아니라 신학으로부터 도망쳤기 때문"이라는 것이 그녀의 진단이다. 에세이 이곳 저곳에서 그녀가 유추해 내려 애쓰는 "인생과 우주의 본질에 관한 교리들의 진술"은 하나님, 사람, 죄, 심판, 물질, 일, 사회에 대한 재해석이다. 세이어즈에게 하나님은 '창조적 에너지'다. 그 창조적 에너지가 세계에 성육한 존재인 아들 예수 그리스도, 그리고 사회적 힘으로서 세상을 계속 변모시켜 왔던 긍정적 에너지인 성령과의 관계성 속에서 계속해서 일하신다. 그리고 사람은 하나님의 형상대로 지음 받은 '창조적 능력'을 지닌 존재인 동시에, "인격과 행위 면에서 분열되어 있고 불완전한" 이중적 존재다. 능력과 한계를 모두 지닌 존재로서의 기독교적 인간론은 동시대를 풍미한 인본주의적 낙관론에 제동을 건다. "여기서 우리는 거울을 보듯 희미하게 들여다볼 뿐이다. 그 형상들만 볼 수 있을 뿐. 그러나 다른 곳, 곧 형상과 실재가 하나인 장소에서는 얼굴과 얼굴을 맞대고 보게 될 것이다."

세이어즈는 '죄'를 이해함에 있어서도 역시 사적이고 영적인 면들만을 강조하며 이미 전해진 '닫힌 언어'들만을 반복하던 보수적 교회와는 차별적인 차원을 보인다. 세이어즈는 "원죄의 교리가 생물학과 프로이트 심리학을 배운 현대인이 이해할 수 있는 용어로 다시 표현되어야 한다"고 믿었다. 예를 들어 '폭식'(*gula*/gluttony)에 대한 세이어즈의 현대적 해석은 탁월하다. "생활 수준을 높이기 위해 사치품을 더 많이 갖도록 적극적으로 부추기며, 전쟁이 일어나기 전에는 제조 상품을 엄청나게 소비하는 것이 시민의 최고 미덕으로 칭송받게 된" 현대 사회를 향해 세이어즈는 근본적인 질문을 던진다. "왜 그랬을까? 왜 이전의 근검과 절약의 미덕은 사라진 것일까?" 그녀는 기계제 대량 생산이 필연적으로 탐욕스런 소비를 부추기는 것이며 소비되지 못한 것들은 잉여물―그녀의 표현으로라면 "쓰레기"―로 남아 그 처분을 위한 최후의 효과적 수단인 전쟁을 감행하게 되는 것이라고 분석한다. "우리가 사고 방식을 바꾸지 않으면, 우리 자신이 소비 수단으로 전락하고 말 것"이라는 세이어즈의 예언적 권고에도 불구하고, 그녀의 동시대인들은 물론 지금 우리들 역시 사고 방식을 바꾸지 않았고, 그 결과 모두 '소비 수단'으로 전락하고 말았다. 요컨대 세이어즈에게 현대적 폭식의 죄는 곧 "우리 스스로를 기계의 힘에 넘겨 준 죄"다. 이는 근본적인 지적으로서, 21세기 복음주의 노선의 한 여성 강사가 자본주의 체제의 다이어트 문화와 손을 잡고 "성령으로 폭식의 죄를 극복하고 S라인 몸매와 백마 탄 왕자를 얻으라" 강의하는 것과는 분명 차원이 다르다. 그 외에도, "돈을 빨리 벌기 위해서라면 숲을 파괴하고 자연을 착취하는 행위조차 주저하지 않는" 현대 자본주의 경제 체제의 '탐욕'의 죄, "인간의 완전성과 진보를 믿으며 하나님 없이 살 수 있다고 믿는" 현대인들의 '자만'의 죄, "상업적 목적으로 사람이나 물질을 착취하는 행위"로서의 자본주의적

'물질욕'의 죄 등 '죄' 교리에 대한 그녀의 탁월한 현대적 재해석은 그동안 죄를 사적·영적으로만 해석해 온 현대 주류 교회의 오류를 극복하며 현대 문명 안에서 교회의 근본적 역할을 재고하도록 촉진하는 훌륭한 신학적 원천이다.

하나님을 닮은 인간의 창조적 능력에서 출발해 인간 존재와 행위를 성례전적으로 접근하는 세이어즈의 교리적 재해석에서 무엇보다 주목할 만한 부분은 일(노동)에 대한 그녀의 신학적 성찰이다. 일에 대한 성례전적 접근과 하나님의 형상으로 지음 받은 인간의 창조성에 대한 세이어즈의 신뢰는 현대 자본주의 문명과 손잡은 동시대 교회를 향해 예리한 비판을 위한 기반이 된다. "왜 일하는가?" 직업인으로서 살아가는 현대인들에게 그 무엇보다 기독교적 노동관의 교리적 접근이 절실하다고 본 세이어즈는 "사람의 본성이 올바로 발휘됨으로써 이를 통해 기쁨을 찾는 통로이며, 하나님에게 영광을 돌리게끔 그 본성이 성취되는 일종의 생활 방식"으로서의 노동을 강조한다. 현대 자본주의 문명을 비판하면서 "생산을 계속 가동하기 위해 인위적으로 소비를 자극해야 하는 사회는 쓰레기더미 위에 세워진 사회이며, 그런 사회는 모래 위에 지은 집과 같다"고 선언한 그녀는 일에 대한 사고 방식 자체를 전환하지 않는 한 "이 쓰레기더미 위의 사회"는 개조될 수 없다고 본다. "옛 체제를 조금 손질해서 이전과는 다른 집단에게 유리하게 조정하는 게 아니라 완전히 새로운 체제를 만들어야 한다"는 주장이다. '해가 지지 않는 나라'라 불리던 근대 자본주의적 제국주의의 본령 영국 땅에서 외친 세이어즈의 비판이라 더 절절히 다가온다.

세이어즈는 진정한 부의 원천은 오직 두 가지뿐이라고 역설한다. 이 땅의 열매와 정직하고 성실한 노동! 이는 오늘날 생태 위기와 금융 자본주의적 현실 한 가운데에서 우리가 기억하고 회복해야 할 것이 무엇인지를 새삼 일깨워 준다. 땀 흘리는 노동 대신, 자본을 과잉 축적하는 이 문명은 결국 '무기 생산'과 '실업' 둘 중 하나의 결과를 초래하게 되리라는 것이 그녀의 예언이었다. 그녀가 우려했던 이 두 폭력적·비본질적 현실이 오늘날 전지구적으로 우리의 삶을 위협하고 있다. "우리를 둘러싼 문제를 알고자 하는데 왜 제조업자, 금융업자, 정치가, 부자들에게 이 질문에 대한 응답의 책임을 떠넘기는가?" 세이어즈는 평신도 그리스도인들에게 이리 묻는다. "이 질문은 근로자와 소비자가 응답할 수 있는 질문이고 또 마땅히 그래야 한다." 오늘날 한국 교회는 일찌감치 그녀가 교회를 향해, 그리스도인들을 향해 권고했던 이 질문을 부여잡고, 더 늦기 전에 진지하게 물어야 할 시점에 와 있다.

현대인들의 삶의 90퍼센트에 해당하는 세속 직업에 대해 제대로 이해하지도 제대로 교리적 설명을 제시하지도 못한 것이 현대 교회의 가장 큰 잘못이라 지적하는 세이어즈는, 교회가 세상을 향해 영향력과 파급력을 잃어 간 중요한 원인이 거기에 있다고 분석한다. 세속 세계에서는 '적자생존'과 '경쟁'이라는 세속적 원리에 의해 살아가고, 오직 교회에 와서만 그리스도의 가르침 안에서 살아가라는 그 분열된 메시지가 현대인에게 얼마나 호소력을 갖겠는가? 교회가 세속 직업에 관심을 가져야 한다는 세이어즈의 주장은 "세상을 바꾸기 위해 고위직에 오르라. 카이사르의 힘을 이용해 그리스도인의 역량을 더 넓게 실천하라!"고 외쳐 대는 현재 주류 교회의 세속적 관심과는 근본적으로 다르다. 세상을 '기독교적'으로 바꾼다는 것은 세이어즈에게는 전혀 다른 차원이다. 사고방식, 일의 태도, 질문을 바꾸는 문제이기 때문이다. 일에 대해 성례전적 접근을 하는 사회에서 세이어즈가 기대하고 소망하는 것은 '수지맞는 일인가?'가 아니라 '이것이 좋은 일인가?'를 묻는 기업체, '무얼 만드는가?'가 아니라 '내 일이 무슨 가치가 있는가?'를 묻는 노동자, '어떻게 팔까?'가 아니라 '잘 만들어져 쓸모 있는 물건인가?'를 묻는 생산자, '월급이 얼마인가?'가 아니라 '내 능력을 최대한 활용할 수 있는 일인가?'를 묻는 직장인이다. 사실 세이어즈 식으로 접근하는 자는 어쩌면 현 체제에서는 승진이 영영 불가능할지도 모른다. 기업 윤리는 신앙 윤리와 배치되기 때문이다. 세이어즈의 예견대로 십자가에서 예상되는 죽음과 장사가 오히려 더 현실적 결과일 터이다. 그러나 부활의 '교리'를 믿고 제 자리에서 '카이사르 식'이 아닌 '그리스도의 방식'으로 시작하는 것이 현대를 사는 신앙인의 몫이다. 현대 문명의 '비본질적', '반창조적' 구조를 근본적으로 지적해 낸 세이어즈의 기독교적 언어는 '지나간 것'으로 잊혀지기에는 너무나도 우리의 삶의 정황에 시의성을 가지는 외침이다.

"여성들이여, 글을 만들지 말고 제발 아이를 만들어라!" 기독교 남성 지도자가 공공연하게 이리 권고하는 것이 '당연'하게 받아들여지던 것이 현대 문명 초기의 현실이었다. 세이어즈가 살던 시대가 그랬다. "만인은 법 앞에 평등"하고 "모든 사람들은 신에 의해 동등하게 창조되었다"고 선포한 현대 계몽주의적 남성 지성인들조차, 그래도 여자는 고등학교 교사까지는 모를까, 신학 교수나 목회자나 영적 지도자가 될 수는 없다고 믿었던 시대가 세이어즈의 시대였다. 어쩌면 그 당시에, 창조적 영성과 지적 능력을 가진 여성들이 유일하게 공적으로 말할 수 있는 장르, 유일한 표현 방식이 문학이었는지도 모른다. 세이어즈는 조직 신학서가 아니라 희곡을 쓴 덕분에 그 언어들이 살아 남을 수 있었는지도 모른다.

때문에 우리는 낡고 흘러간 듯 보이는 19, 20세기 여성 작가들의 작품에 다시 진지하게 주목해야 한다. 그녀들이 그 시절 어떻게 조직 신학서를 낼 수 있었겠으며 윤리 비판 입문서를 저술할 수 있었겠는가. 물론 신학자로서 나는 세이어즈의 특정한 신학적 주장에 동의하지 않을 수 있고(실제로 많은 부분 동의하지 않는 지점들을 발견한다) 반박을 펼칠 수도 있다. 그러나 이것은 불공평하다. 세이어즈와 그녀의 동시대 여성 작가들은 조직 신학적으로 기술할 기회와 권위를 부여받지 못했었으므로. 따라서 나는, 그녀가 다루는 개념이 흐릿하고 여기저기 흩어져 있긴 하지만, 21세기에 다시 세이어즈를 읽어야 할 이유가 충분하다고 생각한다. 우리가 주목해야 하는 것은 그녀의 신학적 주장이 얼마나 논리적이고 체계적인가가 아니라, '기독교적으로' 얼마나 근원적이고 본질적인가 하는 것이다.

"창조적 예술가는 그 주요 전제에 손을 올려놓고 세계의 토대를 흔들어 놓는다. 그가 이런 위험한 일에 몰두할 수 있는 것은 자기 집이 이 세상에 있지 않고 영원한 하늘에 있기 때문이다."

1부

기독교
교리를

다시
생각한다

1. 역사상 가장 위대한 드라마

기독교 교리의 핵심인 성육신 사건

최근에 와서 공식적인 기독교가 상당히 나쁜 평판을 받고 있다. 설교자가 교리를 너무 강조해서 교회가 텅 비게 되었다는 소리를 쉴 새 없이 듣곤 한다. 교리에다 '지겨운 도그마'라는 별명까지 붙이면서 말이다. 그런데 사실은 그 정반대다. 오히려 도그마를 무시하기 때문에 지겨움이 생기는 것이다. 기독교 신앙이야말로 역사상 인간의 상상력을 가장 크게 뒤흔든 흥미진진한 드라마다. 그리고 그 도그마가 바로 그 드라마다.

그 드라마는 교회의 신조들 속에 아주 명확히 축약되어 있는데, 우리가 그것을 지겹다고 생각하는 이유는 그 놀라운 문헌들을 제대로 읽어 본 적이 없거나, 너무 자주 또 너무 기계적으로 암송해서 그 속에 담긴 의미를 전혀 느끼지 못하기 때문이다. 그 드라마는 단 한 명의 주인공을 중심으로 움직이고 있으며, 이야기 전체가 단 하나의 핵심 문제에 대한 응답에 다름 아니다. 그것은 곧 "당신은 그리스도를 누구라고 생각하는가?"라는 질문이다. 우리가 비공식적인 대답(그 가운데 일부는 정말 지겹기 그지없다) 중 하나를 채택하기 전에, 즉 그리스도를 하나의 신화로, 혹은 이상주의자, 민중 선동가, 거짓말쟁이 혹은 미치광이 등으로 치부하기 전에, 그 신조들이 그분에 대해 뭐라고 말하고 있는지 한번 알아뵈도 별로 손해 볼 게 없을 것이다. 교회는 그리스도에 대해 어떻게 생각하고 있는가?

이에 대해 교회는 절대적이고도 비타협적인 대답을 내놓는다. 요셉의 아들 예수, 곧 나사렛의 목수였던 그 사람은 사실상, 문자 그대로, 가장 확실한 의미에서 '만물을 만드신' 바로 그 하나님이다. 그의 몸과 뇌는 보통 사람의 그것이었으나, 그의 인격은, 그것을 인간의 용어로 표현하자면, 하나님의 인격이었다. 그는 사람인 체 하는 일종의 귀신이 아니었다. 모든 면에서 정말로 살아 있는 인간이었다. 그는 너무 훌륭한 사람인지라 '하나님과 비슷한' 그런 인물이 아니었다. 그 자신이 곧 하나님이었다.

이건 그냥 상투적으로 늘어놓는 말이 아니다. 아니, 상투적인 말이 전혀 아니다. 거기에 담긴 의미는 다른 무엇보다 이런 것이다. 무슨 이유에서든 하나님은 사람이 되기로—한계가 있고 슬픔과 죽음에 종속된 고통 받는 존재로—작정했는데,

이는 그분 스스로 자기 약을 삼키기로 정직하고 용기 있게 결단한 것이다. 그분은 자기 피조물과 무슨 놀이를 하든, 자기가 세운 규칙을 지키며 공평하게 놀았다. 그분은 스스로에게 요구하지 않은 것을 사람에게 요구할 수 없는 존재다. 그는 귀찮은 가사일, 쓰러질 정도로 힘겨운 노동, 돈의 부족 등으로 인해 최악의 고통, 치욕, 패배, 절망 그리고 죽음에 이르기까지 인간의 모든 경험을 몸소 겪어 보았다. 그는 사람이었을 적에 사람의 역할을 했다. 가난한 가운데 태어나 불명예스럽게 죽었다. 그럴만한 가치가 충분히 있긴 했어도 말이다.

기독교가, 성육하여 고난받는 신의 개념을 동원해 인생에 대해 가장 잘 설명한 유일한 종교는 물론 아니다. 이집트의 오시리스도 죽었다가 다시 살아났다. 그리스의 시인 아이스킬로스(Aeschylos)도 「에우메니데스」(The Eumenides)라는 연극에서 고난받는 제우스 이론을 동원해 사람을 신과 화해시켰다. 그런데 대다수의 신학에서는, 신이 신화에 싸인 먼 선사 시대에 고난을 받다 죽는 것으로 나온다. 이와 달리, 마태의 진술을 보면 기독교 이야기는 구체적인 장소와 시기를 가리키며 활기차게 시작되는 것을 알 수 있다. "헤롯 왕 때에 예수께서 유대 베들레헴에서 나셨다." 한편 누가는, 보다 실제적이고도 밋밋하게, 정부의 재정 확보책을 언급함으로써 당시의 정황을 확실히 못 박는다. 하나님이 사람이 된 때는 아우구스티누스 황제가 세금 징수 계획에 따라 인구 조사를 하던 해였다고 한다. 이와 비슷하게, 우리도 대영제국이 금본위제를 폐지하던 해에 어떤 사건이 일어났다는 식으로 그 시기를 명시할 수 있다. 그리고 (우리가 알기로는) 약 33년이 지난 후에, 하나님이 "본디오 빌라도 치하에서" 정치범으로 몰려 처형을 당했다. 이는 마치 우리가 "존슨 씨가 국무총리로 있을 때"라고 말하는 것과 같다. 그만큼 확실하고 구체적이라는 말이다.

어쩌면 이 이야기를 너무 심각하게 여기지 않는 게 좋겠다고 생각할 수도 있다. 그 속에 마음을 불안케 하는 요소가 있는 게 사실이다. 신성을 가진 한 남자가 실제로 우리 가운데 살았다는 얘기 아닌가? 그런데 우리는 그분을 어떻게 대했는가? 평범한 사람들은 "그의 말을 기쁘게 들었다." 그러나 우리 교회와 정부의 지도자들은 그가 말이 너무 많고, 당혹스런 진실을 너무 많이 발설했다고 생각했다. 그래서 우리는 그의 친구 하나를 매수해 그를 조용히 경찰에 넘기게 했고, 애매하게 치안 방해죄라는 혐의를 붙여 재판한 다음, 공개적으로 매를 때리고 교수대에 매달았다. 그것도 "악한을 하나 없애 주신 하나님께 감사하면서" 말이다. 설사 (과거에나 현재에나 많은 이들이 생각하듯이) 그 사람이 정신이 좀 온전치 못한, 무해한 전도자였다 하더라도, 우리가 한 짓은 별로 명예롭지 못한 행동이었다. 그런데 혹시라도 교회가 주장하는 게 옳다면, 우리의 행위는 더더욱 불명예스러운 것이 된다. 우리가 매단 그 남자가 전능한 하나님이었다니 말이다.

이것은 공식적인 이야기를 개관한 것이다. 하나님이 약자가 되어 실컷 얻어맞았던 때, 그분이 자기가 정해 놓은 그 조건에 굴복해 자기가 만든 사람들과 똑같은 사람이 되었고, 자기가 만든 그들이 자기를 때리고 죽인 그 시절에 관한 이야기. 이것이 우리가 그토록 지겨워하는 도그마다. 하나님이 희생자요 영웅으로 등장하는 그 끔찍한 드라마 말이다.

이게 지겨운 이야기라면, 도대체 흥미진진하다고 부를 만한 것은 무엇인가? 그리스도를 십자가에 매단 자들은, 공평하게 말해서, 그를 따분한 자라고 욕한 적이 한 번도 없었다. 반대로 너무 역동적이어서 위험한 인물이라고 생각했다. 그처럼 강렬한 인물을 밋밋하게 퇴색시켜 그 주위를 따분한 분위기로 둘러싼 것은 후대의 몫이었다. 우리는 아주 능숙하게 유다 지파 사자의 발톱을 깎아 내고 그에게 "온유하고 부드럽다"는 딱지를 붙인 채, 창백한 목사와 경건한 노파에게 집안에서 갖고 놀기 좋은 애완용 동물로 추천했다. 그러나 그를 직접 알았던 자들에게 그분이 물에 물탄 것 같은 인물이었다는 흔적은 눈을 씻고 찾아봐도 찾을 수 없다. 오히려 사람들이 그를 대적한 것은 위험천만한 선동가였기 때문이다. 물론 그가 불행한 자에게는 온유함을, 정직한 탐구자에게는 인내심을, 하늘 앞

1. 역사상 가장 위대한 드라마 27

에서는 겸손함을 보였던 것은 사실이다. 그러나 그는 지체 높은 성직자에게는 위선자라는 욕설을 퍼부었고 헤롯 왕을 가리켜서는 "저 여우"라고 불렀다. 그는 평판이 나쁜 무리와 어울려 파티를 즐겼고, "먹기를 탐하고 마시기를 즐기는 인물, 세리와 죄인의 친구"로 비쳤다. 그는 성난 상인들을 습격해 그들과 그들의 재산을 성전에서 내쫓았다. 그는 오랜 세월 지켜 온 여러 신성한 규율을 무시해 버렸다. 또 손에 닿는 것이면 무엇이든 사용해서 병을 고쳐 주었고, 심지어는 타인의 돼지들과 재산은 충격적일 정도로 가볍게 여기면서까지 그렇게 하기도 했다. 부(富)라든가 사회적 신분 같은 걸 중시하지도 않았다. 논리적으로 빠져나가기 힘든 함정에 직면해서는 역설적인 유머로 상대방을 창피하게 만들었고, 대충 응답할 수 없는, 불쾌할 정도로 날카로운 질문을 던지면서 그에 반박했다. 다시 한 번 힘주어 말하건대, 평생에 걸쳐 그는 따분한 사람이 결코 아니었고, 만일 그가 하나님이었다면, 하나님도 따분한 존재가 아닌 것이 분명하다. 그러나 "그의 매일의 삶에는 우리를 추하게 만드는 아름다움"이 있었으며, 관계(官界)는 그를 없애면 기존 질서가 더 안전하리라고 생각했다. 그래서 평화와 평온의 이름으로 하나님을 제거한 것이다.

"그리고 삼일 만에 그는 다시 살아났다." 우리는 이것을 어떻게 이해해야 할까? 이것 하나는 분명하다. 만일 그가, 다름 아니라 바로 하나님이었다면, 그의 불멸성은 아무 문제가 되지 않는다. 또 만일 인간에 불과했다면, 그의 죽음은 당신의 죽음이나 나의 죽음만큼 별 볼 일 없는 것이다. 그런데 만일 그가 정말 하나님인 동시에 인간이었다면, 인간 예수가 죽었을 때 하나님도 죽었고, 하나님인 예수가 죽음에서 살아났을 때, 인간도 살아난 것이다. 하나님과 인간이 한 인격을 이루고 있었기 때문이다. 부활한 그리스도의 몸의 정확한 구성 성분에 대해서는 교회가 뚜렷한 이론을 갖고 있지 않다. 어쨌든 모종의 몸이 거기 있어야 했는데, 사람은 시공간을 떠나서는 무한한 존재를 인지할 수 없기 때문이다. 그것이 경비병이 지키던 그 무덤에서 신기하게 사라진 이전의 몸과 같은 성분으로 만들어졌을지 모르겠는데, 옛 몸과 비슷해서 알아볼 수는 있었으나 죽을 운명의 그 옛 몸은 분명 아니었다. 어쨌든 부활한 그리스도를 본 자들은 인생이란 살 만한 가치가 있고, 죽음은 별 게 아니라는 확신을 품고 남은 생애를 살았다. 그런 태도는 현대의 패배주의적 태도와 전혀 다른 것이었다. 현대인은 인생이란 그 자체가 불행이고, 죽음은 (앞뒤가 맞지 않는) 커다란 재앙이라고 확고히 믿으면서 살고 있다.

그런데 아무도 이 놀라운 이야기를 억지로 믿어야 하는 것은 아니다. 하나님은 (교회에 따르면) 우리를 자유로운 존재로 만드셨기에 얼마든지 그분을 믿지 않을 수도 있다. 우리가 믿지 않는다면, 인과 법칙이 작동하는 이 세상에서 그분과 우리는 그 결과를 감수해야 한다. 아니, 사람이 실제로 불순종했고, 하나님이 실제로 그 결과를 감수했다고 교회는 말하고 있다. 하지만 설사 우리가 어떤 것을 믿지 않으려 한다 하더라도, 우리가 믿지 않으려는 그것이 무엇인지는 정확히 알아보는 것이 바람직한 태도일 것이다. 그렇다면 좋다. "올바른 신앙은, 예수 그리스도는 온전한 영혼과 사람의 몸을 가진 하나님이자 인간, 곧 완전한 하나님이자 완전한 인간이라고 믿는 것이다. 그는 하나님인 동시에 인간이지만, 둘이 아니라 하나이신 그리스도다." 바로 이것이 기독교 교리의 진수이고, 여기서 논리적으로 귀결된 것이 신앙과 도덕의 정교한 체계다.

우리가 그것을 굉장한 교리라든가 형편없는 교리라고, 또 계시가 담긴 교리라든가 엉터리 교리라고 부를 수 있을지는 몰라도, 결코 따분한 교리라고 부를 수는 없다. 이렇게 부른다면, 그 말의 의미가 완전히 퇴색되고 말 것이기 때문이다. 신이 인간을 압제한다는 이야기는 무자비한 억압이 담긴 불길한 이야기이고, 인간이 인간을 압제한다는 이야기는 인간의 하찮은 모습이 담긴 따분한 기록이지만, 인간이 신을 압제한 결과 그분이 자기보다 더 나은 인간임을 발견한다는 이야기는 그야말로 경악할 만한 드라마다. 이런 이야기를 저널리스트가 처음 듣는다면 금방 그것이 뉴스거리임을 알아차릴 것이다. 아니, 그것을 처음 들었던 자들은 실제로 그것을 뉴스라고 불렀다. 그것도 좋은 소식이라고 말이다. **복음**이란 단어가 그토록 놀라운 센세이션을 일으켰다는 사실을 우린 자주 망각하고 있지만.

어쩌면 그 드라마는 이제 다 끝나고, 예수는 안전하게 무덤에 묻혀 있을지 모른다. 어쩌면 그럴지도 모른다. 세계 역사상 적어도 단 한 번 이런 소리가 확신 있게 외쳐진 적이 있는데, 그걸 생각하면 참으로 아이러니컬하고 우습기까지 하다. 그 때는 바로 부활절 이브였다.

2. 우리는 무엇을 믿는가
신조에 담겨 있는 믿음의 내용

평상시에 우리는 우리가 믿는 신앙이 무엇인지 제대로 탐구하지 않고도 놀랄 정도로 잘 살아가고 있다. 간헐적으로 저 멀리 있던 이런 지적인 문제가 무례하게 우리 마음속에 불쑥 들어오면, 그 침입자를 쫓아내는 방법이 여럿 있다. 자동차를 몰고 파티나 극장에 갈 수도 있고, 탐정 소설을 읽거나 구청에 가서 한바탕 싸울 수도 있으며, 쏙독새의 습성에 관한 글이나 셰익스피어의 해상의 은유(nautical metaphor, 항해는 영국 문화에서 역사적으로 중요한 의미를 지니므로 영어에는 항해 시대에서 연유한 은유가 풍성하다—편집자 주)에 관한 글을 읽고 독자 편지를 쓸 수도 있다. 이런 식으로 우리는 스스로에게 자문하는 걸 막으려고 온갖 방어기제를 쌓아올린다. 솔직히 말해, 우리 자신이 아주 두렵기 때문이다.

"무장한 힘센 사람이 자기 궁전을 지킬 때에는 그 재산이 안전할 것이다. 그러나 그보다 더 힘센 자가 그를 습격하면… 그가 의뢰했던 무기를 모두 빼앗아 갈 것이다…" 그래서 전시에, 온갖 규제와 등화관제로 다른 것에 정신을 팔 수 없게 되고, 임박한 죽음의 위협 아래 가스 마스크를 안고 지하실에 웅크리고 있을 때, 더 극심한 두려움이 찾아와 우리 옆에 슬며시 앉는다.

좀 불쾌한 어조로 그는 이렇게 다그쳐 묻는다. "이 모든 걸 어떻게 생각하지? 네가 생명보다 더 귀하게 여기는 게 있지 않아? 부득이한 일을 하고도 잘난 체 하는 건 아니야? 네가 믿는 게 무엇이지? 이런 급박한 상황에서 네 믿음이 너에게 위안을 주니?"

바로 그 순간, 그가 말꼬리를 다른 방향으로 돌려 쓸데없는 일에 우리를 옭아매기 전에, 믿음이란 일차적으로 위안을 주는 게 아니라 우리 자신에 관한 진리라고 담대히 대답한다면 정말 잘하는 일일 것이다. 우리가 믿는 내용은 반드시 우리가 가장 좋아하거나 흠모하는 어떤 이론은 아니다. 그것은, 의식적으로든 무의식적으로든, 우리가 당연시하고 또 행동의 기반으로 삼는 것이다. 그렇기 때문에, "소수 민족에게 친절해야 한다"라고 말은 하면서도, 실제로는 그런 부류에 속하는 말단 사원을 수시로 괴롭힌다면, 그런 말은 전혀 쓸모가 없다. 우리의 행동이 그런 믿음의 부재 상태를 밝히 보여 주기 때문이다. 우리가 정말 믿는 것이 무엇인지 알아야만 그 믿음이 정말 위안을 주는지 판단할 수 있다. 만일 우리가 정말 믿지 않는 그 무엇으로 위안을 느낀다면, 다시 한 번 깊이 생각해 보아야 할 것이다.

기독교 신앙을 공식적으로 진술한 것을 신조라고 부르는데, 우리가 그 의미를 알고자 마음을 단단히 먹고 검토해 보면 그게 아주 이상한 것임을 발견하게 될 것이다. 그리고 그리스도인이 선언하듯 사람이 하나님의 형상으로 만들어졌든지, 냉소주의자가 빈정거리듯 사람이 하나님을 자기 형상으로 만들었든지, 사실 결론은 마찬가지다. 즉 이 이상한 신조는 우리에게 하나님뿐 아니라 사람의 참 본성에 관한 가장 본질적인 사실을 알려 준다. 그리고 그 본성에 관해 선언하는 내용 가운데 제일 중요한 것은 우리가 말로 잘 시인하지 않는 것이다. 우리는 흔히 생각만 하기보다 더 자주 그것을 바탕으로 행동한다고 여기지만 말이다.

전능하사 천지를 만드신 하나님 아버지를 믿사오며

이는 천둥과 같은 소리로서 우리가 출발점으로 삼아야 할 고백이다. 하나님을 하나님답게, 우리를 우리답게 만드는 근본적인 특징은 바로 창조 활동이다. 이후로는, 기독교 신앙을 부정적이거나 정적인 것으로, 혹은 푹 가라앉은 그 무엇으로 만들 수 있는 여지가 없다. "태초에 하나님이 창조하셨다." 영원에서 영원으로. 그분은 하나님 아버지요, 만물의 창조주다. 그리고 여기에는, 인간이 창조 행위에 몰두할 때 가장 하나님을 닮은 모습, 가장 자기다운 모습을 지니게 된다는 의미가 함축되어 있다. 더 나아가 이렇게 고백함으로써, 무언가를 만들려는 의지와 힘이야말로 절대적 가치라고 우리가 주장하는 셈이다. 그 자체가 선하고, 정당하고, 저절로 설명이 되는 그런 활동이라는 말이다.

우리 자신과 관련해서는 이 주장의 정당성을 어느 정도까지 파악할 수 있을까? 머리로 무언가를 창조하는 자들과 (노동하는 자를 포함해서) 손으로 창조하는 자들은, 창조 활동을 할 때가 바로 자신과 그리고 세계와 바른 관계에 있다고 느낄 때라고 한 목소리로 말할 것이다. 그리고 세상에 생명을 가져오는 자들도 똑같은 말을 할 것이다. 어떤 심리학 이론은 예술적 창조 행위가 성적인 창조력의 좌절로 인한 보상에 불과하다고 주장한다. 그러나 생명의 창조는 오히려 우주의 창조 욕구가 겉으로 드러난 하나의 양상일 가능성이 더 높다. 오늘날 가장 심각한 문제점은 창조 행위를 너무 소홀히 여기는 우리의 태도에 있다. 가만히 앉아서 기성품만 사용하는 것은 참된 삶과 진정한 자아를 거스르는 모습이다.

그 외아들 우리 주 예수 그리스도를 믿사오니, 만물이 그로 말미암아 창조되었고, 그는 성육하시고, 십자가에 죽으시고, 장사되었다가, 다시 살아나신 분이오

이 둘째 진술은 우리에게, 그 창조 에너지가 파괴의 세력에 종속되어 있는 이 세상에 모습을 드러낼 때 무슨 일이 생길지 예상하라고 경고하는 소리다. 그 에너지는 사물을 만들고 시간과 물질 안에서 스스로를 드러내는데, 창조적 의지에게서 났으므로 당연히 그럴 수밖에 없다. 그런 과정에서 창조 에너지는 필연적으로 관성의 저항에 부딪히고 다른 의지들의 반대에 직면해 고통을 당하게 된다. (여기서는 의지가 정말 자유로운 것인지를 논의할 여지가 없다. 그러나 만일 자유로운 것으로 믿지 않는다면, 행동하는 것이나 살아가는 것 자체가 불가능하리라.)

그럼에도 창조적 의지는 목표를 향해 가는 과정에서 무슨 고통을 받든지 끝까지 밀고 나간다. 고난을 선택하진 않겠지만, 피하지도 않을 것이다. 오히려 그 고난을 예상해야 한다. 우리는 그 고난을 사랑이라 부르고, 사랑은 자기가 사랑하는 것을 위해 스스로를 희생한다고 말한다. 우리가 희생의 의미를 잘 이해하는 한, 옳은 말이다. 다른 사람에게는 그것이 희생으로 비치겠지만, 사랑의 주체에게는 그렇게 보이지 않을 것이다. 우리가 무언가를 정말 좋아하면, 자아를 잊어버리게 되고, 희생은 그 활동의 일부가 될 뿐이다. 자신에게 한번 물어보라. 당신이 최고로 하고 싶은 어떤 일이 있다면, 그것을 위해 장애물을 제거하는 일이나 다른 활동을 포기하는 것을 자기 희생으로 여기는가? 그렇게 생각하지 않을 것이다. 당신이 "나는 이런저런 것을 희생해야 한다"라고 의도적으로 말할 때에는, 그 목적하는 바를 최고로 사랑하고 있지 않을 때다. 그런 경우는 당신이 의무를 다하고 있을 때인데, 그것도 좋은 일이긴 하지만 사랑은 아니다. 하지만 당신의 의무가 사랑으로 변하는 순간, 자기 희생은 당연시되고, 세상이 그걸 뭐라 부르든지 당신은 더 이상 그렇게 부르지 않는다.

더욱이 패배는 창조적 의지를 묶어 둘 수 없다. 그것은 무덤을 가로질러 다시 살아날 수 있다. 만일 협력의 길로 갈 수 있는 방법이 없다면, 죽음과 승리의 길로 갈 것이다. 그러나 우리가 창조적 의지로 하여금 그 길로 가게끔 강요한다고 해서 우리에게 공로가 돌아오는 것은 아니다. 우리가 할 일은 그것이 출현할 때 알아보고서 호산나를 부르며 도시 속으로 안내하는 것이다. 그것을 배신하거나 아무 도움도 주지 않을 경우에는, 유다와 본디오 빌라도와 더불어 악명을 안고 역사의 밑바닥으로 떨어질지도 모른다.

나는 주님이요 생명을 주시는 분인 성령을 믿사오니

좀 어색하고 어렵긴 하지만, 그리스도인은 이렇게 고백함으로써 그분 안에 있는 생명이 영원한 창조력에서 나온다는 것, 그리고 자신이 그 창조력에 의해 움직이고 있는 한 정말 살아 있는 것이라고 단언하는 것이다. 여기서 영(ghost/spirit)이란 단어는 상당히 복잡한 것을 연상시키기에, 무척 어려운 말이다. 그리스어 단어로는 '프뉴마'(*pneuma*), 곧 숨이다. "나는 생명의 숨을 믿사오니." 사실 우리가 "당신은 무엇을 생명보다 더 귀하게 여기는가?"라는 질문을 받으면, 오직 "생명—올바른 종류의 생명, 창조적이고 하나님을 닮은 생명"이라고 대답할 수밖에 없다. 그리고 우리가 생명을 통째로 버릴 준비가 되어 있을 때에만 어떤 유의 생명이든 얻을 수 있다. 이것은 아기가 태어날 때마다, 혹은 저편에 있는 더 바람직한 생명을 얻으려고 우리가 도로에 몸을 던질 때마다 인정하는 사실이다.

그리고 나는 한 교회와 세례, 몸의 부활과 영생을 믿사오니

이 마지막 문구는 그리스도인이 사람과 물질에 관해 믿는 바를 규정하고 있다. 첫째, 창조적 생명을 믿는 자들은 모두 서로의 지체라서, 그 생명이 구현되는 현재의 몸을 구성하고 있다고 믿는 것이다. 그들은 그 성육한 창조적 생명에 관한 사항을 모두 수용하는데, 거기에는 사랑과 십자가의 죽음, 죽음과 승리가 포함되어 있다. 그 생명에게 무슨 일이 일어났는지를 보면서, 그들은 위험과 고난으로부터가 아니라 위험과 고난 속에서 구원받기를 기대할 것이다. 그리고 몸의 부활은 우리가 흔히 생각하는 것 이상의 의미를 담고 있는 것 같다. 무슨 일이 발생하든지, 창조적 생명의 현현은 끝이 없다는 것을 의미한다. 그 생명이 옛 몸을 다시 만들든지, 더 나은 몸을 만들든지, 완전히 새로운 몸을 만들든지, 창조 활동을 계속할 것이고 또 그럴 수밖에 없다. 그것이 생명의 진정한 본질이기 때문이다.

"이것이 바로 기독교 신앙이고, 이를 믿지 않고는 구원을 받을 수 없다." 냉혹해 보이고 논란도 많은 이 진술이 이제 사실적 진술처럼 보이기 시작하는데, 사실 생명에 대한 믿음이 없다면 생명으로 무엇을 만들 수 있겠는가? 우리 자신과 타인이 창조적 생명을 갖기를 우리가 진실로 원한다면, 창조적인 노선을 따라 세상을 재건설하는 것이 우리의 임무다. 단 그것을 간절히 소원하는 마음을 품고서.

3. 도그마는 드라마다
오도된 기독교 교리에 대한 변론

"어떤 오점이든 오점만 있으면 도그마를 이길 수 있다"고 누군가 재치 있게 말했다. 최근에 겨를 까부는 중에 말씀의 씨앗을 거의 잃고 말았다는 논쟁의 타작 마당에 이 같은 조롱의 도리깨질이 힘있게 내리쳐졌다. 순전한 신성을 지닌 그리스도는 사마리아 여인에게 "너희는 너희가 알지 못하는 것을 예배한다"고 하셨는데, 이는 누구든 자기가 예배하는 대상을 아는 것이 바람직하다는 의미를 함축하고 있다. 안타깝게도 이것은 20세기의 지성과 동떨어진 것이다. 오늘날에는 "따분하고 복잡한 교리는 없애 버리시오. 그저 단순하게 예배하는 심령을 가집시다. 무엇이든 그냥 예배합시다!"라고 외치기 때문이다. 이처럼 뚜렷한 대상이 없는 막연한 예배의 요청이 지닌 한 가지 결점은 특정한 예배 대상이 없는 만큼 열정을 불러일으키기가 어렵다는 점이다.

날마다 신경(Creeds)이 암송되는 이 명목적인 기독교 국가에서, 기독교 교리를 잘 알면서도 그것을 싫어하는 자가 상당수 있다 해도, 그리 놀랄 일은 아닐 것이다. 그런데 기독교가 무엇인지는 정작 하나도 모르면서 기독교를 진심으로 싫어하고 멸시하는 자가 그토록 많다는 사실은 그보다 더 놀라운 일이다. 설사 당신이 그들에게 얘기해 줘도, 그들은 당신을 못미더워할 것이다. 그들이 교리를 못 믿는다는 뜻이 아니다. 그걸 믿으려면 어느 정도 믿음이 필요하니까 그건 충분히 이해할 만하다. 내가 하는 말은, 그토록 흥미롭고, 그토록 놀랍고, 그토록 극적인 것이 교회의 정통 교리일 수 있다는 것을 못미더워한다는 뜻이다.

실상이 이렇다는 것을 내가 분명히 알게 된 계기는 내가 만든 캔터베리 희곡 「당신의 집을 사모하다」(*The Zeal of Thy House*)에 관해 젊은이들이 던진 질문을 통해서였다. 그 희곡에는 기독교의 기본 교리 몇 가지를 극적으로 제시하는 장면이 있는데, 특히 성육신 교리를 인간사에 적용한 대목이 그러하다. 교회가 그리스도를 진정한 의미에서 하나님으로 믿었다든가, 영원한 말씀이 어떤 식으로든 창조의 말씀과 결부되게 되어 있었다는 것, 동시에 그리스도를 진정한 의미의 인간으로 주장해야 했다는 것. 삼위일체 교리가 사실 혹은 심리학적 진실과 어떤 관련이 있다고 생각할 수 있다는 것. 교회가 자만심을 죄로 여긴 것이나, 육신의 부끄러운 죄들을 뛰어넘는 죄에 더 주목했다는 것 등이다. 그런데 그들은 이 모든 교리를, 열광적인 희곡 작가가 신앙의 세계 속으로 도입한 놀랍고도 혁명적인 발명품이라고들 간주했다. 그런 것을 나의 발명의 능력으로 여기면서 칭찬을 아끼지 않는 그 질문자들에게, 나는 신조와 복음서와 교회의 직분을 가리키며 한사코 그렇지 않다고 반박했다. 그러나 모두 헛수고였다. 내 희곡이 드라마틱하다면, 그것은 '도그마임에도 불구하고'가 아니라 '도그마이기 때문'이라고 나는 주장했다. 한 마디로, 도그마가 곧 드라마라고. 하지만 그런 설명은 좀처럼 받아들여지지 않았다. 기독교 철학에 무슨 매력이 있다면, 그건 내가 그렇게 표현했기 때문일 것이라고들 생각할 뿐이었다.

그 젊은이들이 나에게 한 말과, 저자가 기독교를 잘 모르면서 쓴 반기독교적인 문헌들의 내용으로 미루어 보건대, 기독교에 대한 시험 문제를 낸다면 이런 식으로 응답할 것이라는 결론에 도달했다.

질문: 교회는 하나님 아버지를 어떻게 생각합니까?
대답: 그분은 전능하고 거룩합니다. 그분은 세계를 창조했고 사람이 지키기 불가능한 조건을 덧씌웠습니다. 그런 조

건이 충족되지 않으면 화를 많이 내는 분입니다. 그분은 때때로 자의적인 심판과 기적으로 인간사에 간섭하고, 상당히 편애하면서 그런 걸 나눠 주는 분입니다. 그분은 자기에게 굽실거리는 것을 좋아하고, 어려운 율법에 걸려 넘어지는 자나 조금 재미있게 노는 자를 보면 언제나 와락 움켜잡을 채비를 갖추고 있습니다. 그는 독재자의 모습을 갖고 있는데, 다만 좀더 크고 더 자의적인 독재자일 뿐입니다.

질문: 교회는 성자 하나님을 어떻게 생각합니까?
대답: 그분은 어떤 면에서 나사렛 예수와 동일한 분입니다. 세상이 이 모양으로 만들어진 것은 그분의 잘못이 아니었고, 하나님 아버지와는 달리 사람에게 친절하고 사람을 하나님과 화해시키려고 최선을 다한 분입니다(속죄를 보라). 그분은 하나님께 상당한 영향력을 갖고 계시므로, 원하는 게 있으면 그분에게 부탁하는 것이 제일 좋습니다.

질문: 교회는 성령 하나님을 어떻게 생각합니까?
대답: 정확하게는 잘 모르겠습니다. 성령 강림절이 되기까지는 본 적도 들은 적도 없는 분입니다. 그분에게 거슬리는 죄를 지으면 영원히 정죄받는다고 하는데, 그게 무엇인지는 아무도 모릅니다.

질문: 삼위일체 교리는 무엇입니까?

대답: "이해를 초월하는 아버지, 이해를 초월하는 아들, 이해를 초월하는 그 모든 것." 신학자들이 무언가를 집어넣어 더 어렵게 만들어 놓은 것입니다. 일상 생활이나 윤리와는 아무 상관이 없는 것이죠.

질문: 예수 그리스도는 실제로 어떤 분이었습니까?

대답: 그분은 참 좋은 사람이었습니다. 그래서 하나님의 아들이라 불릴 정도였죠. 그분은 어떤 면에서 성자 하나님과 동일한 분으로 봐야 합니다. 그분은 온유하고 부드러웠고, 사랑과 평화주의를 주창하는 소박한 신앙을 전파했습니다. 유머 감각은 전혀 없는 분이셨죠. 성경에 이와 다른 측면을 시사하는 부분이 있다면, 그건 끼워 넣은 것이거나, G.K. 체스터톤(Chesterton)이 창안한 역설입니다. 예수처럼 살려고 애쓰면 하나님은 우리가 내세에 받을 정죄를 모면하게 해주시고, 대신 이생에서만 고통받게 해주실 것입니다.

질문: 속죄란 무슨 뜻입니까?

대답: 하나님은 모든 인간을 정죄하고 싶었지만, 자기 아들을 십자가에 죽게 함으로써 그 보복적 가학성이 충분히 만족되었습니다. 그 아들은 무죄한 사람이었기에 더욱 매력을

풍기는 희생자였죠. 그분은 이제 그리스도를 따르지 않는 자나 그분에 대해 들어 본 적이 없는 자들만 정죄합니다.

질문: 교회는 성(性)을 어떻게 생각합니까?
대답: 하나님은 세상이 돌아가게 하기 위해 그걸 만들었고, 두 가지 조건 하에 그것을 관용하십니다. 하나는, 양자가 결혼 관계일 것, 또 하나는 그로부터 즐거움을 얻지 말 것.

질문: 교회는 무엇을 죄라고 부릅니까?
대답: 섹스(위에서 얘기한 조건을 지키지 않는 경우). 술 취함. "제기랄"이란 말. 말 못하는 짐승을 잔인하게 다루는 것. 교회에 가지 않는 것. 대부분의 오락 행위. '원죄'란 우리가 즐기면서 하는 일은 무엇이든 잘못된 것이라는 의미.

질문: 믿음은 무엇입니까?
대답: 과학적 사실에 대해 단호히 눈을 감는 것.

질문: 인간의 지성이란 무엇입니까?
대답: 믿음을 방해하는 걸림돌.

질문: 기독교의 일곱 가지 덕은 무엇입니까?

대답: 존경스런 모습, 어린이 같은 성품, 정신적 소심함, 따분한 성격, 감상적인 모습, 흠잡기 좋아하는 성격, 영적인 우울증.

질문: 그대는 세례를 받고 이런 기독교에 영입되길 원합니까?

대답: 물론입니다!

이런 대답은 우리를 오도하진 않더라도 물론 정통 기독교와는 어울리지 않는 것이다. 그러나 많은 사람이 기독교에 대해 이런 식으로 생각하고 있음을 부인할 수 없다. 소설이나 희곡에 흔히 등장하는 그리스도인을 보면, 방금 열거한 일곱 가지 치명적인 덕 가운데 하나 혹은 전부를 실천하는 인물로 출현하고 있으며, 그리스도인이 세상에 이런 인상을 심어 주지 않았나 생각한다.

어쩌면 우리는 그리스도를 전적으로 따르지 않고 있거나, 올바른 정신으로 좇고 있지 않을지 모른다. 이를테면, 종려나무 가지와 호산나 찬양을 조금 아끼고 있을 가능성이 있다는 말이다. 우리는 타인의 마음을 상하게 하거나 장사에 방해될까봐 작은 채찍을 휘두르는 일도 꺼려한다. 주일 성수와 헌금 문제를 풀려고 지혜를 짜내지도 않고, 교회 선생님의 말씀을 듣고 그에게 질문을 던지려고 서둘러 그 발 아래 앉지도 않는다. 누군가 불의의 재물로 친구를 사귀는 문제와, 평화가 아니라 칼을 가져오는 문제에 대해 불편한 얘기를 하면 우리는 서둘러 몸을 피해 버린다. 또 세리와 죄인들과 바비큐를 즐길 정도로 관대한 모습을 보이지도 않는다. 어쨌든 의도는 좋으나, 우리가 세상에다 그리스도인은 정말 따분한 인물이라는 인상을 심어 준 것은 부인할 수 없다. 그것도 세상에서 33년간 불꽃처럼 살면서 한 사람도 따분하게 만들지 않았던 그분의 이름으로 말이다.

이제는 제발 그 신적 드라마 위에 잔뜩 쌓아 놓았던 너저분한 생각과 감상적인 쓰레기를 툴툴 털어 내고, 그것을 공연 무대에 올려 세상을 놀라게 만들고 무언가 강렬한 반응을 끌어내 보자. 소위 경건한 자들이 제일 먼저 충격을 받는다면, 그들에게는 안 됐지만 다른 이들이 그들보다 먼저 하나님 나라에 들어갈 것이다. 모든 사람이 그리스도로 인해 마음이 상한다면, 상하게 내버려 두라. 그리스도가 아닌 다른 것으로 마음이 상한다면 아무런 의미가 없지 않은가? 날아가는 파리조차 상하지 못하게 그분의 성격을 물에 물탄 듯이 묽게 만들어 버리는 것은 사실 그분에게 경의를 표하는 일이 아니다. 교회의 임무는 그리스도를 사람에게 맞추는 것이 아니라, 사람을 그리스도에게 맞추는 일임이 분명하다.

그 드라마는 곧 도그마다. 그것은 미사여구나 위로의 느낌, 막연히 친절해지고 싶은 마음이나 죽음 이후에 무언가 좋은 게 있을 거라는 약속 등이 아니라, 세상을 만든 바로 그 하나님이 세상에서 살았고, 무덤과 죽음의 문을 통과하셨다는 참으로 끔찍한 주장이다. 이것을 이방인에게 보여 주라. 그들은 믿지 않을지도 모른다. 그러나 적어도 여기에 사람이 기쁘게 믿을 만한 그 무엇이 있다는 것은 알게 되리라.

4. 신조인가, 무질서인가
신조에 대한 무시와 무질서 양상

그가 오시면, 죄와 의와 심판에 대하여 세상의 잘못을 깨우치실 것이다. 죄에 대하여 깨우친다고 함은 세상 사람들이 나를 믿지 않기 때문이요, 의에 대하여 깨우친다 함은 내가 아버지께로 가고 너희가 나를 더 이상 못 볼 것이기 때문이요, 심판에 대하여 깨우친다 함은 이 세상의 통치자가 심판을 받았기 때문이다.

(요 16:8-11, 표준새번역)

그리스도인은 기독교 신학에서 확고한 토대를 찾지 않는 한 기독교 도덕의 중요성에 관해 얘기해 봤자 아무 소용이 없다. 교리가 중요하지 않다고 말하는 것은 한 마디로 거짓말이다. 도그마는 굉장히 중요한 것이기 때문이다. 사람들에게 기독교가 정서의 한 양태라는 이미지를 심어 주는 것은 치명적인 잘못이다. 기독교는 무엇보다 먼저 우주에 대한 합리적 설명이라는 점을 반드시 주장할 필요가 있다. 기독교를 위안이 필요한 이들을 위한 막연한 관념 정도로 제시하는 것은 언어도단이다. 그와 반대로, 기독교는 철저하고 비타협적인 현실주의에 깊이 뿌리박힌 탄탄하고 엄밀하고 복잡한 교리다. 또한 누구나 기독교가 무엇인지 잘 알고 있고 조금만 격려하면 잘 실천할 수 있으리라 생각하는 것도 치명적인 잘못이다. 이 기독교 국가에서 교회가 하나님이나 인간, 사회나 예수 그리스도에 관해 가르치는 바를 조금이라도 알고 있는 사람이 백 명 당 한 명도 되지 않는 것은 엄연한 사실이다.

내가 과장하고 있다고 생각되거든 군목들에게 물어보라. 기독교에 대해 제대로 알고 있는 1퍼센트를 제외한 나머지 신자들을 세 종류로 나눌 수 있다. 먼저, 기독교란 이런저런 성경 이야기와 신화적인 넌센스를 누덕누덕 합쳐 놓은 것이라고 생각하는 솔직한 이방인들이 있다. 또 나긋나긋하고 부드러운 예수상과 모호한 인본주의 윤리를 묶어 놓은 무지한 그리스도인들이 있다. 그들 대부분은 아리안주의 이단이다.* 끝으로, 어느 정도 교육 받은 교인들이 있는데, 이들은 이혼과 비밀 참회, 성찬을 둘러싼 논쟁은 모두 알고 있으나, 콩알총을

---

* 어쩌면 양자론자(養子論者, Adoptionist)도 포함될 것이다. 그들은 자기 이론을 아주 정밀하게 정립하지 않는다.

들고 기관총에 맞서는 아이처럼 근본 교리를 놓고 마르크스주의 무신론자나 웰스류의 불가지론자와 싸우려 덤벼드는 자들이다. 신학적으로, 현재 이 나라는 종교적 관용이라는 이름 아래 전적인 무질서 상태에 있고, 이성으로부터의 도피와 희망의 죽음 속으로 급속히 빠져들고 있다. 이건 결코 만족스런 상태가 아니므로, 특히 젊은 세대 가운데 전심으로 신봉할 만한 신조를 찾으려는 열망이 대단히 뜨겁게 달아오르고 있다.

이것은 교회가 붙잡을 수 있는 절호의 기회임에 틀림없다. 사람들의 귀를 붙드는 면에서 교회는 지난 이백 년 간 그리 성공적이지 못했다. 그러나 이제 인본주의나 개화된 자기 이익, 기계적 진보와 같은 경쟁적 철학들은 심하게 깨어진 상태고, 반면 과학과 교회의 적대 관계는 겉으로 보기만큼 크지 않은 것으로 드러났다. 만사가 잘 될 것이라는 자유 방임의 교리 역시 완전히 신뢰성을 잃었다. 하지만 이러한 현실의 반영으로 인해 개인의 경건 생활만 강조한다거나 기도의 권면을 한다고 해서 무언가 좋은 일이 생기는 건 아니다. 현재 위험에 처한 것은 사회의 전반적 구조이므로, 사려 깊은 남자와 여자들에게 사회 구조와 기독교의 신학 교리는 매우 중요하고 가까운 관계라는 사실을 설득하는 것이 필요하다.

평신도와 성직자를 통틀어 수많은 명목상의 그리스도인이 이 신학적 문제를 완강히 회피한다고 해서 그 짐이 가벼워지는 것은 아니다. "신학은 가져가고 좋은 종교를 주시오"라는 것이 오랫동안 대중의 표어가 되어 왔기에, 우리로서는 신학이 없는 종교가 무슨 의미가 있는지 물어보지도 않은 채 그걸 수용할 가능성이 높다. 그러나 설사 나의 평판이 땅에 떨어지는 한이 있더라도, 교회가 신뢰를 잃은 이유는 신학을 너무 고집해서가 아니라 신학으로부터 도망쳤기 때문이라고 단언하고 단언하는 바이다. 로마 가톨릭교회는 신학적 공동체인데 비해, 영국 성공회는 전체적으로 그런 의미의 신학적 공동체가 아니다. 그런 이유로 전자는 기강이 있고, 존경을 받고, 사회학적으로 중요한 공동체로 존립하고 있다.

나는 두 가지 일을 하고 싶다. 첫째, 우리가 정말 기독교 사회를 원한다면 기독교를 가르쳐야 하는데, 이 때 기독교 교리를 가르치지 않고 기독교를 가르치는 일은 절대 불가능하다는 점을 지적하고 싶다. 둘째, 현 시점에서 세상에 가장 시급한 여섯 가지 정도의 주요 교리를 당신 앞에 내놓는 일이다. 이 교리들은 이미 잊혀지거나 잘못 해석된 면이 있으나, (교회가 주장하듯이 그것들이 진리라면) 세계가 무질서 상태에 빠지지 않도록 인간 사회의 합리적 구조를 받쳐 주는 주춧돌과 같은 것들이다.

우선 기독교가 윤리적 삶에 관한 온건한 희망적 사고 이상의 것이 되려면, 도그마가 불가피하다는 사실부터 다루고자 한다.

맨스필드 대학의 학장이었던 셀비 박사(Dr. Selbie)는 "스펙테이터"(The Spectator) 잡지에 "군대와 교회"라는 주제의 글을 기고했다. 그 글에는 교회가 보통 사람의 삶에 영향을 미치지 못하는 근본 원인을 진단하는 대목이 나온다.

> … 칼뱅주의든 토마스주의든, 새로운 도그마의 발흥은 기독교의 통일성에 심각한 위협거리다. 진짜 비극은 **이런 것이 신학자들에게는 흥미로울지 모르나, 보통 사람의 삶과 생각과는 전혀 상관이 없다는 점이다.** 이들은 교회의 불일치와 그 근거가 되는 신학적·교회론적 차이에 과거 어느 때보다 더 당황하고 있다.

교회 사이의 분쟁이 기독교 세계를 위협하고 있다는 데는 전적으로 동의하는 바이다. 그리고 여기에 언급된 새로운 도그마가 무슨 뜻인지 확실히 모르겠다고 시인하는 바이다. 글쎄, 토마스 아퀴나스와 칼뱅을 각각 따르던 추종자들 가운데 새로운 도그마가 등장했다는 의미가 아닐까 추측된다. 한편 그것은 옛 도그마에 대한 새로운 관심의 촉구와 거듭된 주장이라 생각되는데, 그렇다면 그런 것이 보통 사람의 삶과 생각과는 전혀 상관이 없다는 셀비 박사의 말은 결국 기독교 도그마 자체가 적실성이 없는 것이라고 일부러 주장하는 셈이다.

그런데 기독교 도그마가 삶과 상관이 없다면 도대체 무엇과 상관이 있는 것일까? 아니, 종교적 도그마란 것이 인생과 우주의 본질에 관한 교리들의 진술이 아니고 무엇인가? 만일 목사가 교리는 신학자들의 지적인 놀이에 불과한 것이고 삶과 아무 관련이 없다고 정말 믿는다면, 교인들이 무식하고 따분해하고 혼란스러워하는 것은 전혀 놀랄 일이 아니다. 사실 바로 다음 단락에서 셀비 박사는 기독교 교리와 삶의 관계를 이렇게 인식하고 있다.

> …평화는 오직 기독교의 원리들과 가치관을 실제적으로 적용할 때에만 이룩될 수 있다. 그런데 그 배후에, **부족한 것으로 판명된 이교적 인본주의에 대한 반발 이상의 그 무엇**이 있어야 한다.

그 "이상의 그 무엇"이 다름 아닌 도그마다. 왜냐하면 인본주의와 기독교, 이교주의와 유신론 사이에는 도그마의 차이 말고는 다른 차이가 없기 때문이다. 그리고 그리스도가 없이는 기독교의 원리들도 취할 수 없다는 점이 점차 분명해질 터인데, 그것들의 타당성이 그리스도의 권위에 달려 있기 때문이다. 우리가 직접 목격했듯이, 전체주의 국가들이 그리스도의 권위를 더 이상 믿지 않게 되자, 기독교 원리를 반박하는 게 논리적으로 정당화되었다. 보통 사람이 그리스도를 믿고 기독교 원리에 대한 그분의 권위를 수용해야 한다면, 그리스도가 누구이고 왜 그분의 권위를 수용해야 하는지 물어보는 일은 아주 적절한 것이다. 그런데 "당신은 그리스도를 누구라고 생각하는가?"라는 질문은 그 사람에게 가장 어려운 수수께끼를 던지는 것이다. 이 때 그리스도가 누구인지, 혹은 그가 무슨 권위로 그런 일을 했는지는 별로 중요하지 않다고, 또 설사 그가 사람에 불과한 존재였더라도, 그는 좋은 사람이었으므로 그의 원칙에 따라 우리가 살아야 한다고 말한다면, 참으로 쓸데없는 소리가 아닐 수 없다. 이런 소리는 그저 인본주의에 불과하기 때문이다. 만일 독일의 보통 사람이 예수보다 히틀러가 더 매력적인 원칙을 가진 더 나은 인물이라고 생각하기로 한다 해도, 그리스도인 인본주의자가 그에 대처할 방도는 없을 것이다.

도그마가 보통 사람의 삶과 생각과 전혀 상관이 없다는 것은 사실 옳지 않은 말이다. 실상은 목사들이 그런 식으로 주장할 때가 많고, 교리를 잘못 설명하는 바람에 그런 식으로 비치게 하는 게 문제다. 중심 교리에 해당하는 성육신은 상관성(relevance) 여부를 좌우하는 기준이 된다. 만일 그리스도가 사람에 불과하다면, 하나님에 관한 사상과 전혀 상관 없는 존재다. 만일 하나님에 불과하다면, 인생이 겪는 경험과 전혀 상관 없는 존재가 되고 만다. 그렇기에 상관성을 가능케 하려면, 가장 엄격한 의미에서, 누구든 우리 주 예수 그리스도의 성육신을 똑바로 믿는 일이 반드시 필요하다. 만일 똑바로 믿지 않는다면, 사실 믿을 이유가 조금도 없다. 그리고 이런 경우에는 기독교의 원리를 재잘거리는 일이 전혀 부적절하다.

보통 사람이 그리스도에게 조금이라도 관심을 갖게 되려면 도그마가 그 계기를 마련해 줘야 할 것이다. 그런데 문제는 십중팔구가 도그마를 제공받은 적이 없다는 데 있다. 그가 제공받은 것은 일련의 전문적인 신학 용어로서, 아무도 그것들을 일상 생활과 상관 있는 말로 번역하려고 신경 쓰지 않았다.

"…하나님의 아들, 예수 그리스도는 하나님이자 사람이다." 이는 창조주 하나님(수염이 텁수룩한 성마른 늙은 신사)이 어떤 신비로운 방법으로 처녀 마리아에게 임하여 인어와 같은, 이것도 저것도 아닌 이중적인 존재를 낳게 했다는 것인가? 그리고 사람의 아들처럼, 아버지와 완전히 구별되는 또 어쩌면 (약간의 변명과 함께) 아버지와 적대 관계에 있는 인물인가? 그리고 이 특이한 혼성적 존재가 존이나 제인과 무슨 관계가 있는 것인가? 바로 이런 견해를 가리켜 네스토리우스주의라고 부르는데, 아리우스주의의 변형이라고도 볼 수 있다. 하지만 이런 식으로 전문적인 딱지를 붙인 채 보통 사람의 생각과 상관 없는 것으로 제쳐놓을 수만은 없다. 보통 사람이 그것을 만들었기 때문이다. 그것은 사실 보통 사람의 생각이 좀 투박하게 표현된 것이다. 우리로서는 그를 성부수난설적 단성론자(Patripassian

Modalists) 혹은 신고난설자(Theopaschites, 신성이 십자가에서 고통을 받았다고 주장하는 이단—역주) 같은 지독한 이단에 빠뜨릴 수 있는 위험을 감수하더라도, 아타나시우스와 한편이 되어 존과 제인에게, 이 세상에서 살다가 죽은 그 하나님은 세상을 만든 바로 그 하나님이었다고, 그래서 하나님이 그들이 겪는 문제를 누구보다도 잘 이해하고 공감할 수 있다고 설득해야 한다.

그러면 존과 제인은 당장 이렇게 반문할 것이다. "그런데 그분이 하나님이었다면 이런 게 별 문제가 아니었을 겁니다. 신은 당신과 나처럼 정말 고통을 느낄 수 없으니까요. 더구나, 목사는 우리가 그리스도와 같이 되려고 애써야 한다고 하는데, 그건 넌센스일 뿐입니다. 우리가 하나님이 될 수 없는데도 우리더러 애써 보라고 하는 소리는 웃기는 얘기죠." 이것은 유티케스 같은 이단의 주장을 그럴듯하게 옮긴 것인데, 이런 것을 '신학자들에게나 흥미로운 것'으로 치부할 수만은 없다. 오히려 존과 제인에게 호소력이 있어서 짜증을 내게 만들 정도다. 싫든 좋든 우리로서는 교의 신학에 더 깊이 들어갈 수밖에 없고 그리스도가 완전한 하나님이자 완전한 사람이라고 주장하지 않으면 안 된다.

이 지점에서 언어가 우리에게 딴죽을 걸 수 있다. 보통 사람이 이런 주장을 들으면, '완전한 하나님'이란 말은 덜 완전한 신들과의 비교를 함축하고, '완전한 사람'이란 '당신이 접할 수 있는 최상의 인간'을 의미한다고 생각하지 말란 법이 없다. 이 두 명제 모두 옳은 진술이긴 하지만, 그것이 우리가 전달하고자 하는 정확한 의미는 아니다. 어쩌면 이렇게 말하는 편이 나을지도 모르겠다. "전적으로 하나님이고 전적으로 사람"이라고. 모든 면에서 그리고 완전히 하나님인 동시에 사람이라고. 영원에서 영원까지, 또 모태에서 무덤까지 하나님이요, 또한 모태에서 무덤까지, 그리고 지금노 사람이라고.

그러면 존이 이렇게 응답하리라. "아주 잘 말씀하셨습니다만, 그래도 썰렁한 느낌을 지울 수 없습니다. 왜냐하면, 만일 그분이 언제나 하나님이었다면, 자신이 겪는 고통과 죽음이 계속될 것이 아니라는 것을, 또 자기가 원하면 언제든 기적을 일으켜 그것을 중단시킬 수 있다는 것을 확실히 알았을 것이기 때문에, 보통 사람인 체한 것은 연기에 지나지 않았다고 할 수 있기 때문입니다." 이어서 제인도 이렇게 거들 것이다. "만일 그분이 하나님이었고 잘못을 전혀 저지르려 하지 않았다면, 그를 '전적인 사람'이라고 부를 수 없습니다. 그분으로서는 선하게 되는 게 쉬웠겠지만, 나로서는 전혀 그렇지 않습니다. 저에게 닥치는 이 모든 시험을 생각해 보십시오. 그것도 하나의 연기에 불과합니다. 그러니 이런 논리는 제가 당신이 말하는 그런 그리스도인다운 삶을 사는 데 전혀 도움이 되지 않습니다."

존과 제인은 이제 확신에 찬 아폴리나리우스 같은 이단이 되고 있는 중이다. 이 입장은 물론 신학자에게 홍밋거리겠지만 보통 사람의 삶과도 확실한 상관성이 있는 것인데, 그들은 기독교의 원리를 실행 불가능한 것으로 치부하기 때문이다. 그러나 그들을 도울 수 있는 뾰족한 수가 없다. 우리로서는 그리스도가 사람의 몸과 온전한 영혼을 모두 갖고 있었다고 주장할 수밖에 없다. 또 인간은 지식과 지력에 있어서 한계가 있다고 시인해야 한다. 그리고 그리스도로부터 암시를 받아 기적은 하나님의 아들뿐 아니라 사람의 아들에게도 속한 것이라고 주장해야 한다. 사람의 의지는 시험에 빠질 소지가 있다고 가정해야 한다. 우리가 확고히 견지해야 할 점은 그가 신성의 면에서는 아버지와 동등하고 인성의 면에서는 아버지보다 열등한 존재라는 것이다. 신학이 워낙 복잡하기에 그 보통 사람은 아타나시우스 신조의 핵심으로 바로 걸어 들어갔는데, 우리도 뒤따라가지 않을 수 없다.

내가 보기에 교사와 설교자, 교리란 신학 위원회가 자유형 레슬링을 하듯 한 바탕 설전을 즐기면서 **선험적으로** 창안한 일련의 자의적 규정이 아니라는 사실을 확실히 하지 않는 것 같다. 대다수의 교리는 이단에게 당장 대처해야 할 시급한 필요성 때문에 애써 만들어 낸 것이다. 그리고 이단은, 내가 보여 주려 했던 것처럼, 훈련받지 않은 보통 사람이 특히 일상 생활 및 사고 방식에 끼어드는 우주의 문제들을 붙들고 씨름하다가 자기 의견으로 내놓은 것이다. 나는 세상을 이리저리 돌아다니는 고약한 직업에 종사하다 보니, 대화나 편지를 통해 날마다 주요 이단들의 주장을 한 아름씩 떠안게 된다. 그래서 보통 사람의 삶과 생각에 반영된 그런 이단들의 견해에 대해 너무 잘 알고 있다. 물론 이 글을 쓰기 위해 그 견해에 어떤 신학적 호칭을 붙여야 할지 알아 보려고 백과사전을 뒤적거려야 하지만 말이다. 이단에 대한 응답을 찾기 위해선 그리 멀리 갈 필요가 없다. 그것이 신조들 속에 간명하게 정리되어 있기 때문이다.

그런데 한 가지 흥미로운 사실은, 내가 접하는 이단 중 십중팔구는 신조에 실제적이고 포괄적인 의미가 담긴 그런 진술이 있다는 점을 알고 굉장히 놀란다는 점이다. 내가 그들에게 세계를 창조하신 그 하나님이 세상의 고통을 견디었다는 게 믿음의 항목이라고 일러 주면, 그들은 좋은 의도로 그 진술과 예수 이야기 사이에 무슨 연관성이 있는지 물어본다. 내가, 신의 사랑이었던 바로 그 예수가 또한 빛 중의 빛이요, 하나님의 지혜라는 교리를 제시하면, 또 놀라는 표정을 짓는다. 그들 중 일부는 그런 말을 생전 처음 들어 본다고 하면서 성경을 그처럼 독창적으로 해석해 줘서 너무 고맙다고 심심한 감사를 표한다. 내가 그것을 창안해 냈다고 생각하는 모양이다. 또 어떤 이들은 지혜와 종교가 서로 관련이 있다고 생각하고 싶지 않다고, 그리고 나에게 지혜와 이성과 지성의 부분을 깎아 내고 단순한 사랑의 복음만 고수하는 편이 좋을 것이라고 신경질적으로 반응한다. 그런데 기뻐하든 짜증을 내든 그들은 모두 흥미를 보인다. 그들의 흥미를 끄는 것은, 그게 나의 창안물이라고 생각하든 말든, 바로 그 도그마가 단언하는 내용이다.

셀비 박사는 도그마를 고집하면 사람들이 모욕을 느끼고 또 기독교 세계를 치명적인 싸움으로 몰고 간다고 불평했는데, 이에 대해서는 두 가지 얘기를 하고 싶다. 첫째, 기독교를 걸림돌이라곤 전혀 없는 매력적이고 인기 좋은 그 무엇으로 제시하는 것은 심각한 잘못이라고 생각한다. 그리스도가 세상을 두루 다니면서 온갖 종류의 사람에게 아주 맹렬한 공격을 퍼부은 것을 감안할 때, 그분에 관한 교리를 누구의 마음도 상하지 않게 제시할 수 있다고 생각하는 것은 한 마디로 언어도단이다. 우리로서는 그 온유하고 부드러운 예수가 너무나 완강하게 자기 의견을 고집하고 뜨거운 언설을 퍼부은 나머지, 교회에서 쫓겨나고 돌에 맞고 이리저리 몸을 피하다가 마침내 민중 선동가요 공공연한 위험 인물로 교수형에 처해졌다는 사실을 도저히 못 본 체할 수 없다. 그분의 평화가 무엇이든 적당히 무관심한 데서 오는 평화는 분명 아니다. 그는 친히 자기가 불과 칼을 들고 왔다고 여러 번 말했다. 그렇기 때문에 기독교 교리를 단호하게 설파하고 나서 항의 편지를 몇 통 받거나 이견이 제기된다고 해서 아주 놀라거나 당황할 필요는 없다.

또 하나는 이것이다. 내가 경험으로 아는 것은 기독교 교단들 사이에 정말 에큐메니컬한 교리들에 대해선 폭넓은 합의가 이루어졌다는 사실이다. 신조들에 대한 가톨릭의 엄격한 해석—가령 아타나시우스 신조 같은 것—은 로마와 제네바 양측 모두에서 지지를 받을 것이다. 반대 의견은 주로 이교도 측에서 올 터인데, 목소리는 크지만 이교도 측을 대표할 만한 인물들은 아니고 어린 시절에 로버트슨(Dennis Rebertson, 영국의 경제학자. 케임브리지 학파의 거장—편집자 주)이나 코니베어(William Conybeare, 영국의 신학자이자 지질학자—편집자 주) 정도를 읽고 더 이상 진도를 못 나갔던 자들일 것이다. 그런데 현재 시급하게 필요한 것은, 근본 교리들을 전문적인 신학 용어에 전혀 무지한 평범한 이교도들이 분명히 이해할 수 있는 용어로 재진술하는 일이다.

이제 현대 세계가 가장 시급하게 들어야 할 교리면서 무지와 오해의 짙은 안개에 둘러싸인 교리 몇 가지를 언급할까 한다. 상당히 많은 교리 가운데 일곱 가지를 골랐는데, 하나님, 사람, 죄, 심판, 물질, 일, 사회 등 내가 핵심 교리라고 부르는 것들이다. 이 교리들은 물론 서로 밀접하게 연결되어 있다. 기독교 교리는 일련의 규칙이 아니라 서로 얽혀 있는 거대한 합리적 구조이기 때문이다. 이 일곱 가지 주제는 이 시점에서 내가 특별히 강조할 필요가 있다고 생각되는 것이다.

(1) **하나님**. 무례할 정도로 뻔한 말인지 모르겠으나, 교회가 현대적 지성에 무언가 뚜렷한 인상을 남기려면 그리스도와 십자가를 전해야 할 것이라고 말하고 싶다.

최근에는 교회가 그리스도를 전하는 면에서 별로 성공적이지 못했다. 물론 예수를 전하긴 했으나, 이 둘이 동일한 것은 아니다. 보통 사람은 예수 그리스도와 창조주 하나님을 문자적으로 동일한 인격으로 견지해야 한다는 관념을 전혀 이해하지 못한다. 그들은 성부 하나님이 세계를 창조했고 예수 그리스도가 인류를 구속했으며, 이 두 분이 별개의 인격이라고 믿는 것이 보편적 교리라고 생각한다. 여기서 니케아 신조의 표현에 약간 아쉬운 점이 있다. 이를 '만물을 만드신 아버지와 동일한 실체를 가진 존재'라는 식으로 읽기가 쉽기 때문이다. 교회의 요리 문답은—이것도 아쉽기는 마찬가진데—그 차별성을 강조하고 있다. "나와 모든 세계를 만드신 아버지 하나님, 나와 모든 인류를 구속하신 성자 하나님"이라고. 통일된 실체 내에서의 인격의 구별은 철학적으로 아주 타당한 것이며 창조적인 예술가에게도 낯익은 것이다. 하지만 대다수의 사람은 창조적 예술가가 아니라서, 세상의 죄를 짊어진 그 인물은 세상에 생명을 주는 영원한 생명의 근원이 아니라 창조주 하나님의 희생자로서, 전혀 다른 인격이라는 고정 관념을 갖고 있다. 어떤 교리의 한 측면을 다른 측면에까지 확장시키는 것은 위험한 일이지만, 이 시점에서 이 두 인격을 혼동할 수 있는 위험은 상당히 희박하므로 무시해도 좋을 것이다. 현재는 누구나 그 실체를 둘로 나누기 때문에 예수의 역사 전체가 하나님이 인간에게 행한 잔인한 행위를 담은 일화로 변질되고 있다.

성육신 교리가 세계의 구조에 대한 진정한 계시가 되려면, 창조주로서의 아들의 신성을 자신 있게 주장하는 일이 꼭 필요하다. 그리고 이 점에서 기독교는 다른 모든 종교에 비해 굉장한 이점을 갖고 있다. 기독교는 악과 고통에 가치를 부여하는 **유일한** 종교다. 기독교는 크리스천 사이언스처럼 악이 실존하지 않는다고 주장하지 않고, 또 불교처럼 선이란 악의 경험을 거부하는 데 있다고 주장하지도 않는다. 대신 진정한 악으로부터 진정한 선을 짜내려는 능동적이고 적극적인 노력을 통해 완전에 도달하게 된다고 단언한다.

여기서 나는 악의 본질과 비(非)존재의 실재에 관한 아주 어려운 문제로 빠질 생각은 없다. 현대 물리학자들이 이 철학적 딜레마에 대해 아주 귀중한 실마리를 주고 있긴 하지만 말이다. 그럼에도 세계의 현 상황에서는, 악의 실재와 고통의 가치에 관한 교리가 신앙 고백의 맨 앞줄에 놓여지는 것이 가장 중요한 문제인 것 같다. 내가 말하고자 하는 바는, 인류를 괴롭히는 악과 고통에 병렬하여 종교가 덕과 개인적 위안을 낳는다고 말하는 것으론 충분하지 않다는 것이다. 오히려 하나님이 살아 계시고 악과 고통 가운데 활동하고 계신다고, 천지가 창조되기 전부터 아버지와 더불어 갖고 있던 그 긍정적 에너지로 그것들을 계속해서 변모시키고 있다고 주장해야 한다는 것이다.

(2) **사람**. 최근에 젊고 똑똑한 사제 한 사람이 오늘날 기독교가 갖고 있는 가장 큰 장점의 하나는 인간 본성에 관한 아주 비관적인 견해라고 생각한다는 말을 내게 했다. 그 말에는 상당히 많은 내용이 담겨 있다. 오늘날 인간의 야만 행위와 어리석은 잘못으로 인해 가장 낙담에 빠진 자들은, 호모 사피엔스를 진화의 산물로 보고 아직도 진보와 계몽이 문명의 발전을 가져올 것이라 믿는 낙관적인 자들이다. 전체주의 국가들의 짐승 같은 만행과 자본주의 사회의 끈질긴 이기심과 황당한 탐욕은 그들에게 충격과 경악을 불러일으키는 데 그치지 않는다. 이런 것은 그들이 이제껏 믿어 왔던 모든 것을 완전히 부정하고 있다. 마치 그들의 세계 밑창이 완전히 떨어져 나간 것과 같다. 만사가 이성을 모조리 부정하는 것처럼 보이고, 그

들과 세계가 모두 제 정신이 아닌 것처럼 느껴진다.

한편 그리스도인의 경우는 이와 다르다. 그도 다른 이들처럼 크게 충격을 받고 슬퍼하지만, 경악에 빠지지는 않는다. 인간 본성 자체에 대해 그리 높은 견해를 가진 적이 없기 때문이다. 그는 인격의 중심에 깊은 균열이 있다고 늘 생각해 왔으며, 법이란 것도 인간이 만드는 것이고 따라서 불완전하고 자기 모순적인 인성의 산물이므로 '국회의 결의안으로 사람을 선하게 만드는 게' 불가능하다는 것을 알고 있다. 인간적으로 말해서, '선을 진실로 아는 것이 선을 행하는 것'이라는 말은 전혀 맞지 않는 말이다. 오히려 사도 바울과 같이 "내가 원치 않는 악을 행한다"고 말하는 편이 훨씬 더 맞는 말이다. 따라서 지식의 증대는 악을 이기는 데 거의 도움이 되지 않는다. 과학 지식과 무의식적 진화의 합작이 인류의 완성을 초래할 것이라는 기계론적 망상이 이런 낙담의 주범이 되어 왔다. 그런데 일단 과학과 진보가 무너지면 더 이상 기댈 언덕이 없기 때문에, 이것은 기독교의 비관론보다 훨씬 더 비관적인 견해다. 인본주의는 인간에게 자기 바깥에 있는 다른 자원을 제공해 주지 못하는 한계를 안고 있다. 반면에 인간의 이중성을 얘기하는 기독교 교리―사람은 인격과 행위 면에서 분열되어 있고 불완전하다고 주장하는 동시에, 자기 속에 있는 또 자기를 넘어서는 그 영원한 자아와 하나가 됨으로써 상당한 통일성을 갖게 된다고 주장한다—에 비추어 보면, 현재 위험한 상태에 있는 인간 사회가 그나마 덜 절망적으로 그리고 덜 비합리적으로 보인다. 내가 '현재 위험한 상태'라고 했는데, 이는 너무 좁혀서 하는 말인 것 같다. 얼마 전에 어느 남자에게서 이런 얘기를 들은 적이 있다. "저는 한 살 된 아들이 하나 있습니다. 전쟁이 일어나자 저는 비탄에 빠져 버렸는데, 가만히 반성해 보니 차세대가 당연히 우리 세대보다 더 살기 좋은 환경에서 더 편하게 살아야 한다는 생각을 은연중에 했기 때문이라는 걸 알게 되었습니다. 그러고는 당연히 그렇게 생각할 권리가 나에게 없다는 것을 깨달았습니다. 선과 악의 싸움이, 과거 어느 때처럼, 그에게도 똑같이 닥칠 것이란 생각을 하니 마음이 훨씬 가벼워졌습니다."

데이빗 세실 경(Lord David Cecil)이 한 말이 생각난다. "진보 철학의 언어는 우리에게 인간의 야만적이고 원시적 상태가 우리 뒤에 있다고 생각하도록 가르쳤고, 그 결과 우리는 아직도 '야만 상태로 돌아간다'는 표현을 사용하곤 한다. 그러나 야만 상태는 우리 뒤에 있는 게 아니라 우리 아래에 있다." 동일한 글에서 그는 "기독교가 사람의 마음에 강력한 호소력을 지니는 것은 인간 존재에 박수를 보내기 때문이 아니라 가장 사실적이기 때문"이라고 한다. 나도 이 말에 동의한다. 흔히들 기독교를 내세 지향적이고 비현실적이고 이상주의적인 종교로 여기고, 우리가 착하면 행복할 것이라고—그렇지 않으면 내세에서 보상을 받을 것이라고—말하는 종교로 생각하는 것은 참으로 유감스런 일이다. 사실 기독교는 그와 반대로 잔인할 만큼 현실주의적인 종교다. 천국이란 끝없는 수고와 분투와 경계심 없이는 이 세상에서 이룰 수 없는 것이라고 단언하고, 우리는 선해질 수도 행복할 수도 없지만, 행복마저 쓰레기처럼 보이게 하는 영원한 사업이 있다고 한다. 베르자예프(Nikolai Aleksandrovich Berdjaev, 러시아 혁명에 가담한 마르크스주의자에서 반공주의자로 전향해 프랑스로 망명한 종교 철학자—편집자 주)가 한 말로 기억하는데, 인간의 영혼이 행복보다 창조성을 선호하는 걸 막을 만한 것은 아무것도 없다고 했다. 바로 이 면이 신성을 가진 그리스도를 닮은 점으로서, 그분은 물질 세계에 성육하셔서 이 세상에서 계속 고통을 받고 있고 창조 활동도 계속하는 분이다.

(3) **죄**. 사람에 관한 교리는 죄에 대한 가르침으로 자연스레 이어진다. 현재 인간이 처한 곤궁과 관련해 아주 놀랄 만한 점은, 세상이 교회에게, 미움을 받아 왔던 해묵은 죄의 교리를 환호와 격려의 복음으로 선포하라고 요구하고 있다는 사실이다. 근대 철학—그 전성기에는 인류를 죄책감에서 해방시켰다고 칭송받았던—은 그 마지막 단계에 이르자 인간을 결정론이라는 쇠사슬에 단단히 묶어 버렸다. 유전과 환경, 선천적 체

질과 무의식의 통제 역할, 경제적 필연성과 생물학적 발달 기제 등 온갖 요인을 들먹여서 인간이 자신의 불행에 책임질 필요가 없으며 따라서 죄책감을 느끼지 않아도 된다고 설득했다. 악이란 것도 자기가 만들거나 자기 속에서 나오는 것이 아니라 밖에서 강요된 그 무엇으로 해석되었다. 따라서 사람은 악에 대해 책임이 없으므로 그것을 바꿀 수도 없다는 비참한 결론에 도달한다. 진화와 진보가 장차 그것을 어느 정도 경감시켜 줄지는 몰라도, 지금 여기에 있는 당신과 나는 아무 희망이 없다. 나의 숙모는 구식 자유주의 교회에서 자랐는데, 탄원 기도를 암송할 때마다 자기를 비참한 죄인이라 불러야 하는 것이 지긋지긋하다고 화를 냈던 모습이 지금도 생생하다. 오늘 우리가 비참한 죄인임을 확신시켜 줄 만한 메시지를—문제가 우리 바깥이 아니라 우리 안에 있으므로, 하나님의 은혜로만 그것을 바로잡을 수 있다는 것—들을 수만 있다면, 그것이야말로 가장 소망 있고 가장 고무적인 메시지가 아닐까 생각한다.

원죄의 교리가 생물학과 프로이트 심리학을 배운 현대인이 이해할 수 있는 용어로 다시 표현되어야 한다는 것은 말할 필요도 없다. 이런 과학은 사람의 내적 균열의 본질과 메커니즘을 노출시키는 면에서 굉장한 기여를 했는데, 이제는 교회의 강력한 무기가 되어야 마땅하다. 과거에 이 무기들이 교회를 겨냥하도록 교회가 허용한 것은 천만 번 유감스런 일이다.

(4) **심판**. 심판의 교리도 이와 비슷하다. 죄에 대한 **형벌**이란 단어는 너무 오염되어 다시는 사용해선 안 된다. 하지만 우리가 일단 인간 본성에 관한 바른 교리를 정립하면, 심판의 본질도 놀랄 정도로 명확하고 타당해진다. 그것은 인간이 자기 본성을 정면으로 거스르는 시스템을 만들고 그 위에서 삶과 사회를 규제하려다가 생긴 불가피한 결과다. 물리적 영역에서, 발진티푸스와 콜레라는 더러운 생활 방식에 대한 심판인데, 그것은 하나님이 깨끗한 사람을 자의적으로 편애해서가 아니라, 우주의 물리적 구조가 가진 본질적 특성 때문이다. 국가의 영역에서, 개인의 자유를 짓밟는 행위는 피의 심판을 불러 올 것인데, 그것은 인간의 체질상 죽음보다 억압을 더 견딜 수 없어하기 때문이다. 탐욕에 눈이 어두워 돈을 빨리 벌려고 숲을 파괴하는 행위는 홍수와 기근의 심판을 자초할 터인데, 영적 부문의 탐욕의 죄가 자연의 물리적 법칙을 거스르기 때문이다. 그런 행위는 보상을 주지 않기에 잘못된 것이라고 말하면 안 되고, 그건 잘못된 것이기에 보상을 주지 않는다고 말해야 옳다. "자연에 대한 잘못된 태도는 어딘가 하나님에 대한 잘못된 태도가 있음을 시사한다. 그 결과 심판이 불가피하다." T. S. 엘리엇의 말이다.

(5) **물질**. 이 지점에서 물질적 우주에 관한 교리를 다루지 않을 수 없다. 그리고 여기서 성찬의 의미를 설명하는 게 가장 좋을 것 같다. 보통 사람은 그리스도인이 물질을 악하게 여기고 몸도 악한 것으로 간주한다고 착각하고 있다. 이런 오해를 불러일으킨 책임을 따지자면, 사도 바울에게 어느 정도 있고, 히포의 아우구스티누스에게 상당히 많고, 칼뱅의 경우 훨씬 더 많다고 할 수 있다. 하지만 교회가 하나님의 인간다움(manhood)을 가르치고 성찬과 결혼의 성례를 집행하는 일을 계속하는 한, 어떤 사람도 물질과 몸이 자신에게 신성하지 않다고 감히 말해서는 안 된다. 오히려 책이나 그림이 예술가의 창조적 정신의 물질적 표현인 것처럼, 물질적 우주도 하나님의 창조적 에너지의 표출이자 육화라고 강하게 주장해야 한다. 이런 이유로, 물질적 우주를 선하고 창조적으로 다루는 일은 모두 거룩하고 아름다운 것이며, 그것을 남용하는 행위는 모두 그리스도의 몸을 십자가에 못박는 짓이다. 예술과 지성과 물질적 자원을 올바로 사용하는 문제는 모두 이와 관련이 깊다. 이 때문에, 상업적 목적으로 사람이나 물질을 착취하는 행위는 온갖 종류의 예술의 타락과 지성의 악용과 더불어 심판대 아래 서게 된다. 만일 물질과 사람의 신체성이 악하다면, 혹은 그것들이 경제의 종노릇하는 것 말고는 아무런 중요성이 없다면, 우리가 그것들을 마음대로 학대하지 못하게 막는 것은 아무

것도 없다. 단 그런 행위가 결국에는 불변의 법칙에 저촉되어 심판과 멸망을 몰고 올 것이라는 명약 관화한 사실을 제외하고는. 다른 모든 문제가 그렇듯이 이 문제만 해도 법을 피할 방법이 없다. 우리로서는 은혜의 길로 자발적으로 법을 성취하든가, 좋든 싫든 심판의 길로 그것을 성취하든가 둘 중 하나를 택할 수밖에 없다.

(6) **일**. 현대 사회의 사람과 물질에 대한 비(非)성례전적 태도는 일에 대한 비성례전적 태도와 밀접한 연관이 있을 것이다. 이런 태도를 묵인한 책임은 교회가 져야 한다. 18세기 이래 교회는 내가 '일에 대한 근면한 도제관'이라고 부르는 견해를 은연중에 묵인해 왔다. "열심히 일하고 절약하라. 그러면 하나님이 자족하는 마음과 실력을 복으로 주실 것이다." 이것은 가장 천박한 형태의 개화된 자기 이익에 다름 아니며, 독점가와 자본가의 손에 금방 놀아나게 되어 있다. 교회는 사회의 경제 이론에 비열하게 굴복한 것만큼 자기 체면을 손상시킨 일이 없는 것 같다. 돈에 대한 기독교적 태도가 요즈음 뜨거운 논쟁거리로 떠오른 만큼 여기서 더 이상 할 말은 없고, 단지 최근 러시아와 중부 유럽이 불안한 상태에 빠진 것은 사람을 경제에 종속시킨 재무 구조에 대한 직접적인 심판이라는 것, 그리고 경제 구조가 사람을 죄수로 묶어 놓고 있는 한

아무리 구조 조정을 해도 장기적 효과가 없을 것이라는 점만 지적하고 싶다.

이것이 중요한 문제이긴 하지만, 그보다 더 중요하고 근본적인 문제가 있다고 생각하는데, 바로 기독교 사회에 사는 우리가 일에 대해 어떻게 생각해야 하는가 하는 것이다. 상당히 흥미로운 점은, 창세기에서 일을 고역이요 죄에 대한 심판이라고 언급한 것 말고는 일에 대해 명시적으로 가르치는 교리가 없다는 것이다. 하지만 나는 일에 대한 기독교 교리라는 것이 있다고 믿고, 그것이 하나님의 창조 에너지와 인간이 가진 신의 형상과 아주 밀접한 관련이 있다고 생각한다. 현대 문화는 일을 유급직과 동일시하는 경향이 많다. 이것이야말로 온 국민이 식량이 모자라 굶주리고 있는데, 밀과 커피를 태우고 물고기를 퇴비로 쓰도록 허용하는 거대한 경제적 오류의 배후에 있는 이단이라고 주장하는 바이다. 문제는 일이란 것이 사회에 봉사하려고 자신의 창조적 에너지를 표출하는 통로가 아니라, 오직 돈과 여가를 얻으려고 하는 활동이라는 데 있다.

아주 유능한 외과 의사가 내게 이런 말을 한 적이 있다. "현실을 보면 어떤 업무를 완수하기 위해 일하는 사람이 하나도 없다는 것입니다. 일의 결과는 하나의 부산물일 뿐입니다. 일의 목적은 돈을 벌어 다른 무언가를 하려는 것입니다. 의사도 일차적으로 고통을 덜어주기 위해 의료 행위를 하는 게 아니라 먹고 살기 위해 합니다. 환자의 치료는 그 과정에서 일어나는 일에 불과합니다. 법률가가 사건 적요서를 받는 것도 정의에 대한 열정 때문이 아니라, 그저 먹고 살기 위한 직업이기 때문입니다."

그리고 이렇게 덧붙였다. "군대에 있는 사람들이 흔히 행복하고 만족스런 삶을 사는 이유는 생애 처음으로, 가련하게도 돈을 위해 무언가를 하는 게 아니라, 어떤 업무를 완수하기 위해 일하는 자신을 발견하기 때문입니다."

한 가지만 덧붙이고 싶은데, 이는 오늘날의 어떤 조짐을 보여 주는 것이다. 나는 여러 명의 젊은 로마 가톨릭 신도가 작성한 "기독교 사회를 위한 청사진"이란 글을 본 적이 있다. 거기에는 일과 직업에 대한 대목이 여럿 있었는데—최소 임금, 노동 시간, 고용인 대우, 주택 문제 등—모두가 아주 적절하고 기독교적인 내용이었다. 그러나 일 자체를 제대로 수행하게끔 확실히 보장해 주는 구조는 전혀 찾아볼 수 없었다. 즉 일에 대한 성례전적 태도가 빠져 있다는 면에서 노조의 규정만큼 텅 빈 문건이었다. 중세만 하더라도 길드(guild, 중세의 상인 또는 수공업 조합—편집자 주)가 고용주의 근로자에 대한 의무뿐 아니라, 근로자의 업무에 대한 책임성을 분명히 요구했다.

사람의 자기 성취라는 것이 하나님에게 받은 창조성을 완전히 표출하는 것을 의미한다면, 우리에게 기독교적 노동관이 시급하게 필요하다고 할 수 있다. 그 교리는 적절한 근로 환경을 제시할 뿐 아니라, 근로자가 전심을 다해 일하도록 그리고 일 자체를 위해 일하도록 요구해야 할 것이다. 그런데 현재 많은 이들이, 우리의 사악한 가치관으로 인해, 영적 타락을 조장하는 일—가령, 온갖 종류의 사행성 사업, 천박하고 쓸데없는 것을 제조하는 일—에 강제 동원되는 현실에서, 일에 대한 성례전적 태도를 기대하기란 거의 불가능하다.

(7) **사회**. 끝으로 기독교의 사회관에 관해—그것을 정치적 용어로 바꾸지 않고 그 토대를 이루는 교리적 기초와 관련하여—한두 마디 할까 한다. 이 교리는 하나님과 인간에 대한 교리에 기초하고 있으며, 우주에서의 인간의 위치에 관한 교리에서 파생되는 것이다. 어쩌면 너무 뻔한 말일지 모르겠다. 내가 당신의 주목을 끌고 싶은 게 하나 있는데, 도덕법에 관한 기독교 교리가 그것이다. 도덕법으로 전쟁과 사악함을 모두 폐기시키려는 시도는 인간의 죄성으로 인해 반드시 실패할 수밖에 없다. 법이란 것도, 인간 활동의 산물이 모두 그렇듯이 인간의 불완전성을 반영하고 있다. 그것은 옛날 칼뱅주의의 표현을 빌자면, "죄의 본성에 기인하는" 것이다. 달리 말해서, 만일 합법성에 절대적 가치를 부여하게 되면, 그 속에 심판과 재앙의 씨앗이 담기게 된다는 뜻이다. 물론 우리에게 법이 필

요하지만, 그것은 어디까지나 악의 세력을 막고 그 배후에서 하나님의 은혜가 구속 사역을 하게 하는 보호막일 따름이다. 이를테면 우리가 범죄자에게 법을 집행함으로써 실질적으로 평화를 건설하거나 의로움을 만들어 낼 수는 없다. 법이란 언제나 금지의 성격과 소극성을 갖고 있으며, 사람의 분열된 본성이 낳은 내적 모순에 의해 오염되어 있다. 그것은 심판의 범주에 속한다고 할 수 있다. 그렇기 때문에 세상이 도덕법 자체의 실효성에 지나친 자신감을 두지 않게 하려면, 죄에 대한 정확한 이해가 필요한 것이다. 도덕법으로는 바알세불을 결코 쫓아낼 수 없다. 그것은 신적인 것이 아니라 인간이 만든 산물에 불과하기 때문이다.

그럼에도 불구하고, 법을 올바로 이해하는 것은 꼭 필요하다. 그렇지 않으면 세상에 은혜의 의미를 이해시키는 일이 불가능할 것이다. 진정한 법은 단 하나밖에 없다. 바로 우주의 법칙이다. 이 법은 심판의 길이나 은혜의 길로 성취될 수 있는데, 어쨌든 둘 중 하나로 반드시 성취되어야만 한다. 사람이 심판의 의미를 이해하지 못하면 은혜의 의미를 결코 이해할 수 없을 것이다. 그들이 모세나 예언자들의 말을 듣지 않는다면, 죽은 자들 가운데서 누가 살아난다고 해도, 그들은 믿지 않을 것이다.

5. 기독교 도덕
재조정되어야 하는 기독교 도덕 기준

나사렛 예수가 개인적으로 받은 비난은, 소위 메시아 스캔들과 정치적 선동가로서의 평판을 제외하면, 딱 두 가지로 집약된다. 첫째, 그는 안식일을 범한 자였다. 둘째, 그는 "먹고 마시는 것을 탐하는 자요, 세리와 죄인의 친구"였다. (이를 너무 그럴듯하게 번역한 엘리자베스 식 영어를 옆으로 제쳐놓자면) 그는 너무 배불리 먹었고, 너무 거리낌 없이 마셨으며, 가장 저질적인 사기꾼들과 도덕 관념이 없는 숙녀 등 아주 평판이 나쁜 자들과 어울렸다.

지난 19세기 반이란 세월 동안, 교회는 그들의 주님이요 주인인 그분이 남긴 이 유감스런 인상을 지우려고 열심히 노력했으며, 어느 정도 성과가 없었던 것도 아니다. 그들은 막달라 마리아 같은 여자들을 성찬식에서 쫓아냈고, 물을 포도주로 만든 그분의 이름으로 금주 단체를 창설했으며, 거기다가 춤과 영화 관람을 금지시키고 그런 자를 저주하는 등 몇 가지를 덧붙이기도 했다. 또 안식일을 토요일에서 일요일로 바꾸고, "그대는 일하지 말지어다"는 본래 계명이 좀 미지근하다는 이유로 거기다가 "그대는 놀지 말지어다"는 새 계명까지 덧붙였다.

이런 활동이 모두 그리스도의 정신에 합당한지는 따질 필요가 없다. 한 가지 분명한 점은 그것들이 우리 언어에 아주 이상한 영향을 미쳤다는 사실이다. 가령, **덕**, **순결**, **도덕**과 같은 단어를 이상할 정도로 좁게 해석하게 만드는 데 성공한 것이다. 세상 사람 가운데 기독교 도덕과 세속 도덕의 차별성이 어디에 있느냐고 물어보면 굉장히 많은 자들이 다음 세 가지만 지적할 것이다. 주일 성수, 술 취하지 않는 것, 부도덕하지 않은 생활 등. 그렇다고 교회가 이런 정의에 동의한다는 말은 아니다. 내가 말하고자 하는 바는, 이것이 바로 그들이 세상에 심어 놓은 인상이고, 놀라운 사실은 그것이 그리스도가 낳은 인상과 천양지차가 있다는 점이다.

이렇게 말한다고 해서 교회가 신체적 욕구의 규제와 올바른 휴일 준수에 신경을 쓰는 일이 잘못되었다는 뜻은 아니다. 내가 말하려는 것은, 이런 측면을 너무 강조하는 반면 다른 것은 상대적으로 소홀히 하는 바람에, 교회 본연의 사명을 저버

렸을 뿐 아니라 도덕과 관련된 목표마저 팽개치게 되었다는 점이다. 아니, 사실은 카이사르와 손을 잡았고, 카이사르는 자기 목적을 위해 교회를 이용한 다음 지금은 그 지지의 손길을 거두어 버렸다. 이는 카이사르가 즐겨 사용하는 방법이다. 과거 삼백여 년 동안, 카이사르는 사유 재산권에 기초하여 공공질서를 유지하려고 애써 왔다. 따라서 도덕 문제에 상당한 이해 관계가 걸려 있었다. 그래서 가정 생활의 안정과 질서정연한 재산 양도를 위해 엄격한 도덕률을 만들었고, 교회도 시민에게 그런 규율을 지키도록 설득한다는 소리를 듣고 카이사르(지체 높고 영향력이 큰 자들의 견해)는 너무나 기뻐했다. 더군다나, 방탕한 일꾼은 나쁜 일꾼이고, 절약할 줄 모르는 사치는 장사에도 좋지 않은 것이다. 그러므로 카이사르는 교회가 산업 분야에서의 자립을 돕는 그런 자질을 격려하는 걸 환영했다. 주일 성수와 관련해서는, 교회가 상거래를 방해하지 않는 한 그걸 지켜도 무방하다고 생각했다. 주말 내내 일해서 생산성이 줄어드는 것보다 칠일에 하루를 쉬는 것이 필요했고, 교회가 그 날에 무엇을 하기로 하든지 카이사르가 간섭할 바가 아니었다.

그런데 불행하게도 서로의 유익을 위해 이렇게 손잡은 교회와 카이사르의 연맹은 그리 오래가지 않았다. 개인 소유주가 공공 신탁이나 제한 회사로 재산을 양도하게 되면서 개인의 도덕심과 가정의 안정이 더 이상 필요 없게 되었다. 소비자가 생산을 위해 존재한다는 개념이 들어서자 사치와 헤픈 소비도 상업상 필요한 것이 되었다. 그 결과 카이사르는 이런 문제에 있어서 교회와 더 이상 의견이 일치하지 않았고, 조만간에 평일과 마찬가지로 일요일에도 돈을 마구 쓰도록 부추기게 될 것이다. 그러지 말란 법이 있는가? 장사는 어디까지나 장사다. 교회는 아주 충격을 받아 치를 떨면서 카이사르가 자기를 버렸다고 그 가냘픈 손을 흔들며 시위를 하고, 또 도덕률이 해이해졌다고 비난하게 된다. 그것은 사실 이 무분별한 세상이 국가의 방조를 받아 그렇게 된 것이다. 카이사르가 비난하는 것을 비난한다거나, 카이사르가 아예 변호할 생각도 없는 것을 비난하는 일은 사실 쉬운 길인데, 마치 「거꾸로 된 거울을 통하여」(Through the Looking-Glass)에 나오는 오리무중의 정원 길과 같다. 어떤 사람이 어디로 가고 있는 것처럼 비치다가도 거울이 조금만 흔들리면 정반대 방향으로 걷고 있음을 발견하는 꼴이다.

이제 우리가 복음서들을 갖다 놓고 그리스도가 어떤 면을 강조했는지 열심히 찾아보면, 지체 높고 영향력 있는 자들이 강조한 노선과는 전혀 다름을 발견하게 될 것이다. 자기의 평판이 나쁘다는 사실을 알고 있던 자들은, 가서 다시는 죄를 짓지 말라고 부드럽게 타이르는 소리를 들었다. 정말 무례한 소리를 들었던 자는 검소하고, 안식일을 잘 지키고, 존경받던 시민들로서 카이사르의 칭찬도 받고 스스로를 자화 자찬했던 자들이었다. 그리고 부드럽고 온유한 하나님의 아들을 자극하여 물리적 폭력까지 쓰게 한 유일한 원인 제공자는 바로 '장사는 어디까지나 장사'라는 생각이었다. 예루살렘의 환전상들은 아주 호황기를 누리고 있었으며, 외환 장사꾼이면 누구나 꿈꿀 만한 그런 재미를 톡톡히 보고 있었다. 그러나 그리스도가 그런 금융업자들과 만나 한 일이라고는 그들의 재산을 성전 계단에 뒤집어엎는 것이었다.

만일 교회가 그리스도를 좇아 그분이 강조한 것을 강조할 만한 용기를 가졌더라면, 지금처럼 모든 노동과 사람의 가치를 경제적인 견지에서 평가하는 그런 사고 방식을 갖게 되지 않았을 것이다. 무엇을 생산하든(그게 얼마나 쓸데없는지 혹은 위험한지 상관없이) 그것이 이윤과 임금을 키워 주는 한 얼마든지 정당화될 수 있다고 생각하지 않게 되었을 것이다. 또 돈만 많이 준다면, 그 일이 가치 있는 일인지 노동자의 영혼에 유익한 일인지를 상관하지 않는 그런 행습도 생기지 않았을 것이다. 사업상의 거래가 법이 미치지 못하는 곳에서 이루어지는 한, 그것이 사회나 개인에게 파괴적인 영향을 미치는지를 신경 쓰지 않는 그런 현상도 생기지 않았을 것이다. 어쨌든 이제는 우리가 경제적 혼란에 따른 유혈 분쟁을 직접 목격한 이상, 좀더 확신을 품고 때묻지 않고 분열되지 않은 기독교 세계의 목소리를 경청할 수 있지 않을까 기대한다. 막달라 마리아와 함께 큰 부자를 교회 문에서 쫓아내는 데는 물론 상당한 용기가 필요했을 것이다. (부당 이익을 챙겨 온 돈 많은 금융업자가, 성공회 기도서에 나오는 이른바 "공공연하게 악명 높은 악인"이라는 이유로 성찬식에 참여하지 못하게 금지당한 적이 한 번이라도 있는지 궁금하다.) 그러나 면밀하게 고안된 불법 행위 앞에서 유화 정책을 쓴다거나 용기를 잃어버리면, 재난을 피할 수도 존경을 얻을 수도 없다.

교회가 공식으로 인정하는 일곱 가지 큰 죄 중에는 때로는 나태로, 또 때로는 게으름으로 불리는 죄가 있다. 전자는 좀 모호한 이름이고, 후자는 약간 오도하는 경향이 있다. 그것은 정신 없이 바쁘지 않은 것을 뜻하는 말이 아니다. 그 대신 인생은 방향도 의미도 가치도 없다는 생각과 무관심으로 인해, 인간의 모든 기능이 서서히 약화되는 것을 의미한다. 이것은 흔히 민주주의의 질병이라 불리는 것과 똑같다. 이것은 탐욕의 자식이고 정욕과 폭식의 모체다. 탐욕은 우리의 영적인 가치 기준을 무너뜨리고 이 세상에서 만족을 추구하게끔 만든다. 다음 단계는 정신과 몸의 나태, 그리고 마음의 공허감으로서 활력과 목적 의식을 파괴하고 우주에 대해 우울한 태도를 품게 한다. 이런 태도를 일컬어 양차 대전 중간기의 재즈 음악가들은 블루스(blues)란 이름을 붙여 주었다. 이 우울증을 치료하기 위해 (자기 나름의 속셈이 있는) 카이사르는 허송 세월이라는 처방, 곧 교회와 양식 있는 자들이 한 목소리로 부도덕이라 부르는 것을 내놓았다. 오늘날 그것은 신체적 쾌락을 최대한 즐기라는 식으로 나갔는데, 정도가 지나치면 당연히 죄가 되는 것이다. 부도덕에 대한 요즈음의 의학적 처방을 보면, 이런 질병들을 뿌리부터 치료하기보다 그 증상만 없애려고 애쓰는 모습을 볼 수 있다.

이런 사실에 대해 이제야 교회가 눈뜨기 시작했다고 말하는 것이 공평하겠다. 최고의 기독교 지성들이 그 강조점을 재조정하려고 또 카이사르와의 동맹을 파기하려고 고된 노력을 기울이고 있는 중이다. 주된 위험은, 교회가 부자와 가난한 자를 망라한 모든 사람이 삶과 일의 가치를 측정할 때 잘못된 평가 기준을 적용하는 점을 공격하지 않고, 오랜 세월 다수에 대한 소수의 횡포를 묵인해 왔으므로 이제는 소수에 대한 다수의 횡포를 도와주어 그 균형을 잡겠다는 식으로 생각하는 것이다. 교회가 이런 잘못을 저지르는 것은, 권력이 공동체의 한 계층에서 다른 계층으로 전환되는 것을 그대로 따라가고, 죽어가는 카이사르를 버리고 그 후계자에게 협조를 요청하는 것에 불과하다. 보다 공평한 부의 분배는 아주 바람직한 일이다. 하지만 우리 편에서 소유가 곧 미덕이고 모든 것의 가치가 손익으로 표시될 수 있다는 미신을 버리지 않는 한, 그런 목표는 거의 달성될 수 없으며 그것이 유지되는 것은 확실히 불가능하다.

여배우의 유명세가 연애와 이혼의 횟수에 의해 평가되는 걸 보고 교회가 충격을 받는 건 충분히 납득할 만하다. 하지만 한 남자의 유명세나 하나의 예술품이 돈으로 환산되어 헤드라인을 장식하는 것을 보고는 그만큼 충격을 받지 않는다. 불행한 자들이 부득이 자기 몸을 파는 것을 볼 때는 충격을 받지만 저널리스트가 자기 영혼을 파는 것을 보고는 그만큼 충격을 받지 않는다. 좋은 양식이 분방한 생활 방식으로 낭비되는 걸 볼 때는 충격을 받지만 과잉 생산과 과소비로 곡식이 낭비되고 파괴되는 것을 볼 때는 그만큼 충격을 받지 않는다. 무언가 강조점이 아주 잘못된 것이다. 강조점이 재조정되지 않는 한, 장차 세계의 경제적 대차 대조표가 피로 쓰일 것임이 갈수록 분명해지고 있다.

6. 다른 여섯 가지 큰 죄
정욕을 포함한 일곱 가지 죄

지난 이삼 세기 동안 기독교 교리를 얼마나 잘못 가르쳐 왔는지를 알려면, 대다수의 사람이 **부도덕**(immorality)이란 단어를 단 하나의 의미로만 사용하는 것을 보면 된다. 너무나 아이러니컬한 것은, 그 죄를 질책하는 소리가 점점 작아지더니 이제는 거론조차 하기 어렵게 되었다는 사실이다. 그래서 우리는 그 말 대신에 인간의 타락상을 폭넓게 지칭하는 다른 단어들을 사용하기에 이르렀다. 탐욕스럽고, 이기적이고, 악의가 가득하고, 잔인하고, 질투심이 많고, 불의하고, 난폭하고, 사납고, 권력욕이 강하고, 악랄하고, 거짓말쟁이고, 고집불통인데다 거만하고, 멍청하고 까다롭고, 고상한 면이라고는 하나도 없다는 식으로. 이 모든 악한 성품을 갖고 있는데도 불구하고, 우리는 그를 부도덕하다고는 선뜻 말하지 않는다. 언젠가 한 젊은이가 나에게 정말 순진하게 "저는 일곱 가지 큰 죄라는 것이 있는 줄 몰랐어요. 다른 여섯 가지 죄의 이름도 가르쳐 주세요" 하고 말했던 것이 기억난다.

그래서 이제 **정욕**(lust)이라 불리는 죄에 관해 세 가지만 얘기할까 한다. 첫째, 그것은 엄연히 죄라는 것, 그리고 부도덕과 같은 일반적인 용어로 대충 얼버무리거나 그것을 사랑과 혼동해서는 안 되고, 그 이름 그대로 분명히 불러야 한다는 것이다.

둘째, 이제까지 교회가 이 죄를 잡아내기 위해 우습게도 카이사르와 연맹을 맺어 왔는데, 그는 가족의 유대를 지탱하고 국가 이익을 위해 질서 있는 재산 양도를 추진하는 데만 신경을 써왔다. 그러나 이제는 신분이 아니라 계약이 사회의 기초라고 주장되는 만큼, 카이사르는 더 이상 사회적 유대를 유지하는 데 가정에 의존할 필요가 없어졌다. 아울러 트러스트(trust, 같은 업종의 기업이 경쟁을 피하고 보다 많은 이익을 얻을 목적으로 자본에 의해 결합한 독점 형태를 일컫는 경제 용어. 기업 합동—편집자 주)와 합자주식회사가 많은 재산을 익명으로 보유하고 있는 만큼, 상속법이 그 중요성을 상당히 잃어버렸다. 그 결과, 카이사르는 시민들의 '잠버릇'에 대한 관심이 예전보다 훨씬 줄었으며, 교회와의 연맹에 대해 냉소적으로 비난하기에 이르렀다. 이것은 사람의 자식—특히 카이사르—을 신뢰하지 말라는 경고의 신호다. 교회가 정욕과의 싸움을 계속하려면, 자기 나름의 (성례전적) 근거를 갖고 그렇게 해야 한다. 설사 카이사르를 도전하지는 않더라도, 적어도 그의 도움은 받지 말아야 한다.

셋째, 사람들이 정욕의 죄에 빠지는 이유는 크게 두 가지다. 순전히 동물적 본능이 발동해 그렇게 하는 경우가 있는데, 이 경우에는 몸을 제어하는 데 필요한 재갈을 확실히 물려 인간의 이중성 가운데 몸이 차지하는 위치를 올바로 상기시켜 주면 된다. 다른 경우는—우리 시대처럼 철학이 파산 지경에 빠지고 인생이 소망 없어 보여, 사람들이 환멸을 느낄 때 이런 일이 잘 발생하는데—남자와 여자들이 주변의 정신적·물리적 환경이 너무 밋밋하고 인생이 따분하고 불만족스러워 무언가 자극적인 것을 찾고자 정욕에 눈을 돌리는 경우다. 이런 경우 엄격한 책망과 가혹한 규제는 오히려 역효과를 가져온다. 그것은 마치 피를 흘려 빈혈증을 치료하려는 것과 같다. 이미 생기를 잃어버린 몸을 더 맥 빠지게 만드는 꼴이다. 20세기의 포르노와 난잡한 성문화에 대한 의학적 연구가 강하게 시사하는 바는, 우리가 이미 영적인 우울증에 빠져, 잠자리로 향하는 것보다 더 나은 일이 없는 상황에 접어들었다는 것이다. 달리 말해서, 명사들이 우려하는 도덕적 해이 현상은 그 뿌리가 정욕 자체에 있는 게 아니라 사회의 다른 죄악에 있을 수 있고, 그 뿌리가 제거되면 저절로 치료될 수 있다는 것이다.

교회가 공식적으로 인정하는 큰 죄는 모두 일곱 가지다. 정욕을 제외하면 여섯 가지가 남는 셈이다. 이 일곱 가지 가운데 셋(정욕, 분노, 폭식)은 온정적인 혹은 창피한 죄라 부를 수 있고, 나머지 넷(탐욕, 질투, 나태, 자만)은 냉담한 혹은 명예로운 죄라고 불린다. 그리스도가 창피한 죄들에 대해서는 부드럽게 책망한 반면에, 명예로운 죄들에 대해서는 가장 격렬한 욕설을 퍼부은 점은 주목할 만한 사실이다. 다른 한편, 카이사르와 바리새인들은 온정적이거나 창피한 것은 무엇이든 아주 혐오했고, 냉담한 혹은 명예로운 죄들은 중요시했으며, 서로 작당하여 그런 것을 미덕이라 불렀다. 이처럼 세속적 이해 관계와 종교적 의견 사이에 불경한 동맹이 맺어진 결과, 보통 사람은 온정적인 죄를 자기 표준으로 삼은 나머지, 자기에게 넓은 마음을 주시고 의로운 분노와 함께 높은 수준의 삶과 본능을 허락하셨다고 하나님께 공공연하게 감사하게 된다. 음란하지 않고, 엄격하거나 유약하지 않고, 저 바리새인과 같지 아니하다고 감사하는 것이다. 보통 사람이 이처럼, 기독교 도덕을 그리스도가 심히 혐오한 것들과 동일시하는 경향에 자연스레 반발한다고 그들을 크게 나무랄 수는 없다.

분노(wrath)의 죄는 잉글랜드가 민족적으로—특정한 형태를 제외하면—크게 중독되지 않은 죄가 아닐까 생각한다. 대체로 우리는 쉽게 화를 내지 않고 폭력도 싫어한다. 우리가 사납고 파괴적이 될 때는 보통 누군가 우리를 크게 도발하는 경우에 한한다. 우리의 사나운 모습은 기질 탓이기보다 상상력 부족에서 오는 멍청함 때문일 경우가 많다(이 자체도 혐오스런 죄이지만, 그 성격과 뿌리가 상당히 다르다). 대체로 우리는 느긋하고 유머가 많은 민족이고, 원한이나 복수심을 품는 걸 싫어할뿐더러 그렇게 되는 게 거의 불가능할 정도다.

이런 성향은 잉글랜드 사람에게는 해당되지만, 영국인 전체에 적용되는 것은 아닐 것이다. 켈트족은 싸우길 좋아한다. 스스로 말 한 마디에 주먹 한 대라고 자랑스럽게 얘기한다. 그들은 옛날에 잘못한 것을 마음에 꼭꼭 품고 있는데, 잉글랜드 사람으로서는 도무지 이해할 수 없는 것이다. 만일 잉글랜드 사람의 기질이 아일랜드 사람과 같다면, 헤이스팅스 전투라는 소리를 들을 때 그것을 철학적으로 '1066년과 그 모든 것'이란 식으로 요약하기보다는 분노를 터뜨리고 말 것이다. 켈트족은 그 옛날 야만적인 부족 생활에 강한 애착을 갖고 있으며, 그들의 종교적 습관은 논쟁을 좋아하고 (아일랜드 국경 지역과 같은 극단적인 경우에는) 유혈 투쟁과 광포한 박해 때문에 망신을 당한다. 그렇다고 잉글랜드인이 서둘러 자축할 필요는 없다. 그들에게 늘 따라다니는 한 가지 약점이 있는데, 이를 계기로 쉽게 분노의 죄에 빠질 수 있다. 그들은 자칫하면 의로운 분노에 빠지기 쉽다는 점이다. 그런 경우에는 스스로 격노의 불길에 휩싸여 방종의 죄를 범하게 되는데, 그건 악할 뿐 아니라 어리석기 그지없는 짓이다.

우리는, 누구든 말 못하는 짐승을 괴롭히는 자는, 살려 달라고 비명을 지를 때까지 죽도록 두들겨 패야 한다는 소리―남자보다 여자에게서 더 자주―를 종종 듣는다. 이런 소리에 수반되는 가혹하고 짜증 섞인 어조, 흘기는 눈, 악의에 찬 표정은 이런 의로운 분노가 마귀에게서 난 것이고, 강박 관념에 가깝다는 것을 단적으로 보여 준다. 그런데 그것이 능률 증진 혹은 스캔들 노출이란 고상한 이름으로 행해지면, 우리가 그 흉한 모습을 잘 알아차리지 못할 때가 많다. 특히 그것이 문자나 연설의 형태로 표현될 때는 더욱 그러하다. 언론의 속성상 불화를 날조하고 분노를 이용하는 것만큼 신문 부수를 늘리는 데 효과적인 방법이 없다는 것은 잘 알려진 사실이다. 만일 미움과 폭력을 애호하는 빗나간 열정을 보고 싶다면, 주요 일간지 기사를 뒤적거려 보라. 불만을 조장하고 불화를 야기하는 일이 선동가의 주업이며, 기자들이 돈을 버는 방법이다. 난투, 말다툼, 전쟁이 언제나 뉴스거리다. 그런 뉴스가 부족하면 적당히 꾸며 내는 것도 충분한 보상이 따르는 일이다. 평범한 잉글랜드 사람의 마음 밭은 도덕적 분개라는 분쟁의 씨앗을 뿌리기에 안성맞춤이고, 그 결과 맹목적이고 사납고 무자비한 싸움이 벌어지는 게 보통이다.

이렇게 말한다고 해서 스캔들을 들춰 내서는 안 된다거나 어떤 분노도 정당화될 수 없다는 뜻은 아니다. 당신이 짓궂은 인간을 알아보려면 그의 얼굴과 목소리에 묻어나는 악의나 그의 언어에 담긴 악한 의도를 간파하면 된다. 그는 절제와 아량이 전혀 없이 노발대발하는 타입이다. 그의 목적은 잘못된 행위를 억제하는 게 아니라, 그 행위자를 매장시키려는 것이다. 그런 사람은 악을 조용히 폭력 없이 치료하기보다는 차라리 치료하지 않는 편을 택한다. 그의 악한 분노는 누군가를 추적해서 두들겨 패고 짓밟고 그 몸에 잔혹한 행위를 저지르기 전에는 결코 누그러들지 않는다.

나는 잉글랜드 사람이 이런 유의 방탕에 쉽게 유혹받는다고 말했다. 이어서 그것은 정말 일종의 방탕이라는 말과, 방탕이 늘 그렇듯이 나중에 두통과 후유증과 수치심에 시달리게 된다는 점을 덧붙이고 싶다. 그처럼 분노를 터뜨리는 행위는 스스로의 얼굴에 먹칠을 하는 꼴인데, 사실 그것은 그들에게 어울리지 않는 짓이기 때문이다. 그것은 술이나 마약 같은 효과를 낸다. 한참 그러고 나면 부끄러움에 휩싸여 생기를 잃고 가슴앓이에 시달리며, 판단력이 흐려진다. 그러므로 내가 참으로 우려하는 것은 그 불쾌한 복수심이라는 것이 의로운 분노와 호전적 정신의 탈을 쓰고 우리를 자꾸 부추기고 있다는 사실이다. 그런데 그것은 사실 호전적 정신이 아니다. 군인이 전쟁을 할 때 품는 정신과 전혀 다르다는 말이다. 훌륭한 군인의 특징은 엄격한 판단 하에 특정 수단을 사용하고, 가혹성에 있어 한계를 둔다는 점이다. 그는 군인의 의무상 마땅히 요구되는 만큼 잔인하지, 도를 지나치지 않는다. 독일에서도 전문적인 호전가와 정치적인 호전가는 이 면에서 서로 뚜렷한 차이가 있다고 한다.

통제 불능의 격분은 따스한 마음과 조급한 정신이 짓는 죄로서, 보통은 금방 회개하게 되지만 어떤 때는 미처 회개하기도 전에 돌이킬 수 없는 파괴의 행위로 이어지기도 한다. 우리는 전쟁을 계기로, 우리가 품게 되는 분노와 파괴의 습관이 결코 평화를 이룩할 수 없다는 사실을 유념해야 한다. 그리고 무엇보다도 우리의 격정이 차가운 머리와 냉담한 마음에서 나오는 죄들—질투, 탐욕, 자만—로 가동되지 않도록 조심할 필요가 있다.

세 번째 온정적인 죄는 라틴어로는 **굴라**(*gula*), 영어로는 **폭식**(gluttony)이다. 이것은 가장 속되고 가장 자명한 죄로서, 우리가 별로 시험을 받지 않는 죄라고 생각할지 모르겠다. 우리는 아니더라도 어떤 부류의 사람은 실제로 이런 불명예스러운 탐닉에 잘 빠진다. 거칠고 촌스러운 가난한 자들은 맥주를 너무 많이 마신다. 특히 미국 같은 나라의 호화판 호텔에 묵는 부자들은 온통 음식물로 자기 속을 꾸역꾸역 채운다. 젊은이들—특히 우리보다 젊은 여자들—은 온갖 종류의 칵테일을 마시고 굴뚝처럼 담배를 피워댄다. 그리고 일부 괘씸한 인간들은 전시에도 하루치 식량의 한계를 어기고 돼지처럼 배를 채우려고 궁리한다. 이는 (최근 잡담 칼럼에 실린 것처럼) 젊은 여자가 하루 아침에 식당을 다섯 군데나 돌며 음식을 다섯 차례 먹는 것과 같다. 하지만 지금과 같은 전시에 잉글랜드에서 폭식으로 우리의 영혼을 파괴하는 일은 결코 쉽지 않을 것이다. 설사 우리가 우리의 여러 죄를 딱히 그만두지 않았더라도, 이 죄만은 우리를 포기한 것에 대해 우리 스스로 자축할 만하다.

우리가 이 죄에서 좀 벗어난 만큼 이 여유를 이용해서 폭식의 두드러진 특징 하나를 살펴보기로 하자. 우리는 최근에 우리의 경제 제도와 관련해 아주 불안한 측면을 인식하게 되었다. 기계의 시대가 도래한 이래 처음으로 이상한 변화에 직면하게 된 것이다. 즉 이전에는 주어진 자기 몫에 자족하고 검소하게 사는 것이 덕으로 간주되었던 데 비해, 지금은 진보적인 나라의 특징이란 모두가 생활 수준을 높이기 위해 적극적으로 활동하는 데 있다고 생각하게 된 것이다. 그리고 이것은 모든 시민이 먹고 살기에 적당한 양식, 의복, 거처를 누리는 것에 한정되지 않는다. 그런 수준을 훨씬 뛰어넘는 동시에 그에 훨씬 못 미치는 것이다. 그것은 각 시민이 잘 사는 데 필요한 사치품을 더 많이 갖도록 부추기는 것을 의미한다. 전쟁이 일어나기 전에는, 제조 상품을 게걸스레 많이 소비하는 것이 시민의 최고 미덕으로 칭송받았었다. 왜 그랬을까? 기계란 대량 생산을 해야만 물건을 싸게 만들 수 있기 때문이다. 기계가 물건을 싸게 만들지 않으면 사람들이 구입할 능력이 없어 기계를 계속 돌릴 수 없기 때문이다. 기계를 계속 돌리지 못하면, 수백만의 인구가 직업을 잃게 되어 사회가 굶주림에 빠지기 때문이다.

    우리는 이제 생산과 소비의 악순환을 끊을 필요가 없게 되었다. 오늘날 미친 듯한 광고 공세가 사람들을 들뜨게도 하고 무섭게도 만들어, 이전의 자족 상태에서 끌어내 정말 필요하지도 않은 물건을 탐욕스럽게 갈망하게 만들고 있다. 사실 이런 현상을 굳이 상기시킬 필요도 없다. 아울러 이런 광고 캠페인이 온갖 악한 정념—속물 근성, 나태, 허영심, 색욕, 무지, 탐욕—을 어떻게 부추기고 있는지 천만 번 지적할 필요도 못 느낀다. 또 별로 건방지지 않은 나라들(보통 후진국이라 불리는)에게 이런 이웃 나라들이 넘치는 물건을 판매하고자, 그 판로를 개척하기 위한 방도로 그들에게 이런 욕망을 강요하고 있다는 것도 지적할 필요가 없다. 그리고 이제는 대량으로 물건 파는 일이 훨씬 다급해져서 품질을 따지는 일을 강하게 저지시키고 있다는 점도 굳이 지적할 필요가 없다. 당신은 수명이 너무 긴 제품을 사서는 안 된다. 왜냐하면 제품이 빨리 낡거나 유행이 지나가서 그걸 버리고 다른 것으로 대치해야 생산 작업이 계속 가동되기 때문이다.

만일 어떤 사람이 내구성이 강한 제품을 발명하면, 제조업자가 그것을 사서 빛을 보지 못하게 만들어야 한다. 직원들도 자기가 만드는 물건에 대해 너무 신경을 쓰지 않게 해야 한다. 그럴 경우에는 가능한 최상의 제품으로 만들고자 할 것이며, 그만한 보상이 따르지 않을 것이기 때문이다. 차라리 혼을 쏟지 말고 무심하게 일하는 편이 낫다. 설사 그로 인해 사기가 꺾이고 자기 일을 싫어하게 될지라도 말이다. 공장 직공과 수공업자의 차이는, 후자는 자기가 좋아하는 일을 하기 위해 사는 데 비해, 전자는 자기가 혐오하는 일을 하면서 살아간다는 점이다.

여기서 내가 제기하고픈 논점은 이것이다. 이처럼 탐욕스런 소비에 기초해 무섭게 돌아가는 산업 재정을 이런 식으로 계속 유지하는 것이 바람직한지를 떠나서, 소비자가 제품을 폭식하지 않으면 이러한 체제가 단 한 순간도 유지될 수 없다는 사실 말이다. 입법 활동, 임금과 이윤의 통제, 수출입의 균형 유지, 잉여 상품의 분배에 관한 정교한 계획, 국가의 기업 소유권, 복잡한 사회 신용 제도, 전쟁과 혁명 등, 이 모든 것은 현재의 경제 체제가 무너질 것을 내다보며 제기되는 것들이다. 글쎄, 현 체제의 붕괴가 예전에 겪었던 재난과 혼란보다 더 끔찍할지도 모르겠다. 이 점에 대해선 왈가왈부할 필요가 없다. 요점은, 무슨 법이든 법을 하나도 만들지 않더라도, 각 소비자가 자발적으로 자기에게 꼭 필요한 것만 구입한다면, 하루 아침에 현 체계가 무너져 내릴 것이라는 점이다. 언젠가 한 모임에서 근로자 한 사람이 "사실 우리가 그런 광고에 넘어가는 것은 노상에서 강도를 당하는 것과 같다"고 말한 적이 있다. 지당한 말이다. 폭식의 죄, 곧 우리 자신을 너무 많은 것으로 채우는 탐욕의 죄는 우리 스스로를 기계의 힘에 넘겨준 죄다.

1차 대전과 2차 대전 사이의 불운한 시절에 우리는 꼴사납게도 풍부한 상태와 가난한 상태를 서로 현저히 견주곤 했었다. 이제는 그런 습관이 줄어들어야 마땅하다. 그러나 솔직히 말해서, 가난한 자가 세계를 현 경제 체제의 쇠사슬에 묶어 놓는 부자의 그 탐욕스런 생활 방식을 부러워하고 그들의 악습을 닮기 위해 안간 힘을 쓰는 한, 그런 습관은 결코 줄어들지 않을 것이다. 그런 행태는 사실 현 체제를 지속시킴으로 이득을 얻는 자들의 손에 놀아나는 것이다. 전시 경제 하에서는 그 둘을 뚜렷이 대조시키지 않는다는 것을 알고 있을 것이다. 우리는 개인의 소비 활동을 줄이고 규제하도록 그리고 재정적인 면에서 좋은 시민이 된다는 것이 무슨 뜻인지에 대한 개념을 바꾸도록 강요된다. 이것이 바로 이 세상의 심판이다. 우리가 은혜에 힘입어 우리 자신을 바꾸지 않을 때에는 법의 명에 아래서 억지로 바꿀 수밖에 없게 된다. 또 당신은 우리가 무언가를 배우고 있다는 것도 알아차릴 것이다. 이를테면, 우리가 식당에서 음식을 먹을 때 메뉴가 마흔 가지가 아니라 여섯 가지 정도밖에 없다고 해서 눈에 띄게 건강이 나빠지거나 기운이 떨어지는 게 아니라는 사실 말이다.

옷과 관련해서는, 우리가 내구성 있는 천을 다시 귀하게 여기기 시작하고 있다. 한때는 몇 년 간 입을 수 있는 튼튼한 옷보다 얇은 속옷과 스타킹을 자주 바꾸어 입는 것이 더 멋있고 더 위생적이라는 그럴듯한 논리에 설득 당했었는데, 지금은 그렇지 않다. 우리는 음식과 재료를 절약하고 쓰레기를 줄여야 된다는 것을 고통스럽게 배우고 있는 중이다. 그리고 그런 가운데 아주 흥미로운 모험을 하고 있다. 폭식이 가져다 주는 커다란 저주는, 귀하고 독특하고 대체 불가능한 것을 고맙게 여기는 마음을 모두 빼앗아 가는 것이기 때문이다.

그런데 전쟁이 우리의 잉여 생산물을 더 이상 소비하지 못하면 어떻게 되겠는가? 우리가 되찾은 진정한 가치 의식과, 인생을 모험으로 여기는 태도를 계속 견지할 수 있을까? 그럴 수만 있다면, 정치적 혁명 없이도 세계 경제에 혁명을 일으킬 수 있을 것이다. 아니면 다시금 폭식이 아무도 만족시키지 못하는 경제 체제의 도구가 되게끔 허용할 것인가? 그 체제는,

우리가 알듯이, 쓰레기더미 위에서 번창하는 체제다. 현재는 전쟁터에서 그 쓰레기가 처분되고 있는 중이다(이는 탐욕스런 소비를 일컫는다). 평시가 되더라도 우리가 사고 방식을 바꾸지 않으면, 우리 자신이 소비 수단으로 전락하고 말 것이다. 그래서 쓰레기더미가 우리 대문 앞에, 뒷마당에, 그리고 우리 뱃속에 다시금 쌓일 것이다. 트럭과 탱크, 쇠붙이와 폭발물을 헛되이 소비하는 대신, 무선 세트와 실크 스타킹, 약품과 종이, 값싼 토기와 화장품을 다시금 쓸데없이 소비하게 될 것이다. 하수구에 흘러넘치는 음식물 찌꺼기와 값싼 술이 폭식의 궁전을 떠받치고 있는 토대다.

폭식은 온정적인 것이다. 그것은 본인이 인생을 즐기고 또 타인이 즐기는 모습을 보고 싶어 하는, 자유롭고 관대한 분위기가 도에 지나치고 비뚤어진 모습이다. 하지만 정욕과 분노처럼, 그것은 천성이 착한 사람을 차가운 머리와 냉담한 가슴에 좌우되게 만드는 분별없고 부주의한 죄다. 바로 이런 것들이 탐욕을 조장해 심판대에 서게 하는데, 결국에는 그와 정반대되는 것을 초래하게 된다. 즉 오늘날 우리가 처해 있는 것처럼 온통 풍부한 가운데서 부족함을 느끼게 된다는 말이다.

그것은 특히 **탐욕**(covetousness)이라 불리는 죄에 의해 좌우된다. 한때는 이 죄가 스스로를 '정직한 검소'라고 부르면서 자족했었다. 탐욕을 포함한 이 냉담한 죄들(질투, 자만, 나태)은 자신들이 천하고 불명예스러운 온정적인 죄들(정욕, 분노, 폭식)을 억제해 준다고 스스로를 교회와 국가에 추천한다. 검소한 빈자는 술집에서 값싼 맥주를 들이키거나 길거리에서 싸움을 벌여 점잖은 사람에게 폐를 끼치지 않는다. 더구나 납세자에게 짐이 될 가능성은 더 적다. 검소한 부자는 폭식이나 사치(이 둘 다 아주 비싼 죄다)에 빠져 경건한 이웃을 당혹스럽게 만들지 않는다. 그럼에도 불구하고, 탐욕에 존경심을 부여할 때는 언제나 특정한 유보 조항을 붙여왔다. 그것은 '낭만적이지 않은 진부한 죄'였다. 일부는 거기에다가 인색하다거나 쩨쩨하다는 이름을 붙였다. 그것은 속 좁고 비루하고 옹색한 죄였다. 사람들과 잘 어울리지도 못하는 죄였다. 그것은 카이사르의 부하들보다 카이사르에게 더 인기가 있었다. 그리고 매혹적인 면은 전혀 없었다.

탐욕에다 대규모의 화려한 멋을 부여하고, 깃발처럼 달고 다닐 수 있도록 멋진 호칭을 붙여준 것은 최근의 현상이다. 누군가의 머릿속에 그것을 기업이라고 불러야겠다는 생각이 떠올랐다. 그런 영감이 떠오른 순간부터 탐욕은 앞으로 전진했고 다시는 뒤를 돌아보지 않았다. 이제 탐욕은 눈을 높이 치켜뜨고 멋진 부츠의 꼭대기에 피스톨을 끼워 넣은 채 허세를 부리며 뽐내듯이 걷는 해적 모양의 죄가 되었다. 그러고서는 "사업의 효율성!", "자유 경쟁!", "밖으로 나가든지 굴복하라!", "정상에는 언제나 자리가 있다!"라고 고함을 지르는 것이다. 더 이상 일도 하지 않고 절약도 하지 않는다. 새로운 사업을 벌인다. 도박을 하고 투기를 한다. 큰 것만 생각한다. 위험을 감수한다. 더 이상 정직한 부에 관심을 갖고 일과 흙에 몸담는 것을 달가워하지 않는다. 탐욕은 돈을 그런 방해거리에서 끌어냈다. 또 모든 대륙에 관심을 갖고 있다. 어느 한 장소나 구체적인 상품으로 못 박는 것이 불가능하다. 여기저기 돌아다니며 신나게 떠들어대는 자유로운 모험가다. 그 모습은 너무나 즐겁고 쾌활해 보이고 교활한 눈에서 눈빛이 반짝이기에, 아무도 그 마음이 그토록 차갑고 계산적인지 도무지 믿을 수 없다.

그런데 그 눈은 어디에 있는가? 탐욕은 한 민족의 모습으로 구현되는 게 아니라, 기업체, 합동 주식회사, 기업 합병, 트러스트 등 발로 찰 몸도, 정죄할 영혼도, 호소할 가슴도 없는 그런 모습으로 구체화된다. 돈으로 한 어떤 일에 대해 어느 한 사람에게 책임을 묻기는 대단히 어렵다. 물론 탐욕이 계산을 잘못해 큰 물주들이 거꾸러지고 작은 투기자들까지 모두 걸고넘어지면, 우리는 스스로 의롭다는 듯이 머리를 흔들며 문제의 소재를 분명히 보게 된다. 그러나 우리는 사기꾼 같은 그 사업가가 '사기를 쳤다'고 벌하는 게 아니라 '실패했다'고 벌한다.

교회는 탐욕을 치명적인 죄라고 말은 하지만, 정말 그렇게 생각하고 있을까? 교회는 복지 사회가 성적 부도덕을 다루듯이 재정적 부도덕을 다루도록 뒷받침해 줄 준비가 되어 있는가? 이탈리아의 교회 문 앞에 주둔해 있는 장교들이 팔을 가리지 않은 여자들을 막는 것처럼, 교회는 옷을 너무 잘 차려입은 자를 정직하지 못하다는 이유로 돌려보내고 있는가? 선정적인 책과 연극에 대해 불평하는 검열 위원회가, 세상에서 부를 끌어모으는 것을 인생의 목적으로 조장하는 그런 문헌을 저지하는 데는 무슨 조치든 취하고 있는가? 큰 부자가, 막달라 마리아처럼, '공공연하게 악명 높은 악인'이라는 이유로 성찬에 참여하지 못하게 금지된 적이 있는가? 교회는 고리대금업에서 손을 끊은 자들을 위한 특별 예배를 아름다운 찬양과 함께 준비한 적이 있는가?

이런 문제와 관련된 교회의 기록을 보면 생각만큼 그리 좋지 않다. 하지만 그 (좋지 않은) 기록도, 교회가 간과해 온 이러한 일들 때문에 교회를 비난하는 사람들에 관한 기록보다는 사정이 나을 것이다. 교회는 바티칸의 교황도, 대주교도, 주교단도 아니다. 교구 목사나 부목사 혹은 사찰 집사도 아니다. 교회는 바로 당신과 나다. 따라서 당신과 나부터 탐욕을 부정하는 면에서 성실한가 하고 먼저 물어보아야겠다.

우리 스스로에게 한두 가지를 물어보자. 우리는 부자가

부유하다는 이유로 부러워하는가, 아니면 그들이 선한 일을 해서 돈을 벌었기 때문에 부러워하는가? 우리는 늙은 아무개가 시청의 프로젝트를 아주 좋은 조건으로 따냈다는 소리를 들을 때, 거기에 교활한 술수가 작용한 것을 알고 충격을 받는가, 아니면 "늙은 아무개는 대단한 친구야. 뭐 흠잡을 만한 구석을 찾을 수 없어" 하고 흠모하듯이 말하는가? 영화관에 가서 골이 텅 빈 자들이 호화로운 환경에서 사는 모습을 영화로 볼 때, "정말 쓸모없는 인간들이군!" 하고 탄식을 하는가, 아니면 우리도 생업을 그만두고 결혼해서 저런 환경에 살아 봤으면 하고 멍청한 꿈을 꾸는가? 돈을 투자할 때 우리는 그 기업이 무언가 쓸모 있는 사업을 하는 곳인지 물어보는가, 아니면 내 편에서 상당한 수익을 확보할 수 있는지만 물어보는가? 우리는 축구로 하는 도박이나 경마 경기에 돈을 걸지는 않는가? 신문을 볼 때 굵은 글씨로 '대박'이라고 쓰인 곳에 금방 눈이 가지 않는가? 우리가 어떤 일을 할 때 정직하게 할 수 없었다거나 잘 하지 못했다는 이유로 수고비를 거절한 적이 한 번이라도 있는가? 뭔가 득이 된다고 생각되거나 장차 얻을 것이 있으리라는 기대 때문에 사람을 사귀는 일은 **절대로** 하지 않겠다고 결심하는가? 경제가 엉망진창이 되었다고 비난할 때—이 점이 중요한데—언제나 악덕 자본가, 부당 이득자, 악덕 금융업자, 악덕 고용주, 악덕 은행가 등을 욕하는가, 아니면 우리도 얼마만큼 그 문제에 기여했는지 자문하기도 하는가?

폭식의 죄가 우리의 작은 욕심을 먹고 크게 번창하듯이, 탐욕의 죄도 우리의 사소한 허욕을 먹으면서 크게 자란다. 가령, 아무 수고도 하지 않고 돈을 벌려는 어리석고 무책임한 소주주 같은 자에게 빌붙어 자란다는 말이다. 루이제 페코라(Louise Pecora)의 「월 스트리트의 맹세」(*Wall Street Under Oath*)라는 책이 있는데, 상당히 재미있지만 참 부끄러움을 느끼게 하는 책이다. 그 책은 전쟁 후 슬럼프에 빠진 미국의 여러 거대 기업과 금융 부문에 숨어 있는 사기 행각을 폭로하고 있다. 우리는, 피고석에 앉아서 사기 혐의에 답변하는 악덕 금융업자의 얼굴을 보면서 양심의 가책이라고는 조금도 없는 그 뻔뻔스러운 모습에 한참 놀라움을 금치 못할 것이다. 그런데 이어서 그들에게 희생당한 피해자들의 믿기 어려운 욕심과, 범죄 행위에 다름없는 그 어리석음에 놀라는 일도 동시에 필요하다. 왜냐하면 어떤 사기꾼이 불량 증권을 팔아 넘기려면, 자기만큼 파렴치하고 자기보다 더 멍청한 봉을 반드시 만나야 하기 때문이다. 우리의 돈이 우리를 위해 일해 주길 기대하는 것은 사실상 다른 사람이 우리를 위해 일해 주기를 바라는 셈이다. 우리의 돈이 일 년 동안 우리가 정직하게 일해서 버는 양보다 더 많이 벌어 주기를 기대하는 것은, 그 돈이 사기를 치고 훔

치기를 기대하는 것과 같다.

우리는 모두 한통속이다. 나는 독일이 왜 그처럼 조급하게 전쟁을 벌여야 했는지 의아할 때가 종종 있다. 세계 지배가 독일이 원하는 전부였다면, 인류의 허망한 욕심을 믿고 오래 기다리기만 했어도 피 한 방울 흘리지 않고 그걸 성취할 수 있었을 것이다. 프랑스가 무너진 다음 어떤 욕심 많고 냉소적인 프랑스 사업가가 엘르 브와[Elie J. Bois, 1876-1944년 사이에 발간되었던 프랑스 신문 "르 쁘띠 파리지엥"(*Le Petit Parisien*)의 편집 국장. 이 신문은 1차 세계대전을 거치는 동안 발행 부수가 이백만 부에 달했는데, 당시 엘르 브와가 외신을 비롯한 각종 기사의 구색을 잘 맞춰 일반 2급 신문사를 일류 신문사로 끌어올렸기 때문이다—편집자 주]를 배에 태워 잉글랜드로 데려왔던 것을 기억할 것이다. 누군가 그에게 "왜 프랑스가 이렇게 무너진 거죠?" 하고 묻자, 그는 "나 같은 사람이 너무 많아서 그렇게 되었소"라고 응답했다. 프랑스가 매수되었던 것이다. 정치인이 매수되고, 언론이 매수되고, 노조도 매수되고, 교회도 매수되고, 대기업도 매수되고, 심지어 군대까지 매수되었다. 언제나 공공연하게 현금으로 매수된 것은 아니지만, 안전 보장과 사업상의 이익, 경제적 권력을 주겠다는 교묘한 설득에 넘어간 것이다. 아무도 어떤 것을 파괴하거나 그냥 놓아 주려 하지 않았다. 언제나 적과 협상할 여지가 있었기 때문이다. 말단 지방 공무원과 구멍가게 주인에 이르기까지 누구나 무저항이 주는 이해 관계에 걸려 있었다.

전쟁은 사업가들에 의해 만들어지는 게 아니다. 그들은 자기 권력이 위협받는 걸 아주 두려워한다. 사업가들이 만드는 것은 항복이다. 사업가들만큼 군비가 주는 엄청난 부담에서 벗어나려고 열렬하게 기도하는 자가 없다. 전쟁이 일어나면 맨 먼저 내리는 조치가 국제적인 채권의 동결인데, 이는 사업가들이 좋아하지 않는 것이다. 평화 시에 생선과 과일, 커피와 옥수수를 팔아 봐야 돈을 벌 수 없다는 이유로, 그것들이 무모하게 파괴되어도 전혀 무관심하게 쳐다보던 사업가가 전쟁으로 무모하게 재산이 파괴되는 일에는 이상할 정도로 민감하다. 인내심, 교활함, 욕심을 부추기는 호소력을 구비하기만 하면 세상을 경제적으로 지배할 수 있다. 천천히 그리고 속에서부터 타락시키는 방법으로. 이런 면에서 보면, 히틀러의 인내심이 바닥나고 그가 탐욕의 귀신을 쫓아내려고 분노의 귀신을 불러 낸 것이 우리로서는 참 행운이라 할 수 있다. 사단이 사단을 쫓아내면 그 나라가 설 수 없다. 만일 우리가 두 귀신 가운데 하나를 택해야 한다면 참으로 난처한 지경에 빠진 셈이다. 탐욕에서 벗어나는 길이 전쟁의 분노밖에 없고, 전쟁에서 벗어나는 유일한 길이 탐욕에 기초한 평화밖에 없다면 말이다.

탐욕은 어떤 미덕이 타락한 것인데, 검약보다 더 긍정적이고 더 온정적인 그 미덕은 물질 세계가 갖고 있는 두 가지 참된 가치를 사랑하는 것이다. 바로 '땅의 열매'와 '사람의 노동'이 그것이다. 그 두 가지 참된 가치는 돈으로 평가될 수 없고, 누구든 돈으로 환산하려 하면 금방 사라지고 만다.

우리는 정직이 최선의 정책이라고 열변을 토할 수 있다. 그런데 정직이 정책상 채용되는 순간에는 신비롭게도 더 이상 정직이 아니다. 최상의 예술품은 최고의 보상을 받아야 한다고 말해도 좋고, 또 그래야 마땅하다. 그런데 예술가가 판매를 염두에 두고 작품을 만들게 되면, 자기가 생산하는 것이 예술이 아님을 발견하게 될 것이다. 또 비종교적인 나라는 번창할 수 없다고 말하는 것도 상당히 일리 있는 소리다. 그런데 어떤 나라가 번영을 되찾기 위해 종교를 배양하려 애쓰면, 그 종교는 아주 이상한 신을 섬기게 될 것이다. 요즈음에는 종교에 대한 관심이 크게 부흥하고 있다고들 얘기한다. 정부마저 종교적 선전을 위해 방송 시간을 할애해 주고 전국 차원에서 기도의 날을 지정할 정도다. 이런 활동이 아무리 훌륭해 보여도, 내 속에는 하나님과 친해지는 것이 결국 그로부터 무언가를 얻어 내려는 게 아닌가 하는 의구심이 가시질 않는다. 하지만 하나님은 이런 유의 상업적 사기 행각을 충분히 간파할 만큼 명민한 분이다.

이제까지 우리는 일곱 가지 대죄 가운데 반 정도만 다루었을 뿐이다. 탐욕의 죄와 나란히 어깨를 겨누는 죄는 **질투**다. 그것은 타인의 행복한 모습을 보기 싫어하는 마음이다. 그것이 세상의 박수를 얻어 내기 위해 내놓는 이름은 권리와 정의이고, 이런 엄격한 미덕들을 멋진 모습으로 드러내곤 한다. 먼저 "나는 왜 남들이 즐기는 것을 즐기면 안 되지?" 하고 그럴듯하게 물으며 시작해서, "남들은 왜 내가 즐기지 못하는 것을 즐겨야 하지?" 하고 다그치면서 끝난다. 질투는 평준화의 귀재다. 만일 모두를 한 단계 끌어올릴 수 없으면, 한 단계 끌어내릴 것이다. 그 입에 늘 붙어다니는 말은 "내가 가진 권리", "내가 받은 부당한 대우" 등이다. 질투가 지닌 최상의 이미지는 기어오르는 모습과 시큰둥한 표정이다. 최악의 이미지는 파괴자의 모습이다. 누구든 자기보다 더 행복한 걸 보기보다는 다같이 불행해지는 편을 택한다.

질투는 잔인하고, 시기심 많고, 소유욕에 불타는 사랑으로 그 모습을 드러낸다. 내 친구와 내 배우자는 완전히 내 속에 푹 빠져 있어야 하고, 나 말고 다른 데 관심을 두면 안 된다. 그것이 내 권리다. 어떤 사람도, 어떤 일도, 어떤 취미도 나에게서 그 권리를 조금도 뺏을 수 없다. 우리가 다함께 행복할 수 없다면 다같이 불행해질 터인데, 단 내가 동참할 수 없는 즐거움 속으로 도피하는 일은 있을 수 없다. 내 남편의 일이 나보다 그에게 더 의미를 줄 경우에는, 그가 일에 몰두하는 걸 보기보다 차라리 망하는 꼴을 보는 게 낫다. 내 아내가 나와는 달리 베토벤이나 춤 혹은 다른 어떤 것에 푹 빠져 있으면, 내가 바가지를 긁고 모욕을 해서 다시는 편하게 그런 걸 즐기지 못하게 만들 것이다. 내 이웃이 내 수준을 뛰어넘는 지적인 호기심을 품고 그것을 즐기고 있다면, 나에게 열등감을 주는 걸 참을 수 없기에 그를 조롱하고 그에게 욕설을 퍼부을 것이다. 모든 사람은 동등한 권리를 갖고 있는데, 만일 어떤 사람들이 특권을 갖고 태어났다면, 나는 무슨 수를 써서라도 그 특권이 무용지물이라는 것을 확실히 보여 줘야겠다. 하늘이 무너지고 땅이 갈라져도 나를 공평하게 평가해 주길 바라도다.

욕심이, 있는 자가 없는 자에게 짓는 죄라면, 질투는 없는 자가 있는 자에게 짓는 죄다. 그것들이 대규모로 나타난 예를 들자면, 탐욕은 앵글로 색슨의 민주주의가 범한 죄였고, 질투는 독일의 죄라고 할 수 있을 것이다. 둘 다 잔인하기는 마찬가지다. 전자는 무겁고 안일한 무혈의 잔인성이라면, 후자는 난폭하고 계산적이며 야만적인 잔인성이다. 독일이 보여 주는 악은 사실 우리나라 내부에 많이 있는 악이 두드러진 형태로 나타난 것일 뿐이다.

질투라는 문제를 다루기 어려운 이유는 그것이 없는 자가 짓는 죄이기 때문이고, 또 그것은 정의롭고 관대한 사람들 가운데서 늘 응원군을 발견할 수 있기 때문이다. 자기는 세간의 주목을 받아야 마땅하다고 요구하는데, 이 소리는 아주 타당한 것이며, 그런 요구를 이기적이라고 지적하는 자는 타성에 젖어 가난한 자의 얼굴을 짓밟는 놈이라는 혐의를 씌워 금방 묵살시킬 수 있다. 이제 질투가 세계를 볼모로 잡고 있는 몇 가지 수단을 잠시 살펴보기로 하자.

질투가 이룩한 업적의 하나는 예전에 사회적 기반이 되었던 질서인 '신분'을 새로운 기반, 즉 '계약'으로 대체한 것이다. 신분이란, 대충 말하자면, 사회적 단위간의 관계가 그 단위들이 선천적으로 소유하고 있는 고유한 특질에 따라 정돈되는 것을 의미한다. 사람과 제도는 그 본연의 정체성에 따라 가치가 매겨진다. 계약이란 그것들이 어떤 매매계약을 맺는가에 따라 그 가치가 정해지고 그 관계가 정돈되는 것을 의미한다. 이를테면, 지식과 지식인은 시장 가치에 따라 평가될 수 있다. 지식 자체를 위해서가 아니라, 이른바 사회에 대한 공헌에 따라 가격이 매겨지는 것이다. 가문이라는 것도 하나의 경제 단위로서 무슨 가치를 보여 줄 수 있는가에 따라 그 높낮이가 평가된다. 따라서 모든 불평등은 이론적으로 재정적·공리적 단위로 환원될 수 있고, 타고난 우월성이라는 개념은 쉽게 부정되고 비웃음을 살 수 있다. 달리 말해서, 우월성이란 옷은 모두 발가벗겨질 수 있다는 뜻이다.

양차 대전의 중간기는 명목적으로 문명국이라 불리는 나

라들이 정체 폭로 캠페인을 가장 크고 가혹하게 벌인 기간이었다. 위대한 예술가들은 사생활의 약점이 노출되어 그 정체가 폭로되었다. 위대한 정치가들은 금전적이고 사소한 동기 때문에, 혹은 그들의 활동이 무의미하다는 판정을 받거나 다른 이들이 대신 했다는 이유로 그 정체가 폭로되었다. 종교도 그 가면이 벗겨져서 미신과 탐욕이 혼합된 것으로 치부되었다. 용기도 그 정체가 폭로되고, 애국심, 학식, 예술 등도 정체가 폭로되었다. 사랑, 가족의 애정, 순종과 존경과 유대감의 미덕도 모두 폭로 캠페인의 대상이었다. 늙은이는 젊은이에 의해, 젊은이는 늙은이에 의해 그 가면이 벗겨졌다. 심리학자들은 이성, 양심, 절제의 가면을 적나라하게 벗겨 내어, 그것들은 모두 말할 수 없는 무의식적 충동에다 그럴듯한 탈을 씌운 것에 불과하다고 주장했다. 영예, 선한 믿음, 이타심 등도 그 외양이 철저히 벗겨졌다. 소위 고유한 우월성으로 간주될 수 있는 것이면 무엇이든 걸치고 있던 그 영예의 겉옷이 등 뒤로부터 찢어져서 비웃음의 구렁텅이로 던져졌다. 끝으로 문명 자체가 발가벗겨져서 그 몸을 가릴 수 있는 천 조각 하나도 남지 않게 되었다.

위대한 미덕의 그늘에서 버섯같이 자라는 위선의 탈은 마땅히 찾아 내어 제거해야 하지만, 질투는 그런 일을 하기에 적합한 연장이 아니다. 왜냐하면 이를 몇 마리 잡으려고 초가삼

간을 모두 태우는 격이기 때문이다. 질투의 적이 바로 그 미덕들 아닌가? 질투는 남을 흠모하거나 존경하는 걸 참지 못한다. 감사의 마음을 품는 것도 못 참는다. 그러나 외양은 아주 그럴듯하게 보인다. 자신은 언제나 진리와 공평의 이름으로 일한다고 으스대기 때문이다. 때때로 질투의 정체를 조금 폭로하는 것도 괜찮은 일이다. 최근에 우리 귀에 많이 들리는 말을 예로 들어 보자.

"이런 서비스(변상, 보상, 이와 비슷한 것들)를 자선 사업의 사안으로 만들어서는 안 된다. 우리에겐 그런 것은 국가가 감당해야 한다고 요구할 권리가 있다."

아주 멋진 말인 것 같다. 그런데 실상은 무슨 뜻인가?

당신과 내가 곧 국가이고, 재정적인 짐을 지는 문제에 관한 한 납세자가 국가다. 세금의 짐을 가장 무겁게 지는 자는 물론 돈을 낼 능력이 가장 큰 자들이다. 새로운 부담을 지워야 한다면, 부자가 그 대부분을 감당해야 할 것이다.

자선 사업에 사용되는 돈만 하더라도—뻔한 이유 때문에—부자가 가장 많이 기여하게 된다. 따라서 이제까지 자선 단체가 감당했던 짐을 납세자의 어깨로 옮겨 놓게 되면, 동일한 계층이 그것을 계속 짊어지게 될 것이 뻔하다. 한 가지 차이점은 이것이다. 사람들이 더 이상 자기가 원해서—사랑에 이끌려—돈을 내는 것이 아니라, 벌금이나 감옥이 두려워 억지로 내게 된다는 점이다. 그 결과는, 대충 말해서, 재정적으로는 별 차이가 없다. 유일한 차이가 있다면, 사람들이 싫어하게 된 미덕인 사랑과 감사가 없어진다는 점이다.

이렇게 말한다고 해서, 어떤 일들은 국가가—즉 모든 사람이—책임져야 한다는 것을 부정하는 건 아니다. 예전에 사랑의 동기로 기부했던 자들이 이제는 세금의 형태로 기꺼이 기여해야 한다는 것은 두 말할 필요가 없다. 그런데 내 눈에 분명히 보이는 문제는, 질투가 끼어들어, 아무도 선행을 통해 즐거움을 맛보지 못하게끔 그런 은혜로운 행위를 미워하고 증오하는 모습이다. "이 향유를 비싼 값에 팔아서 가난한 사람들을 도와주어야 했다." 그랬다면 우리의 코가 그 신성한 냄새로 거슬리지 않을 것이다. 즉 집안이 "향유의 냄새로 가득 차지" 않을 것이다. 그 자선 행위를 파헤친 자가 유다였다니 참 유다다운 모습이다.

여섯 번째 중죄는 교회가 **나태**(sloth)라는 이름을 붙여 준 것이다. 세상에서는 관용이라 부르고, 지옥에서는 절망이라 부르는 죄다. 나태는 다른 죄들과의 공범자이고, 그들이 받는 최악의 형벌에 동참하는 죄다. 그것은 아무것도 안 믿고, 아무것도 돌보지 않고, 아무것도 알려 하지 않고, 아무것도 간섭하지 않고, 아무것도 즐기지 않고, 아무것도 사랑하지 않고, 아무것도 미워하지 않고, 아무것에서도 의미를 찾지 못하고, 아무 목적도 없이 살아가는 것으로서, 위해서 죽을 만한 것이 없어서 아직까지 연명하고 있는 중이다. 우리는 오랜 세월 나태가 무엇인지 너무나 잘 알고 있는 상태다. 우리가 모르는 것이 하나 있다면, 그것이 죽음에 이르는 죄라는 사실이 아닐까 생각한다.

전쟁이 우리를 흔들어 깨워서 늦잠이 나태의 죄라는 의식을 불러일으켰으므로 많은 말을 할 필요가 없을 것이다. 하지만 두 가지 경고는 필요하리라고 생각된다.

첫째, 이 죄가 잘 부리는 기술은 몸을 열심히 움직여 스스로를 위장하는 것이다. 우리가 바쁘게 이리저리 쏘다니고 이런저런 일을 하면, 나태의 죄에 빠지기 않을 것이라 생각한다. 뿐만 아니라, 격렬한 활동은 나태의 공포에서 벗어나는 길인 것처럼 보인다. 그래서 다른 죄들도 서둘러 나태를 덮어 줄 겉옷을 건네 준다. 폭식은 춤, 식사, 스포츠, 아름다운 경치를 멍청히 즐기려고 이곳 저곳을 정신없이 쏘다님으로―일단 거기에 도착하면 야비한 언행과 쓰레기로 그 곳을 더럽힌다―우리를 온통 소용돌이 속으로 몰아넣는다. 탐욕은 우리의 사업에 원기와 정력을 쏟아 넣게 하려고 이른 아침 우리를 침대에서 끌어 낸다. 질투는 우리를 부추겨 잡담과 스캔들, 신문에 심술궂은 편지 쓰기, 비밀 캐기와 쓰레기통 뒤지기에 참여하게 만든다. 분노가 (아주 교묘하게) 주는 논리는 이 세상이 악인과 마귀로 가득 찬 만큼 큰 소리로 쉴새없이 "짐승 같은 인간들이 세상을 어떻게 만들었든지 간에" 하고 외치는 것보다 더 어울리는 행동이 없다는 것이다. 한편 정욕은 소위 정력적인 활동으로 통하는 지루하고 난삽한 성행위를 계속 반복하게 만든다. 그런데 이 모든 것은 게으른 자의 빈 가슴과 빈 머리와 빈 영혼을 가리는 위장에 불과하다.

이제 텅 빈 머리에 대해 주목해 보자. 여기서 나태는 질투와 공모하여 생각을 못하게 만든다. 나태는 우리에게, 멍청한 것은 우리 죄가 아니라 불운일 뿐이라고 설득한다. 동시에 질투는, 똑똑한 것은 참 야비한 것이라고 우리를 설득한다. 그건 사실 별 게 아니고, 콧대만 높을 뿐 상업적으로 아무 쓸데없는 것이라고 부추기면서.

그리고 둘째, 전쟁은 우리를 나태에서 끌어냈다. 그러나 전쟁이 아주 오래 지속되면, 전쟁에 대한 싫증과, 목적 의식의 실종 현상이 생겨 나태가 다시 들어온다. 우리는 지난 평화 시대에 평화가 모든 죄를 줄줄이 싣고 왔을 때 어떤 결과가 생기는지 눈으로 똑똑히 목격했었다. 어떤 경우에는 몸을 큰대자로 뻗고 있는 이 나태의 죄야말로 죄 중에 가장 오래되고 가장 큰 죄요, 나머지 모든 죄의 모체라고 말하고 싶은 유혹을 느낀다.

그러나 모든 죄의 우두머리이자 기원이 되는 것은 바로

자만(pride)의 죄다. 어떤 면에서는 자만에 대해 할 말이 너무 많아서 일주일 내내 한다 해도 못다 할 것이다. 또 어떤 면에서는 그것에 대해 할 말을 모두 합쳐서 한 문장으로 말할 수도 있다. 그것은 하나님같이 되려는 죄다. 그것은 사람이 자기 지혜, 자기 충동, 자기 상상력으로 삶의 표준을 만들어 낼 수 있다고 선포하는 죄다. 또 사람이 스스로의 재판관이 되기에 적합하다고 믿는 죄다. 사람의 미덕을 치명적인 죄로 변질시키는 것도 자만이다. 즉 홀로서기에 충분한 미덕 하나하나를 자극해 그것을 닮은 적, 곧 기괴하고 끔찍한 모조품을 만들어 내게 하는 죄가 바로 자만이다. 이 순간 세상을 돌아다니는 자만의 다른 이름은 인간의 완전성, 진보의 교리 등이고, 그 전공은 유토피아의 청사진들을 만들고 이 땅에 인간의 왕국을 건설하는 일이다.

자만의 악마적 계략은, 우리를 공격하되 우리의 약점이 아니라 우리의 강점을 공략하는 것이다. 그것은 고상한 마음이 짓는 탁월한 죄다. 세상에서 모든 고의적인 악을 합친 것보다 더 큰 악을 저지르는, 그야말로 타락의 극치다. 우리로서는 눈앞에 자만이 있어도 그것을 인식할 수 없기 때문에, 인간의 이상주의가 초래한 엄청난 재난을 보고서야 그 실체에 깜짝 놀랄 뿐이다. 우리는 정말 좋은 의도를 품었고, 성공하고 있다는 걸 알고 있었지. 보라고, 우리의 노력으로 이룩한 이 찬란한 업적을! 지옥에 이르는 길은 좋은 의도로 포장되어 있다는 격언이 있다. 우리는 흔히 이 말이 좋은 의도를 쉽게 포기한 경우를 가리킨다고 생각하는데, 여기에는 그보다 더 깊고 더 은밀한 의미가 있다. 그 좋은 의도를 너무 완강하게 고집하다 보니 그 자체가 목적이 되어 결국 신격화되기에 이르렀다는 뜻 말이다.

> 죄는 선행과 함께 자라오.
> 하나님의 종은 왕을 섬기는 사람보다
> 더 큰 죄를 짓고 슬픔에 빠질 위험이 있다오.
> 더 큰 목적을 위해 섬기는 자들은
> 그 목적이 자기를 섬기게 할 소지가 있기 때문이오.
> 옳은 일을 하면서도 말이오.*

그리스인들은 무엇보다도 오만한 마음 상태(*hubris*)를 우려했었다. 지나친 성공과 더불어 오는 한껏 부푼 기분을 경계한 것이다. 사람이 거드름을 피우면 신들의 질투를 불러일으킨다고 생각했기 때문이다. 그들의 신학은 우리가 보기에 그리 중요해 보이지 않아도, 인간사에 일어나는 현상과 그 결과

---

* T. S. Eliot, *Murder in the Cathedral*.

에 대한 통찰력은 높이 살 만하다. 좀더 합리적인 신학을 가진 기독교의 경우 오만의 뿌리를 자만의 죄에서 찾고 있는데, 그것은 중력의 중심에 하나님 대신 인간을 놓음으로써 사물의 구조 전체를 망가뜨린 장본인이다. 이를 심판이라 부른다. 우리가 어디서든—개인적·정치적·사회적 영역을 통틀어—

나는 내 운명의 주인이오.
나는 내 영혼의 우두머리라오.

하고 말할 때마다 자만의 죄를 짓고 있는 셈이다. 우리가 그 목표를 높이 잡으면 잡을수록, 그에 따른 재난은 더 멀리 퍼질 것이다. 그렇기 때문에 우리는 인류의 복지를 궁극적 목적으로 삼는 모든 야망과 높은 이상을 일체 믿지 말아야 하는 것이다. 우리는 우리 자신을 섬김으로써 스스로를 행복하게 만들 수 없는 존재다. 심지어 그것을 공동체에 대한 봉사라고 부를지라도 말이다. 이 경우 공동체란 우리 자신의 연장에 불과하기 때문에 그렇다. 인간의 행복은 하나님을 섬길 때 생기는 부산물이다. 그리고 우리는 현재 전후에 자유롭고 잘 사는 세계를 만드는 데 기독교가 꼭 필요하다고 역설하고 있는데, 그 역설 방법에 상당히 조심할 필요가 있다. 그 명제는 분명 옳지만, 그런 식으로 표현하는 것은 오도의 소지가 많다. 마치 하나님의 역할이 인간을 섬기는 데 있는 것처럼 잘못된 인상을 주기 때문이다. 하나님은 어느 누구의 도구도 될 수 없는 분이다. 하나님의 자제심이 현재 우리가 처한 곤궁의 원인이라고 말한다면, 지극히 맞는 말이다. 사실 우리가 하나님 없이 살 수 있다고 생각하는 것이 자만의 본질이기 때문이다.

다른 한편, 사람을 섬기는 방편으로서 하나님을 섬기는 것이 필요하다고 말하기도 하는데, 이는 똑같은 죄가 교묘한 탈을 쓰고 뒷문으로 슬그머니 들어오는 것과 같다. 이것은 신성 모독적인 위선에 다름 아니다. 이는 하나님을 이방인의 물신(物神) 수준으로 끌어내리고, 부족의 종으로 묶어 놓고, 만일 부족민의 숭배에 보답하는 차원에서 추수에 알맞은 날씨를 제공하지 못할 경우 빗물통에 거꾸로 처박힐 운명에 처할 그런 존재로 만드는 것이다.

"사람을 신뢰하는 자는 저주를 받을 지어다" 하고 라인홀드 니버가 말한다.* "비록 그가 경건한 사람일지라도, 아니, 특히 그가 경건한 사람이라면." 왜냐하면 경건한 사람에게는 자만하게 될 유혹이 늘 붙어 다니기 때문이다. "그분은 자기를 의롭다고 믿는 자들에게 이 비유를 말씀하셨다."

---

* Reinhold Niebuhr, *Beyond Tragedy*.

7. 왜 일하는가
창조적 활동으로서의 노동

나는 이미 일과 소명이란 주제로 강연한 적이 몇 번 있다.* 당시에 내가 주창한 것은 일에 대한 우리의 태도에 혁명적 변화가 일어나야 한다는 것이었다. 일이란 돈을 벌 목적으로 할 수 없이 해야 하는 지겨운 것이 아니라, 사람의 본성이 올바로 발휘되고 거기서 기쁨을 찾는 통로이며, 하나님에게 영광을 돌리게끔 그 본성이 성취되는 일종의 생활 방식이라고 했다. 또 그 일 자체를, 사랑하는 마음으로 수행하는 창조적 활동으로 간주해야 한다고 했으며, 사람이 하나님의 형상을 입은 만큼,

---

* 이 주제들은 1941년 브라이튼에서 한 강연에서 다루었다. 그 강연의 주요 내용은 *A Christian Basis for the Post-War World*(S.C.M. Press)에 나와 있다. "왜 일하는가"를 맨 처음 발표한 것은 1942년 4월 23일 잉글랜드의 이스트본에서 한 강연에서였다.

할 만한 가치가 있는 일을 잘 해 내기 위해 마치 하나님이 물건을 만들 듯이 그렇게 만들어야 한다고 했다.

당신의 눈에는—내가 아는 몇몇 사람이 생각하듯이—일에 대한 바른 태도와 관련하여 나에게 일종의 강박 관념이 있는 것처럼 비칠지 모르겠다. 그럼에도 내가 그것을 고집하고 싶은 이유는, 이 전쟁이 끝난 후 문명 세계가 어떻게 될 것인지의 문제가, 노동관의 혁명적 변화가 어떤 열매를 맺는가에 크게 좌우될 것으로 보이기 때문이다. 일에 대한 사고 방식을 완전히 뜯어고치지 않으면, 우리가 지난 3세기 동안 미친 듯이 돌려오던 경제적 혼동이란 우리에 갇힌 다람쥐 쳇바퀴에서, 또 질투와 탐욕에 기초한 사회 체계에 묵종해 왔던 그 우리에서 도무지 벗어날 수 없을 것이다.

생산을 계속 가동하기 위해 인위적으로 소비를 자극해야 하는 사회는 쓰레기더미 위에 세워진 사회이며, 그런 사회는 모래 위에 지은 집과 같다.

지난 12개월 동안 전쟁의 현실 때문에 우리의 관점이 얼마나 바뀌었는지를 가만히 생각해 보면 무척 흥미롭다. 어떤 사회가 우주의 법칙에 거슬리는 그런 관념에 기초해서 살아갈 때, 전쟁은 그 사회를 덮치는 일종의 심판이다. 사람들이 자발적으로 그 관념을 바꾸지 않으면, 그런 관념이 낳은 사건들의 압력을 받아 억지로 바뀔 수밖에 없게 된다.

전쟁을 비합리적인 재앙이라고 생각지 말라. 잘못된 사고 방식과 삶의 양식이 도무지 견딜 수 없는 상황을 몰고 올 때 전쟁이 발발한다. 어느 편이 더 터무니없는 목적을 그리고 더 잔인한 방법을 갖고 있든 간에, 전쟁의 근본 원인은 보통 모든 진영이 묵과해 온 잘못된 생활 방식에 있을 때가 많고, 그에 대해 모든 사람이 어느 정도 책임을 져야 하는 경우가 많다.

물론 현재 치르고 있는 2차 대전의 원인 중 하나가 잘못된 경제 때문인 건 사실이다. 그리고 경제와 관련된 잘못된 생각의 하나는 일과, 일의 열매인 물품에 대한 잘못된 태도였다. 바로 이 잘못된 태도를 전쟁 덕분에 억지로라도 바꾸지 않으면 안 되게 된 것이다. 그리고 그것은 무척 낯설고 고통스런 과정이 될 것이다. 마음의 습관을 바꾸는 일은 언제나 낯설고 고통스러운 법이다. 일단 우리가 노력해서 거짓된 것을 버리고 참된 것으로 돌아가면, 큰 안도의 숨을 쉬게 되고 일종의 모험심과 환희를 맛보게 될 것임에도 불구하고.

전쟁 전의 상황이 어땠는지―벌써 까맣게 잊어 가는 중이다―당신은 기억하는가? 스타킹을 싸게 샀다가 고치기가 귀찮아 내다 버리지 않았나? 유행에 따라 최신형 엔진과 날렵한 모양새를 좇느라고 자동차를 매년 갖다 버리지 않았나? 부자는 물론 가난한 자까지 빵과 뼈다귀와 비계 토막을 쓰레기통에 내다 버리지 않았나? 제조업자로서는 중고품을 손질하기보다 새 것을 만드는 비용이 더 싸기 때문에, 청소부조차 빈 병을 수집하길 꺼리지 않았나? 아무도 쓸모 있다고 생각지 않은 빈 깡통이 산더미처럼 쌓여서 녹슬고 냄새를 피우지 않았나? 유통 비용조차 못 건진다고 식량을 태우거나 묻어 버리지 않았나? 땅을 개간해도 수익이 남지 않는다고 엉겅퀴와 잡초에 뒤덮여 질식하도록 방치하지 않았나? 손수건이 페인트용 걸레와 주전자 손잡이로 사용되지 않았나? 전등을 끄는 것이 귀찮아 계속 켜 두지 않았나? 콩깍지를 벗기는 게 귀찮아 생콩을 제쳐두고 통조림을 사지 않았나? 선반에 있던 신문이 공원으로 옮겨져 무릎 높이만큼 쌓이고 기차 좌석에 버려지지 않았나? 여기저기 늘어놓았던 머리핀과 깨진 그릇, 어중간한 30분을 때우려고 슈퍼에서 샀다가 금방 잊고 지내던 쇠, 나무, 고무, 유리로 만든 싸구려 장식품들은 또 얼마나 많았나? 광고가 신사 체면과 게으름과 성적 매력이란 이름 아래 우리에게 필요 없는 것을 사라고 애원하고, 우리를 고무하고 부추기고 위협하지 않았나? 기계가 매 시간 만들어 내는 과잉 쓰레기 물품을 무력하고 후진적인 나라에 갖다 팔아 돈을 벌고 고용을 창출하려고 치열한 국제적 쟁탈전을 벌이지 않았나?

지금에 와서는 소비하기보다 절약하라는 재촉을 받게 되는 걸 보면, 그 동안 우리 가치관이 얼마나 바뀌어야 했는지 당신도 알지 않는가? 우린 우리 증조부 세대의 사회 윤리로 되돌아가야 했다. 란제리 하나를 사는 데 귀한 쿠폰 세 장이 들 때, 우리는 그 모양새만 볼 게 아니라 그 수명도 고려해야 한다. 고기를 배급 받을 때는, 남은 부위를 갖다 버리는 게 아니라 그것을 기르는 데 들어간 시간과 땀을 생각해 어떻게든 활용하고자 애써야 한다. 종이가 귀할 때는 글을 쓰거나 인쇄하기 전에 그 내용이 정말 가치 있는 것인지 다시 한 번 재고해야 한다. 우리의 삶이 땅에 의존하고 있는 한 그것을 방치하거나 과잉 수확을 할 경우, 토질이 악화되어 충분한 식량을 거둘 수 없다. 우리가 청어를 잡느라 군대 인력을 끌어 내고 폭격과 지뢰와 기관총의 위협 아래 어업을 계속할 때, 생선 가게 앞에 '오늘 생선 없음'이란 푯말이 자주 걸리는 게 무슨 뜻인지 새삼스레 숙고하게 된다. 우리는 세상에 진정한 부의 원천이 단 두 가지밖에 없음을 뼈저리게 배워야 했다. '이 땅의 열매'와 '사람의 노동'이 그것이다. 그리고 일이란 일꾼에게 돌아오는 돈이 아니라, 그 만들어진 물건의 가치에 의해 평가되어야 한다는 것도 배웠다.

오늘 여러분에게 묻고 싶은 질문은 이것이다. 전쟁이 끝나면 우리는 일과 일의 열매에 대한 이런 태도를 계속 견지하고 싶은가, 아니면 옛 사고 방식으로 돌아가고 싶은가? 나는 이 질문에 대한 응답에 우리의 경제적 미래가 달려 있다고 믿는다.

조만간 이 문제에 대한 의사 결정을 내려야 할 때가 올 것이다. 그 때가 되면 마치 우리가 주도적으로 결정을 내리는 것처럼 떠들면 안 된다. 오히려 우리를 위해 결정이 내려질 것이다. 그리고 전시 경제가 낭비를 중지시켰다고 생각해서도 안 된다. 사실 낭비는 중지되지 않았다. 다만 다른 데로 옮겨졌을 뿐이다. 우리 쓰레기통에 차고 넘치던 과잉 물건과 낭비품은 전쟁터로 자리를 옮겼다. 과잉 소비가 이루어지고 있는 곳은 그곳이다. 공장은 더 큰 소리로 돌아가면서 밤낮으로 별 가치 없는 물건들을 쏟아 내고 있다. 그 물건들은 삶에 도움이 되기는커녕 삶을 파괴하는 것으로, 우린 그걸 내버리는 게 아니라 다른 곳으로 옮겨 놓는다. 러시아, 북아프리카, 점령된 프랑스, 버마, 중국, 향료 군도, 7대양 곳곳으로.

공장이 무기 만드는 걸 중단할 때가 되면 어떻게 될까? 아직까지 어느 국가도 현대 산업 구조 아래서 사치스런 소비 없이 기계 가동과 완전 고용을 이룩할 수 있는 길을 찾지 못했다. 한 동안 소수의 국가가 생산을 독점하고 폐기물을 새로운 시장에 떠넘김으로써 현상을 유지하는 건 가능하다. 그러나 더 이상 새로운 시장이 없고 모든 나라가 산업 생산국이 되면, 우리는 무기 생산과 실업 중 하나를 택할 수밖에 없게 될 것이다. 우리는 이 문제에 조만간 다시 봉착하게 될 것이므로 마음을 단단히 먹어야 한다. 당장 그렇게 되진 않을 것이다. 일단 전쟁이 끝나면, 전쟁으로 인한 부족분이 보충되는 동안은 당분간 소비 관리 체제로 가야할 것이기 때문이다. 그러나 조만간 이 문제와 씨름하게 될 것이므로, 모든 게 마음의 태도에 달려 있다고 할 수 있다.

우리는 전쟁의 기술을 대하듯 평화의 기술을 대할 자세를 갖추고 있는가? 나로서는 우리가 기꺼이 배와 탱크를 만들듯이 거대한 공공 사업을 벌일 때 개인의 편의와 생활 수준을 희생시켜서는 안 될 이유를 찾지 못하겠다. 그런데 일단 두려움과 분노가 사라지고 나면 과연 그런 일을 하려고 할까? 혹시 우리가 '높은 생활 수준'이란 이름으로 높이 받드는 탐욕과 낭비의 문명으로 되돌아가고 싶어 하지는 않을까? 사실 나는 생활 수준이란 말을 굉장히 우려하고 있다. 아울러 '전쟁 후에'라는 말도 나에게 두려움을 준다. "전쟁 후에, 우리는 좀 느긋해지고 예전 생활로 되돌아가고 싶다"라고 한 목소리로 말하는 경우를 자주 접하기 때문이다. 이 말은 노동의 가치가 일 자체가 아니라 보수로 평가되는 그런 시절로 돌아가는 것을 의미한다.

우리가 정말 우리를 둘러싼 문제를 알고자 한다면, 이 질문에 대한 응답의 책임을 제조업자와 금융업자 같은 부자들에게 넘겨 주면 안 된다. 이들이 최근에 세계를 좌우했다면, 그것은 우리 스스로 그들의 손에 권력을 넘겨 주었기 때문에 그렇게 되었을 뿐이다. 이 질문은 근로자와 소비자가 응답할 수 있는 질문이고 또 마땅히 그래야 한다.

근로자가 문제의 소재를 정확히 아는 일은 지극히 중요하다. 오늘날 노동 부문이 사회의 어떤 부문보다도 전쟁으로부터 이익을 얻고 있다는 것은 엄연한 사실이다. 일부 부유한 고용주들이 전쟁의 이득을 보고 있는 것도 사실이다. 그러나 그보다 비교가 안 될 정도로 중요한 사실은 모든 노동자에게 전쟁이 완전 고용과 높은 임금을 의미한다는 점이다.

전쟁이 끝나면 기계를 부릴 노동 인력의 고용 문제가 다시 재개될 것이다. 파괴적인 전쟁 기간이든 번지르르한 평화의 시기든, 과잉 소비를 부추기는 원동력의 배후에는 배고픈 노동자의 이미지가 주는 압력이 있다.

당면 문제를 노동과 자본, 고용인과 고용주 사이의 갈등으로 그리는 것은 문제를 지나치게 단순화시키는 것이다. 여러분이 국가를 유일한 고용주로 만들거나, 설사 노동자를 고용주로 만든다 하더라도 근본 문제는 여전히 남는다. 그건 단순히 이윤과 임금 혹은 생활 조건의 문제가 아니다. 오히려 기계가 하는 일에 대해 무슨 조치를 취할지, 기계에게 어떤 일을 맡겨야 할지가 진정한 문제다.

만일 우리가 지금처럼 생각할 여유가 있을 때 이 문제를 다루지 않으면, 불필요한 생산과 불필요한 소비의 수레바퀴에 다시 빠지기 시작해서 결국 다시금 전쟁으로 끝나게 될 것이다. 그리고 노동의 추진력은 그 수레를 더욱 힘차게 돌릴 터인데, 다시 재앙에 닥칠 때까지 갈수록 더 빨리 돌아가는 것이 자신들에게 이익이 되기 때문이다.

그리고 그 바퀴가 돌아가게 하기 위해 소비자―당신과 나, 그리고 노동자도 소비자이니만큼 그들도 포함해서―는 다시금 소비하고 낭비하도록 재촉 받을 것이다. 우리가 태도를 바꾸지 않는 한―혹은 전쟁이 우리에게 강요한 그 새로운 태도를 계속 견지하지 않는 한―허영심과 탐닉과 탐욕에 속아 넘어가 다람쥐 쳇바퀴처럼 낭비의 경제를 계속 돌리게 될 것이다. 우리―당신과 나―는 입법 조치와 혁명 없이도 쓰레기를 양산하는 그 화려한 경제에 협조하길 거부함으로써 그 체제 전체를 하룻밤에 무너뜨릴 수 있다. 그럴 수도 있다는 말이다. 아니, 사실은 그렇게 했다. 아니, 했다기보다 우리에게 그런 일이 일어났다. 그런 경제 체제가 전쟁 후에 다시 일어나길 원치 않는다면, 얼마든지 사전에 예방할 수 있다. 돈보다 일을 가치 있게 여기는 전시의 습관을 그냥 보존하면 된다. 문제는 우리가 그걸 정말 원하는가 하는 것이다.

우리가 무엇을 하든 심각한 어려움에 직면할 것이다. 그렇지 않은 척할 수 없다. 그러나 우리가 정말 경제적 사고 방식을 바꿀 생각이 있다면, 결과가 크게 달라질 것이다. 이 말은 꼭대기로부터 바닥까지 근본적인 변화가 일어나야 한다는 뜻이다. 옛 체제를 조금 손질해서 이전과는 다른 집단에게 유리하게 조정하는 게 아니라, 완전히 새로운 체제를 만들어야 한다는 말이다.

일이란 돈을 벌기 위해 하는 것이라는 고정 관념이 우리 속에 깊이 뿌리박혀 있어서, 그와 달리 그 일 자체에 입각해 일을 생각한다는 것이 얼마나 혁명적인 변화인지 상상조차 하기 어렵다. 그렇게 생각한다는 것은 우리가 돈을 안 받고 하는 일—취미, 여가 활동, 재미로 무언가를 만드는 일—에만 적용하는 마음 자세를 만사의 판단 기준으로 삼는 것이다. 기업체에게는 "수지맞는 일인가?"가 아니라 "좋은 일인가?"를, 사람에게는 "당신은 무얼 만드는가?"가 아니라 "당신이 하는 일은 무슨 가치가 있는가?"를, 물건에 대해선 "사람들을 구슬려서 그것을 사게 할 수 있을까?"가 아니라 "잘 만들어져 쓸모 있는 물건인가?"를, 직업에 대해선 "월급이 얼만가?"가 아니라 "내 능력을 최대한 활용할 수 있는 일인가?"를 각각 물어보도록 요구해야 한다. 그리고 이를테면, 맥주 회사의 주주들이 주주 회의에 참석해서, 이윤이 어디로 가는지, 혹은 할당액이 얼마인지, 또 근로자의 임금이 충분한지, 근로 조건이 만족스러운지 하는 질문만 던지는 게 아니라, 큰 소리로 그리고 진정한 책임 의식을 갖고 "맥주에 들어가는 재료가 무엇인가?"

라고 물음으로써 이사회를 놀라게 해야 할 것이다.

당신은 이렇게 물을지도 모르겠다. 이런 태도의 변화가 고용 문제에 어떤 영향을 미치는가 하고. 왜냐하면 그럴 경우 일자리가 늘어나는 게 아니라 줄어들 것처럼 보이기 때문이다. 나는 경제학자가 아니라서 경제학 교과서에 보통 안 나오는 전시 경제에 대해 언급할까 한다. 전시에도 불필요한 소비를 위한 생산 활동이 중단되지 않고 계속된다. 하지만 생산되는 물건과 관련해서 큰 차이가 하나 있다. 모든 것이 얼마나 팔리느냐가 아니라 그 자체의 가치에 의해 평가된다는 점이다. 총과 탱크, 비행기와 전함은 최고의 품질을 유지해야 한다. 전쟁 소비자는 조잡한 것을 사지 않는다. 또 다시 팔려고 사지도 않는다. 본연의 목적을 잘 이루는 물건을 산다. 본래 의도된 그 역할을 잘 수행할 수 있는지만 물어본다. 다시 한 번, 전쟁은 소비자에게 일에 대한 바른 태도를 갖도록 강요한다. 그리고 우연의 일치인지 보편적 법칙인지는 모르지만, 어떤 물건에 대해 그 자체의 절대적 가치, 자체의 완성도만 요구하는 순간, 근로자의 기술과 노동이 최대한 발휘되고 또 그것이 절대적 가치를 획득하게 된다.

이런 유의 대답을 경제학 이론에서는 발견할 수 없을 것이다. 전문적인 경제학자는 절대적 가치에 관해 응답을 하거나 스스로 그런 질문을 던지도록 훈련받지 않는다. 경제학자도 다람쥐 우리 안에 있고 그 쳇바퀴를 돌리고 있다. 절대적 가치에 관한 의문은 경제학의 차원이 아니라 종교의 차원에 속하기 때문이다.

그리고 그 우리 밖에서 경제를 볼 수 없다면, 경제학 자체를 다룰 수 없을 가능성이 매우 높다. 즉 절대적 가치를 고려하지 않고 상대적 가치를 해결할 수 없다는 말이다. 만일 그렇다면, 다음 성경 구절이 지닌 정확한 의미와 실제적 의미를 잘 이해할 수 있을 것이다. "너희는 먼저 그의 나라와 그의 의를 구하라. 그리하면 이 모든 것을 너희에게 더하시리라"(마 6:33). 나로서는, 교회가 경제 영역에서 주도적인 역할을 하는 게 그토록 어려운 이유가 이처럼 기독교적 표준을 완전히 잘못된 이교적 노동관에 끼워 맞추려 하기 때문이라고 확신한다.

그러면 일에 대한 기독교적 이해란 어떤 것인가? 나는 맨 처음에 진술한 교리적 입장을 바탕으로 거기에 나오는 두세 가지 명제를 당신 앞에 내놓을까 한다. 일이란 사람이 하는 자연스런 활동이요 기능이며, 사람은 창조주의 형상에 따라 만들어진 피조물이라는 교리다. 이 둘 중 어느 하나라도 일상적인 일에 실제로 적용해 보면 그것이 (우리가 갖고 있는 고정 관념과 비교해 볼 때) 얼마나 혁명적인지 모든 정치적 혁명을 무색하게 만들 정도임을 발견하게 되리라.

첫째, 아주 간략히 말해서, 우리는 일차적으로 살기 위해 일하는 게 아니라, 일하기 위해 사는 것이라고 할 수 있다. 일은 일꾼의 능력이 완전히 표출되는(혹은 표출되어야 할) 통로요, 그 안에서 영적·정신적·신체적 만족을 발견하는 것이자, 하나님께 스스로를 드리는 매개체다.

이에 따른 결과는 업무 수행이 알맞은 생활 환경과 근로 조건 아래서 이루어져야 한다는 것만을 의미하지 않는다. 이것은 우리가 처음부터 확보하려 했던 것인데, 그 자체로 아주 건전한 요구 사항이라 생각한다. 그러나 우리는 그것에만 너무 몰두한 나머지 그보다 더 혁명적인 다른 사항을 배제하는 경향이 있다.

(1) 이를테면, 이윤과 보수의 문제가 있다. 우리 머릿속에는 봉급을 받는 것이 일의 목적이라는 고정 관념이 들어 있다. 이윤을 남겨 주거나, 일꾼이 투자한 노력에 걸맞는 혹은 그 이상의 보상을 돌려주는 것이라고 생각하는 것이다. 그런데 만일 이런 생각이 옳다면, 위와 같은 결론, 즉 살기 위해 일하는 것이 아니라 일하기 위해 산다는 결론이 나오지 않는다. 사회가 일꾼에게 일을 제대로 할 수 있을 만큼 부를 제공해 준다면 그는 충분한 보상을 받는 셈이다. 왜냐하면 그가 하는 일이 그의 삶의 척도이고, 인생의 만족감이라는 것도 일을 통해 자기 본성이 성취되는 데서 그리고 그 완성한 일을 반추하는 데서 오기 때문이다.

이런 유의 만족감이 실제로 존재한다는 것은 사람이 아무 경제적 보상도 없는 취미 활동에 사랑의 노동을 투입하고 있는 사실만 봐도 확실히 알 수 있다. 그의 만족감은, 마치 하나님처럼, 자기가 만든 것을 쳐다보면서 그것이 매우 좋다고 느낄 때 오게 된다. 그는 더 이상 자기 일을 놓고 협상을 벌이지 않고 열심히 봉사만 할 뿐이다. 우리가 일을 돈 버는 수단으로 보기 시작할 때 그것은 증오의 대상이 된다. 일은 친구가 아니라 적이 되어 우리는 그로부터 대가와 보상을 뽑아내야 한다고 생각하게 된다. 우리 대다수가 사회에 요구하는 것은 우리가 준 노동의 가치보다 늘 조금 더 받아야 한다는 것이다. 이런 생각으로 인해 우리는 사회가 늘 우리에게 빚지고 있다고 우리 자신을 설득한다. 이런 확신은 실제로 재정적 부담을 쌓아올릴 뿐 아니라 우리로 하여금 사회에 대해 투덜거리게 만든다.

(2) 두 번째 결과는 이렇다. 현재 우리는 각 사람이 자기 천성에 걸맞는 일을 해야 한다는 원리를 잘 모르고 있다. 고용주는 값싼 노동력을 찾아야 한다는 생각에, 그리고 노동자는 가장 임금이 높은 일이 자기 일이라는 생각에 각각 사로잡혀 있다. 이와 달리, '어떤 일꾼이 이런 유형의 일에 적합할까?' 하고 그 문제를 다른 각도에서 접근하는 경우는 아주 드물고 그 강도도 약하다. 하지만 교육에 종사하는 이들은 이것이 바

른 접근임을 분명히 알고 있다. 그러나 그들은 경제적 압박에 좌절되고, 한편으론 부모의 잘못과 다른 한편으론 고용주의 잘못으로 인해 이런 접근의 중요성을 인식하지 못한다. 우리가 경제적 결핍보다는 사고력의 부족으로 고통 받는 경우가 훨씬 더 많다는 것은 전시에도 분명히 볼 수 있다. 전시에는 평화시에 비해 경제적인 경쟁이 별로 치열하진 않지만, 남녀 할 것 없이 모두가 일꾼의 적성과 일을 서로 맞추는, 이른바 소명에 입각한 접근에 대해 생각할 능력이 없기 때문에 계속해서 엉뚱한 직업으로 내몰리고 있는 실정이다.

(3) 세 번째 결과는, 만일 우리가 정말 이 명제를 믿고 그에 따라 우리의 일과 가치관을 정립한다면, 일을 가급적 빨리 해치우고 여가를 즐겨야겠다는 생각을 하면 안 된다. 오히려 여가라는 것을 생활 리듬의 변화로 여기고, 기쁜 마음으로 일할 것을 준비시키는 원기 회복의 기회로 삼아야 한다. 그렇기 때문에 우리는 일을 훌륭히 해 내는 데 필요한 만큼의 시간과 정력을 투자하는 것을 방해하는 규제라면 그 어떤 것도 관용할 수 없다. 우리는 그런 제재를 주체적 인간의 자유를 간섭하는 괴상한 걸림돌로 배격해야 마땅하다. 이렇게 생각할 때 우리의 사고 방식에 어떤 혁명이 일어날지는 여러분의 상상에 맡긴다. 이제까지 우리가 품고 있던 모든 생각―근무 시간, 일의 등급, 불공평한 경쟁, 그 밖의 여러 가지에 관한―이 완전

히 거꾸로 뒤집히게 될 것이다. 우리 모두는, 현재 예술가들과 일부 전문직 종사자들만 그러는 것처럼, 일을 잘 진척시키기 위해 다투어 귀한 시간을 확보하려 할 것이다. 어떻게 하면 일하는 시간을 줄여 귀한 여가 시간을 확보할까 하고 다투는 대신 말이다.

(4) 네 번째 결과는, 우리가 직장을 위해서일 뿐 아니라 우리가 맡은 일의 질을 위해 필사적으로 싸워야 한다는 점이다. 우리는 정말 가치 있는 일, 즉 자부심을 가질 만한 일을 하고 싶다고 극성스럽게 요구해야 한다. 일꾼은 자기가 생산한 물건이 훌륭한 품질을 지녀야 된다고 요구할 것이며, 영예에는 무관심하고 돈만 받으면 된다는 태도를 버릴 것이다. 맥주 회사의 주주들과 같이, 일종의 책임 의식을 갖고 맥주에 무슨 재료가 들어갔는지 결단코 알아 내고 그것을 감독하려 할 것이다. 또한 시위와 파업도 일어날 터인데, 봉급과 근무 환경의 개선을 위해서뿐 아니라, 일의 질과 제품의 품질, 미적인 측면, 유용성까지 제고하라고 항의할 것이다. 상업적인 시대가 일꾼에게 안겨 준 가장 큰 모욕은 일꾼에게서 자기가 생산한 물건에 대한 관심을 빼앗아 버리고, 만들 가치도 없는 물건을 엉성하게 만드는 데 인생을 바치도록 강요한 것이다.

지금까지 살펴본 이 첫째 명제는 주로 일꾼 자체에 관한 것이다. 나의 둘째 명제는 그리스도인과 직접 관련된 것으로서 바로 이런 것이다. 교회는 세속 직업이 신성한 것임을 인정해야 한다는 것이다. 그리스도인, 특히 성직자는, 남자나 여자가 어떤 세속 직업에 부름 받았을 때 그것도 종교적인 일에 부름 받은 것과 똑같은 하나의 소명임을 확고히 인식해야 한다. 교회는 공정한 가격과 알맞은 근무 조건 같은 문제에도 신경을 써야 하지만, 일 자체가 인간이 존엄성을 잃지 않고 할 수 있는 것임을 주시하는 역할도 감당해야 한다. 아무도 경제적인 필요나 다른 이유 때문에 저질적이고 영혼을 파괴하는 혹은 해로운 일에 종사하는 경우가 생기지 않도록 경계해야 한다. 흔히들 인생은 일하는 시간과 하나님을 섬기는 시간으로 나눠진다고 생각하는데, 교회는 그런 이분법적 사고를 그냥 묵인하면 안 된다. 사람은 자신이 하는 일을 **통해** 하나님을 섬길 수 있어야 하고, 그 일 자체를 신적인 창조의 매개체로 받아들이고 또 중시해야 한다.

지금까지 현실과 관련하여 교회가 저지른 잘못 가운데 세속 직업을 제대로 이해하지 못하고 중시하지 않은 것만큼 심각한 문제는 없을 것이다. 일과 종교를 각기 따로 갈라 놓은 결과, 세상의 세속 직업은 순전히 이기적이고 파괴적인 목적을 섬기게 되었고, 이지적인 일꾼 가운데 다수가 비종교적이 되거나 종교에 무관심하게 되었다.

그런데 이것이 정말 놀랄 만한 현상이긴 한가? 어떤 종교가 자기 삶의 90퍼센트에 관심이 없다면 누군들 그런 종교에 관심을 갖겠는가? 교회가 이지적인 목수에게 흔히 권면하는 내용은 여가 시간에 술에 취하거나 난잡하게 놀지 말라는 것과 주일을 성수하라는 것이다. 그런데 교회가 그에게 정작 **해야 할** 말은 이런 것이다. 당신의 종교가 당신에게 일차적으로 요구하는 것은 훌륭한 식탁을 만드는 일이라고.

물론 교회에 가야 하고 건전하게 노는 것도 필요하다. 그런데 자기 삶의 한복판에서 엉성한 목수 일로 하나님을 모욕하고 있다면 그게 다 무슨 소용인가? 내가 맹세코 단언하건대, 나사렛의 그 목수 가게에서 만든 물건 가운데 구부러진 식탁 다리나 잘 안 맞는 서랍은 하나도 없었을 것이다. 만일 그런 게 있었다면, 누가 그런 물건이 하늘과 땅을 만든 그 손에 의해 만들어졌다고 믿었겠는가? 일꾼이 아무리 신앙적으로 경건해도, 그것이 본분에 충실치 않는 작업을 보상할 수 없는 법이다. 왜냐하면 본분에 충실치 않는 일 그 자체가 거짓말과 다름없기 때문이다.

그럼에도 불구하고, 교회는 그 건물과 예술적 장식, 음악과 찬송, 기도와 설교, 그리고 기도용 책자에 있어서 그토록 흉하고, 겉만 번지르르하고, 멋도 없고, 부실하고, 엉성해서, 어느 제도공이 봐도 충격을 받을 만큼 형편없어도, 경건한 의도로 만들었다는 이유로 그냥 넘어갈 것이다.

왜 그런가? 왜냐하면 교회가, 살아 있는 영원한 진리는 일을 통해 표출되는 법임을, 단 그 일이 본질적으로 그 자체에 대해, 그 부류에 적용되는 표준에 비추어 참되고 충실한 경우에만 그럴 수 있다는 사실을 망각했기 때문이다. 세속 직업도 거룩하다는 사실마저 잊어버렸다. 어떤 건물이 좋은 교회가 되기 전에 먼저 훌륭한 건축물이 되어야 한다는 사실을 잊고 말았다. 어떤 그림이 좋은 성화(聖畵)가 되기 전에 먼저 잘 그려질 필요가 있다는 사실을 잊은 것이다.

교회는 이 점을 명심해야 한다. 무엇을 만드는 사람이건 일꾼이건 각기 자기 직업을 **통해** 하나님을 섬기는 것이지, 직업의 영역 바깥에서 그분을 섬기라고 부름 받은 게 아니라는 사실 말이다. 사도행전에 사도들이 하나님의 말씀을 전하는 일을 제쳐놓고 음식 베푸는 일에 힘쓰는 게 좋지 못하다고 불평하는 장면이 나오는데(행 6:2), 그건 바른 판단이었다. 하지만 음식을 멋지게 준비하는 일을 소명으로 받은 자들도 "우리가 음식 베푸는 일을 제쳐놓고 말씀을 전하는 게 좋지 못하다"라고 정당하게 항의할 수 있을 것이다.

공식적인 교회는 세상 직업을 가진 일꾼들에게 기독교 사역을 하기 위해 그 일을 소홀히 해야 한다고 요구하는 데 많은 시간과 에너지를 낭비하고 있다. 아니, 신성 모독의 죄를 짓고 있다. 여기서 기독교 사역이란 교회 봉사를 일컫는 말이다. 그러나 교회의 본분은 일꾼들이 그리스도인이 되게 하고 그들이 하나님께 하듯 자기 일을 훌륭하게 해 내도록 하는 것이다. 그러면 그것이 교회 장식이든 하수 처리든 모두가 기독교 사역이 될 것이다. 자크 마리탱(Jacques Maritain)은 "당신이 기독교 사역을 하고 싶다면, 먼저 그리스도인이 된 다음, 당신이 마음을 쏟고 있는 그것을 아름다운 일로 만들라. 하지만 겉으로 기독교적인 모습을 취하지 말라"*고 말한다. 참으로 지당한 말이다.

그리고 교회는 일의 아름다움이 그 일 자체로 평가되는 것이지, 교회의 표준에 의해 평가되는 것이 아님을 명심해야 한다.

한 가지 예를 들어 설명하겠다. 나의 희곡 「당신의 집을 사모하다」가 런던에서 공연되었을 때 일이다. 나이 많고 경건한 숙녀 한 분이, 네 명의 천사장이 날개 끝에서 샌들 끝까지 3미터 30센티미터나 되는 무거운 황금색 겉옷을 걸치고 연극 내내 서 있는 그 아름다운 장면에 크게 감동을 받은 모양이었다. 그래서 나에게 아주 순진한 말투로 "당신은 천사 역을 맡은 배우들을 훌륭한 도덕적 성품에 기초해서 뽑았느냐?"라고

---

* "Christian Art," *Art and Scholasticism with Other Essays*.

물어보았다.

　나는 먼저 그 천사들을 뽑은 건 내가 아니고 연출가이며, 적합한 배우를 뽑는 데 필요한 기술적 자격은 그 사람이 갖고 있다고 응답했다. 그것이 그가 받은 소명이기 때문이라고 하면서. 이어서 그는, 첫째, 키를 모두 맞추기 위해 180센티미터의 젊은 남자들을 선정했다고 했다. 둘째, 천사가 두 시간 반 동안 날개와 의상의 무게를 짊어진 채 비틀거리거나 쓰러지지 않으려면 튼튼한 체격을 가져야 한다. 셋째, 듣기 좋고 명쾌한 목소리로 대사를 말할 줄 알아야 한다. 이런 기술적 조건이 모두 충족될 경우, 도덕적 자질을 검토할 터인데, 무엇보다 무대에 제시간에 맑은 정신으로 도착하는 능력이 제일 중요하다. 천사가 술에 취하면 아주 곤란하기 때문에.

　그 다음에, 정말 그 다음에야, 성품을 고려하게 될 것이다. 그런데 그의 언행이 연극 팀에 분쟁을 조장할 정도로 악하지 않다면, 도덕심이 없는 딱 맞는 배우가 엉뚱한 기술을 가진 성자 같은 배우보다 훨씬 더 나은 연기를 할 것이다. 내가 본 종교 영화 가운데 최악의 영화는 순전히 신앙을 기준으로 직원을 뽑은 회사가 만든 것이었다. 엉성한 영상, 엉성한 연기, 엉성한 대화로 너무나 기괴하고 불경스런 영화가 만들어진 바람에 교회에서 그것이 상영될 때마다 기독교가 멸시를 받게 되었다.

기술적 무능력은 하나님을 섬길 수 없다. 그리고 무능력과 부실함은 세속 직업이 종교와 무관한 것으로 여겨질 때 생기기 마련이다.

거꾸로, 어떤 그리스도인이 탁월한 업무 수행으로 하나님께 영광을 돌리고 있다면, 종교적 모임에 강사로 초대하거나 교회 바자회를 열어달라고 부탁하는 등 관심을 딴 데로 돌리게 하지 말라. 만일 그런 식으로 주의를 분산시키면, 그는 엉뚱한 기술을 익히느라 기진맥진해져 본연의 일에 집중할 수 없게 될 것이다. 당신 같은 성직자가 할 일은 그의 일을 관찰함으로써 선을 끌어 내는 것이다. 당신을 위해 교회 일을 시키려고 그 일을 줄이게 만들어서는 안 되고, 오히려 당신의 힘이 미친다면, 그 일을 최대한 잘 할 수 있도록 자유를 확보해 주어야 한다. 그는 당신을 섬기려고 거기 있는 게 아니라, 자기 일을 충실히 수행함으로 하나님을 섬기려고 거기에 있는 것이다.

이제 이것은 세 번째 명제로 이어진다. 어쩌면 이 점이 당신에게 가장 혁명적으로 들릴지 모르겠다. 바로 일꾼의 일차적 의무는 **그 일을 섬기는 것**이라는 점이다. 오늘날 유행하는 표어는 '각 사람의 의무는 공동체를 섬기는 것'이라는 말이다. 좋은 말처럼 들리지만 그 속에는 하나의 함정이 있다. 그것은 오래 전부터 두 가지 큰 계명―"네 하나님을 사랑하고…네 이웃을 사랑하라. 이 두 계명에 온 율법과 예언서의 본 뜻이 달려 있다"(참고. 마 22:37-40)—과 관련하여 내려오던 그런 함정이다.

요즈음에는 거의 잊어버린 그 함정은, 둘째 계명이 첫째에 달려 있다는 것, 그리고 첫째가 없이는 둘째가 하나의 망상이요 올가미에 불과하다는 것이다. 현재 우리가 당면한 많은 곤경과 환멸은 둘째를 첫째 앞에 두었기 때문에 야기된 결과다.

우리가 이웃을 우선시하는 것은 하나님보다 사람을 우위에 두는 것이고, 이는 우리가 인간을 숭배해 인간을 만물의 척도로 삼기 시작한 이래 줄곧 행해 오던 행태다. 사람이 만물의 중심이 되면 언제나 인간이 온갖 곤경의 핵심 문제가 되는 법이다. 그리고 바로 이것이 공동체를 섬긴다는 말이 지닌 함정이다. 그래서 상업적인 악한과 사기꾼이 돈을 엄청나게 벌려고 자기 사업을 사회의 진보를 가져오는 것인 양 떠드는 걸 생각하면, 그 말에 의심의 눈초리를 보내는 것이 마땅하다고 여겨진다.

'서비스'란 말은 광고업자, 대기업, 사기성이 농후한 금융업자가 즐겨 쓰는 모토다. 물론 다른 이들도 이 말을 사용한다. "내 입장에서 재판부가 이해하길 기대하는 바는, 국가가 그들의 편의를 위해 존재하는 게 아니라, 그들이 국가를 섬기기 위해 존재한다는 것이다." 이는 히틀러가 어제 한 말이다.

7. 왜 일하는가

일이 아니라 공동체가 우상이 되면 '서비스'가 이런 결과를 낳는다. 사실 공동체를 섬기는 일과 관련해서는 하나의 역설이 존재한다. 바로 공동체를 섬기는 것을 직접 겨냥하게 되면 일을 그르치게 되는 역설이다. 따라서 공동체를 섬기는 유일한 길은, 공동체를 잊고 일을 섬기는 것이다. 여기에는 세 가지 타당한 이유가 있다.

첫째, 당신이 공동체가 그 일을 어떻게 수용하는지 보려고 일에서 마음을 떼어놓으면 그 일을 훌륭하게 해 낼 수 없다. 마치 골프를 칠 때 공에서 눈을 떼면 티(tee)로부터 멋진 드라이브를 쳐낼 수 없는 것과 같다. "일편단심을 가진 자는 복이 있다"[우리가 흔히 "마음이 청결한 자"(마 5:8)라고 번역하는 문장의 진정한 의미는 이것이다]. 당신의 마음이 오로지 그 일에 집중되지 않으면, 일을 훌륭하게 수행할 수 없을 것이다. 훌륭하지 않은 일은 하나님도 공동체도 섬길 수 없다. 맘몬만 섬길 뿐이다.

둘째 이유는, 당신이 다른 사람들을 섬기는 걸 염두에 두는 순간 그들이 당신의 노고에 무언가를 빚지고 있다는 생각을 품기 시작하게 되기 때문이다. 그러니까 공동체에 무언가를 요구할 권리가 당신에게 있다고 생각하는 것이다. 당신은 보상을 받기 위해 협상하고, 박수를 받으려 온갖 수를 쓰고, 칭찬을 받지 못하면 불만을 품기 시작하리라. 반면에 일 자체를 섬기는 데 마음을 고정시키면, 아무것도 바랄 것이 없게 되리라. 그 **일**이 당신에게 줄 수 있는 유일한 보상은 그 완성된 모습을 보며 만족해 하는 마음이다. 일이란 모든 것을 취하고 그 자신 외에는 아무것도 주지 않는다. 그리고 일을 섬기는 것은 바로 순수한 사랑의 노동이다.

셋째, 만일 당신이 공동체를 섬기는 데서 출발하면, 단지 대중의 요구를 충족시키는 것으로 끝날 수 있다. 아니, 어쩌면 그러지 못할 수도 있다. 대중의 요구는 변덕이 심한 편이다. 공연장에 올려놓은 엉성한 희곡의 십중팔구는 멋지고 흡족한 연극을 겨냥하기보다 관객을 즐겁게 하려고 만든 것이기 때문이다. 작가가 희곡 자체가 요구하는 표준에 따라 온전한 작업을 하지 않고, 저급한 관객*(the groundings)의 취향에 맞추려고 이것저것을 끼워 넣어 작품을 그르친 것이며(이런 관객은 연극이 공연될 즈음이면 또 다른 것을 요구할 확률이 높다) 따라서 연극은 그 부실함으로 인해 망쳐진 셈이다. 대중을 즐겁게 하려고 일을 그르치게 된 것이고, 결국에는 대중마저 즐거워하지 않게 된다. 이는 예술 활동의 예지만, 사실 다른 일들도 마찬가지다.

현재 우리는 문명의 시대 한 토막을 끝내고 있는 중이다. 이 토막은 대중의 요구에 영합하면서 시작했다가, 아주 헛되

---

*본래는 극장의 가장 싼 좌석에 앉아서 구경하는 구경꾼을 가리키는 은어였다. 이제는 '평범한 혹은 세련되지 않은 취향이나 비판적 판단력을 가진 자들'을 언급하는 단어가 되었다.

고 무의미한 생산물을 먹이려고 대중의 요구를 미친 듯이 조작하려다 그에 중독된 대중마저 더 이상 그런 쓰레기를 거부하고 그걸 삼키기보다는 오히려 전쟁에 몸을 던진 모습으로 끝났다. '공동체 섬기기'의 위험은 본인도 그 공동체의 일원이니만큼 그걸 섬기려다 일종의 공동 이기주의에 종노릇하는 것으로 끝날 수 있다는 점이다. 공동체를 섬기는 유일한 길은 공동체와 일체감을 갖고, 스스로 공동체의 일원이 되고 나서, 공동체에 재차 신경을 쓰지 말고 일 자체를 섬기는 것이다. 그러면 그 일이 자기 본분에 충실한 고로 영구성을 지니게 될 것이다. 그런 일이 공동체를 섬기는 것이고, 일꾼의 본분은 그 일을 섬기는 것이다.

우리가 헷갈리게 된 원인은 우리가 하는 일의 **목적**과 그 일이 수행되는 **방법**을 섞어버린 데 있다. 일의 목적은 우리의 종교적 관점에 의해 정해질 것이다. 우리의 **정체성**이 우리의 **작업**을 좌우하기 때문이다. 우리를 그리스도인다운 모습으로 만드는 것은 종교의 본분이고, 그런 모습이 되면 우리의 일이 자연스레 기독교적 목표를 지향하게 될 것이다. 우리의 일은 곧 우리 자신이 겉으로 표출된 것이기 때문이다. 그러나 일이 수행되는 방법은 외적인 제재가 아니라 오직 그 일 자체가 유익한지의 여부에 따라 좌우된다. 종교는 이에 대해 직접 관여할 바가 없으며, 다만 일꾼이 그 일의 본질에 맞게 일을 잘 수

행하도록 요구하는 수밖에 없다. 자크 마리탱은 창조적인 일의 본질을 진정으로 이해하고 있는 우리 시대에 보기 드문 종교적 저자로서, 이 문제를 다음과 같이 요약했다.

> 우리에게 필요한 것은 일꾼이 추구하는 목적과, 일 자체가 지향하는 목적을 완전히 실질적으로 차별함으로써, 일꾼은 임금을 위해 일할지라도 그 일은 그 임금과 전혀 관계 없이 일 자체의 고유한 선에 비추어 통제되고 그와 관련을 맺게 하는 것이다. 그 결과 예술가가 그 어떤 동기를 품고 일할지라도, 그 일 자체는 오직 그 고유한 아름다움을 위해서만 수행되고 이룩되어야 한다.*

이 대목을 우리가 더 짧게 요약할 수도 있겠다. 만일 일이 세상에서 바른 위치를 발견하려면, 교회의 책무는 일이 하나님을 섬기게끔, 그리고 일꾼이 일을 섬기게끔 하는 것이라고.

---

* "Art and Morality," *Art and Scholasticism with Other Essays*.

8. 부활절의 승리
악의 문제와 그리스도인의 궁극적 승리

히포의 아우구스티누스는 아담의 죄를 가리켜 약간 위태로운 발언을 했다. "오, 행복한 죄책이여(*O felix culpa*), 그대는 어떻게 그토록 위대한 구속주를 맞을 자격을 갖게 되었나!"*

이보다 더 오해의 소지가 많은 발언은 상상하기 어렵다. 주교와 성직자는 교단에서 이런 유의 역설을 설파해선 안 된다고 경고를 단단히 받곤 한다. 그런데 그 히포의 주교가 교회의 고위직에서는 보기 힘든 그런 용기를 발휘해 그렇게 외쳤다니 참 대단한 주교임에 틀림없다.

만일 목사가 누군가 조금이라도 오해할 수 있는 말은 절대로 해선 안 된다면, 결국 들을 만한 가치가 있는 말은 한 마

---

* 영국 성공회의 성 토요일 기도서에 있는 부활 찬송.

디도 못하고 말 것이다―사실 많은 목사가 그러하다―. 어쩌다가 이런 겁 많은 태도가 성직자에게 늘 붙어다니는 죄가 되었다. 교회가 그것을 찬성한다는 말은 아니다. 교회는 오래 전부터 그것을 큰대자와 졸음과 노곤함으로 상징되는 나태의 죄의 일부로 생각해 왔다. 이 죄는 일시적 유행, 교회 분열, 이단, 적그리스도를 선전하는 전도자와는 거리가 아주 멀다.

이 세상의 자녀는 (그리스도가 아주 신랄하게 말한 것처럼) 이 세대에 빛의 자녀보다 더 지혜로울 뿐 아니라(눅 16:8), 그들보다 더 정력적이고 더 자극적이고 더 담대하기도 하다. 물론 방어하기보다 공격하는 편이 언제나 더 재미있는 법이다. 하지만 그리스도인은 "천국은 침노를 당하나니 침노하는 자는 빼앗느니라"(마 11:12)는 말씀과 같이 공격이 최선의 방어임을 지금쯤은 배웠을 것이다.

아우구스티누스는 죄와 악의 영속적인 문제가 기독교적 입장에 대항하는 대포처럼 계속 앞을 가로막는 것을 보고는, 훌륭한 전략가답게 즉시 앞으로 돌격하여 그 포신을 감사로 틀어막았다.

죄와 악의 문제는, 누구나 알고 있듯이, 모든 종교가 직면하지 않으면 안 되는 것이다. 특히 완전히 선하고 완전히 전능한 하나님을 믿는 종교들은 더욱 그렇다. "만일 하나님이 거룩하고 전능하다면, 당장 끼어들어 이 모든 것을 중단시킬 것이다" 하고 말하곤 한다. 여기서 '이 모든 것'이란 전쟁, 박해, 잔인한 행위, 히틀러주의, 볼셰비키주의, 우리 마음을 짓누르는 큰 이슈 등을 일컫는다. 그런데 우리가 정말 그 문제를 다각도로 고려해 보았는지는 확실히 점검할 필요가 있다.

"왜 하나님이 이 독재자를 때려죽이지 않지?"라는 질문은 우리에게서 좀 동떨어진 문제다. 부인, 그저께 당신이 근거도 없는 비방을 일삼기 전에, 왜 하나님이 당신에게 바보 천치라고 소리 지르며 당신을 때려눕히지 않았죠? 혹은 나에게 묻기를, 내가 그 선량한 친구를 전혀 배려하지 않고 그에게 그토록 가혹하게 행동하기 전에 하나님이 왜 나를 때려눕히지 않았지? 그리고 사장님, 당신이 그 더러운 사기 계약에 서명하기 전에 왜 하나님이 당신 손을 시켜 손목을 잘라 버리게 하지 않았죠?

당신이 정말 심각하게 이런 질문을 던지는 건 아닐 것이다. 아니, 던져서는 안 될 이유가 있을까? 당신의 악행과 나의 악행이 주는 피해가 다른 사람들의 것에 비해 눈에 크게 띄지 않는다고 혐오스럽지 않은 건 아니다. 당신과 나의 행위가 너무 하찮아서 하나님이 신경을 안 쓴다는 말인가? 그 말에는 양면성이 있다. 그렇다면 하나님이 내일 우리 둘 다를 없애버린다 해도 그의 창조계는 별로 영향을 받지 않을 것이라는 말이기 때문이다.

어쩌면 이런 접근은 우리의 의도가 아닐 수도 있다. 우리가 묻고 싶은 것은 왜 하나님이 우주를 이런 식으로 창조했는가 하는 것이다. 왜 우리를 꼭두각시로 창조해서 하나님의 완전한 패턴에서 벗어나는 일은 절대로 할 수 없도록 만들지 않았나? 일부 학파는 실제로 그렇게 창조했다고 주장한다. 즉 우리가 하는 모든 일(독일에서 유대인이 미끼 노릇을 하는 것과 우리가 엘리자베스 숙모에게 보이는 무례한 태도를 포함해서)은 사전에 결정되어 있는 것이고, 우리가 아무리 싫어해도 어쩔 수 없이 그렇게 행하게끔 되어 있다고 주장하는 것이다. 이 이론은 우리를 미신의 속박에서 벗어나게 해주려고 고안된 이론들 중 하나다. 이것이 우리의 책임을 모두 면제시켜 주는 것은 사실이다. 하지만 안타깝게도 우리에게 새로운 족쇄를 채우고 있다. 뿐만 아니라, 우리가 그것을 아무리 강하게 믿는다 하더라도 우리로서는 마치 믿지 않은 것처럼 행동할 수밖에 없는 것 같다.

놀랍게 보일지는 모르나 그리스도인이, 자기가 고백하는 신조에 걸맞게 행동하지 못하는 유일한 집단은 아니다. 결정론을 믿는 철학자라고 해도, 아침 식사용 베이컨이 못 먹을 정도로 요리되었을 때, 그리스도인과 마찬가지로 요리사의 자유의지를 비난하지 않겠는가? 물론 그 철학자의 항의도 그의 베이컨처럼 사전에 예정되어 있던 것이다. 참으로 우스운 얘기가 아닌가? 우리의 정신은 우리가 철학을 정립할 때 요리하는 재료와 같다. 그런데 어떤 신조를 증명하는 게 우리에게 주어진 모든 증거를 버려야 가능하다면 그것은 비논리적 신조가 아닐 수 없다.

교회는 사람의 의지가 자유롭다고, 또 앎에 대해—특히 우리가 자의식이라 부르는 그런 유의 지식에 대해—지불하는 대가가 악이라고 말한다. 따라서 우리는, 하나님의 은혜로, 그 패턴에 대해 무언가 할 수 있는 능력이 있다. 더군다나 하나님이 친히, 교회가 실제로 그에 대해 무언가를 하고 있으며—우리가 원하면 우리와의 협조 하에, 또 원치 않으면 그럼에도 불구하고—언제나 꾸준히 그 패턴을 성취하고 있다고 말씀하고 있다.

이제 여기서 우리는 그동안 어떤 신학도, 어떤 철학도, 어떤 우주론도 정답을 제공하지 못한 궁극적인 의문에 봉착하게 된다. 도대체 왜 하나님이—만일 하나님이 존재한다면—어느 시점에서든, 어떤 종류든, 어떤 것을 창조해야 했을까? 이건 정말 신비에 싸인 문제이고, 우리가 완전히 풀 수 없는 유일한 신비가 아닐까 생각된다. 이 의문에 대해 추측으로나마 나름대로 응답할 수 있는 자는 창조적 예술가다. 예술가는 창조 활동 자체를 정당한 것으로 여기는데 익숙하기 때문에, 다른 누구보다도 그런 의문을 제기할 가능성이 가장 적은 사람이다.

우리로서는 우주가 존재하게 된 배후에 아무런 이유가 없다기보다 어떤 이유가 있다고 믿는 편이 더 쉬울 것이다. 교회는 우주를 만든 한 지성(Mind)이 존재한다고, 그분이 그것을 만든 이유는 창조하는 일을 즐거워하는 그런 지성이기 때문이라고, 우리가 그 창조주의 지성이 무엇인지를 알고 싶으면 그리스도를 봐야 한다고 주장한다. 그분 안에서 우리가 발견하게 될 지성은, 자신의 창조물을 너무나 사랑한 나머지 스스로 그 일부가 되어 그것과 함께 또 그것을 위해 고난을 받고, 그 창조물이 자신의 영광에 동참하게 하고, 자신의 계획을 실행하는 일에 동참하는 동료 일꾼으로 만든 지성이다.

교회는 우리에게 그것을 자명한 원리로 받아들이라고 요구하고(모든 이론 체계는 어떤 자명한 원리를 수용하도록 요구한다) 그에 덧붙여 우리가 그걸 받아들일 경우 다른 모든 의문에 대한 대답을 납득하게 될 것이라고 한다.

그 원리를 받아들인 다음 그리스도를 바라보면, 하나님이 죄와 악의 문제에 대해 무엇을 하고 계시는지 발견하게 되는가? 그리고 그분은 우리가 그 문제에 대해 어떻게 하길 원하시는가? 이 점에 대해선 교회가 분명한 대답을 갖고 있다. 하나님이 계속해서 악을 선으로 바꾸는 일을 하고 계신다고.

일반적으로, 그분은 되는대로 기적을 일으키거나 극적인 심판을 사용해서 그렇게 하는 건 아니다. 그리스도는 표적을 요구하는 자나 하늘에서 불을 내려 달라는 자에게 그리 우호적이지 않았다. 하나님은 아주 종잡기 힘든 분이고 아주 경제적인 장인이라서 그런 방법을 많이 사용하지 않는다. 그러나 그분은 우리의 죄와 잘못을 취해 승리의 재료로 바꾸어 놓으시는데, 십자가 죽음의 범죄를 세상의 구원으로 바꾼 것이 그 예다. 그래서 아우구스티누스가 그 완성된 사역을 묵상하다가 "오, 행복한 죄책이여!" 하고 탄성을 질렀던 것이다.

바로 이 지점에서 우리가 오해의 길로 들어설 소지가 아주 많다. 하나님은 자신의 권능과 영광을 과시하기 위해 우리의 죄를 필요로 하는 분이 아니며, 우리를 죄 짓게 하는 분은 더더욱 아니다. 그분이 가진 권능은 힘을 과시해야 안심하는 그런 불안한 권력이 아니다. 또 우리 편에서 그분이 문제를 바로잡는 걸 재미 삼아 보기 위해 우리가 악을 창조해야 한다고 생각하는 것도 바람직하지 않다. 또 하나님이 결국은 모든 걸 바로잡을 것이므로, 악은 별 문제가 아니라고 생각하는 것도 잘못이다.

교회가 이 점과 관련하여 무엇을 가르치든 간에 느긋한 낙관론을 펴는 것은 분명 아니다. 그리고 선이 초래되도록 악을 행하라고 부추기는 입장도 분명히 아니다. 이런 식의 지나친 단순화는 문제를 너무 복잡하게 만드는 것만큼 잘못된 것이며, 위험할 정도로 매력적이기도 하다. 가령, 어떤 외과 의사가 기적적인 치료로 인해 축하를 받을 때, "우리가 전쟁에서 얻은 경험이 없었다면 그 수술을 성공할 수 없었을 겁니다" 하고 태연하게 말하는 소리를 들으면, 한편 놀라기도 하고 또 뭔가 깨달음이 느껴지기도 하는 상황과 같다.

물론 악이 좋은 결과를 낳기도 한다. 그러나 그런 수술을 받고 치료된 자의 수가 전쟁으로 인한 사상자의 수를 능가한다 할지라도, 그 사상자들의 희생 혹은 그 가운데 한 사람의 고통이라도 완화시킬 수 있거나 전쟁을 일으킨 죄를 용서할 수 있겠는가? 그럴 수 없다고 교회가 응답한다. 만일 어떤 예술가가 최악의 죄를 체험했기에 최고의 작품을 만들 수 있었다는 것을 발견한다면, 자신의 예술 활동을 위해 짐승처럼 살 권리가 생기는 것일까? 그렇지 않다고 교회가 응답한다. 우리가 마음 내키는 대로 악하게 행동하는 건 가능하지만, 그에 따른 결과를 피하는 건 불가능하다. "네 마음대로 가지라고 하나님이 말씀하셨으니 그걸 갖고 값을 지불하라." 이 스페인 격언에 따르면 혹은 다른 누군가가 그 값을 완전히, 기꺼이, 멋지게 지불할 수도 있다. 그러나 빚은 여전히 우리의 것이다. "인자는 자기에 대하여 기록된 대로 가거니와 인자를 파는 그 사람에게는 화가 있으리로다. 그 사람은 차라리 태어나지 아니하였더라면 제게 좋을 뻔하였느니라"(마 26:24).

유다가 죄를 지었을 때, 예수가 그 대가를 지불했다. 그분은 악으로 선을 이루었고, 지옥의 문으로부터 승리를 일구어 모든 인류를 자기와 함께 거기서 끌어 냈다. 그러나 예수의 고난과 유다의 죄는 엄연히 실재하고 있다. 하나님은 악의 실재를 폐기하지 않았고, 대신 그것을 변모시켰다. 그분은 십자가의 죽음을 중지시키지 않았고, 죽음에서 살아나셨다.

"그 때에 예수를 판 유다가 그의 정죄됨을 보고 스스로 뉘우쳐…은을 성소에 던져 넣고 물러가서 스스로 목매어 죽은지라"(마 27:3, 5). 이와 같이 유다는 결정적이고 치명적인 잘못, 곧 모든 잘못 가운데 가장 불쌍한 잘못을 저질렀다. 그는 하나님과 자신에 대해 절망했고, 부활의 날을 기다리지 않았기 때문이다. 그렇게만 했더라도 예수와 재회할 기회가 있었을 것이고, 그 꾸며 낸 이야기는 파산 선고를 받았을 것이다. 하지만 안타깝게도 그렇게 하지 않았다. 어쨌든 이 세상에서는 자신을 통해, 자신임에도 불구하고, 자신을 대상으로 성취된 그 그리스도의 승리를 눈으로 목격할 수 없었다. 그는 그 무시무시한 대가가 지불되는 것은 보았으나, 그 값으로 산 승리가 어떤 것인지는 결코 알지 못했다.

우리도 우리의 행위가 끔찍한 결과를 낳는 걸 본다면, 당장 뛰쳐나가 목을 매달지 않을까 생각된다. 하지만 때로는 그보다 더 나쁜 짓을 하고도 나가서 다른 사람을 [십자가에] 매달려는 성향이 우리에게 있다. 유다는 적어도 남을 비난하지 않고 자기만 정죄했으며, 그보다 작은 배신의 죄를 지은 베드로는 눈물로 참회하고 다음에 일어날 일을 기다렸다. 베드로와 다른 제자들에게 다음에 일어난 일은, 하나님이 누구인지를 문득 확신하고 그와 더불어 모든 수수께끼의 해답을 얻은 것이다.

그리스도가 악과 고난을 취해 그런 일을 해 낼 수 있다면, 그 모든 게 충분히 가치 있는 것이었다. 아울러 부활절의 승리가 예수께서 다락방에서 드린 그 이상하고도 의기양양한 기도와 손을 잡은 셈이다. 사실 그 기도는 성 금요일에 일어난 사건들에 비추어 볼 때 전혀 이해할 수 없는 것이었는데도 말이다. 그 드라마에서 그들이 한 역할을 보면, 그들은 어리석고, 겁 많고, 믿음이 없고, 여러 면에서 무익했다는 사실을 아무도 부인할 수 없다. 하지만 그들은 어떤 병적이고 이기적인 가책에 빠진 나머지 그것이 장래의 기쁨을 앗아가도록 허락하지 않았다.

이제는 그들이 밖으로 나가 죄와 고난의 문제에 대해 '무언가를 할 수 있게' 되었다. 그들은 하나님의 강한 손이 가시 면류관을 영광의 면류관으로 바꿔 놓는 것을 보았다. 또 그 손이 자신들을 안전하게 지켜 줄 만큼 강하다는 것도 알았다. 그들은 그리스도가 그들에게 한 말씀을 사실상 모두 오해했었는데, 이젠 전혀 문제될 게 없다. 마침내 모든 걸 이해하게 되었고, 그들이 발견한 그 의미는 꿈에도 생각지 못했던 것이다. 그들은 그럭저럭 이기길 기대했는데, 사실은 굉장한 승리를 목격했다. 그들은 이 땅의 메시아를 기대했는데, 영원한 세계의 그리스도를 목격했다.

옛적부터 "네가 내 얼굴을 보지 못하리니 나를 보고 살 자가 없음이니라"(출 33:20)는 말씀이 그들에게 전해 내려왔다. 그런데 그들에게 하나의 수단이 생겼다. 그들은 살아 계신 하나님의 얼굴이 자신들을 향해 돌려지는 걸 보았던 것이다. 그 얼굴은 바로 고난에 찌들었으나 기쁨에 충만한 한 남자의 얼굴이었다.

2부

창조적 지성의

소명

1. 기독교 미학을 정립하기 위해[*]

플라톤 미학의 이해와 예술의 기독교적 본질

내가 부탁받은 강연은 예술에 관한 것이다. [잉글랜드에서의] 예술의 기독교적 뿌리, 현재 상태, 어떻게 하면 그 절단된 수족과 시들어 가는 가지를 되살려 기독교의 주류 전통에 다시 접붙일 수 있을까 하는 것 등이다.

이는 굉장히 어려운 작업이기에 과연 부탁받은 대로 정

---

[*] 이 대목이 R. G. 콜링우드(Collingwood)의 *Principles of Art*에 얼마나 큰 빚을 지고 있는지를 금방 알 수 있을 것이다. 특히 고유한 예술(표현과 상상)과 재미와 마법을 위주로 하는 가짜 예술을 차별하는 면에서 그렇다. 내가 나름대로 기여한 유일한 공헌(우발적인 오류를 제외하고)은 잠정적으로나마, 고유한 예술의 원리들을 그 아래 깔려 있는 창조적 지성의 본질에 관한 삼위일체 교리 위에 정립하는 한 방법을 제안한 점이다. 이를 토대로 어쩌면 기독교 미학을 정립하는 것이 가능하지 않을까 생각된다. 이처럼 신학에서 그 자원과 재가를 획득하는 미학은, 윤리적 차원에서만 기독교와 만나는 미학보다 더욱 기독교적인 특성을 지니고 보다 보편적으로 적용될 수 있을 것이다.

확히 해낼 수 있을지 모르겠다. 좀 낯선 이유 때문에 그렇다. 정치, 재정, 사회학 같은 것에는 철학도 있고 기독교 전통이란 것도 있다. 교회가 그런 것에 관해 무슨 말을 했고 어떻게 생각해 왔는지, 또 기독교 교리와 무슨 관계가 있는지, 그리고 기독교 국가에서 무슨 역할을 해야 하는지 등에 대해서는 어느 정도 알고 있다.

그런데 이상하게도 기독교 미학—예술에 관한 기독교 철학—이란 것은 없다. 이로 미루어 볼 때 교회가 공동체적으로 예술에 관한 생각을 정립한 적이 없으며, 사실 그걸 시도한 적도 없다고 해도 과언이 아닐 것이다. 물론 간혹 예술은 비종교적이고 해롭다고 청교도적으로 비난하거나, 종교와 도덕을 가르치는 수단으로 예술을 이용하려 한 적은 있다. 하지만 내가 여러분에게 보여 주고자 하는 것은, 이 두 가지 태도는 모두 저급하고 잘못된 것이며, 예술의 본질과 기능에 대한 완전히 그릇된 생각에 기초하고 있다는 점이다. 그리스도인 가운데도 미학에 관해 글을 쓰는 사람이 많이 있지만, 자기 분야를 기독교의 중심 교리와 연계시키고자 일관되게 노력한 경우는 매우 드물다. 사실 유럽의 미학만 보더라도, 하나님의 본성을 계시하는 성육신 사건이 설사 일어나지 않았다 해도 지금까지 발전해 온 노선 그대로 발전하지 않았을까 하는 생각이 든다. 여기서 하나님의 본성이 계시되었다는 말은 모든 진리의 본질이 드러났다는 뜻이다. 만일 기독교의 계시가 모든 진리의 본질을 드러내 준다고 우리가 믿음으로 고백한다면, 다른 것들과 더불어 예술에 관한 진리도 밝혀 주어야 할 것이다. 첫 번째 오순절 이후 사물의 본질에 관한 우리의 관념에 혁명이 일어났다는, 혹은 일어났어야 했다는 점을 의식하지 못한 채, 예술을 그저 이교적 미학에 입각해 설명하는 것은 어처구니없는 일이 아닐 수 없다. 예술의 본질과 기능에 관해 우리가 극도로 혼동하고 있는 일차적 이유에 대해 나는, 지난 이천 년 동안 우리가 이교적 혹은 유니테리언 식의 미학과 기독교 신학—삼위일체적이고 성육신적인—을 서로 조화시키려 했기 때문이라고까지 주장할 예정이다. 이렇게 말하고 보니 우리가 너무 똑똑해 보인다. 실은 서로 조화시키려 애쓰지 않았다고 해야겠다. 다만 우리 마음속에 그 둘이 나란히 공존하도록 내버려 두었다고 하는 편이 옳다. 둘 사이의 갈등이 너무 시끄러워 그냥 묵인할 수 없을 때는, 잔인하게 예술을 종교에 종속시키거나 둘을 각방에 가둬 놓고 서로 의사소통을 못하게 하는 등 무력을 사용해서 그 소리를 묵살하곤 했다.

진도를 더 나가기 전에 먼저 내가 분명히 하고 싶은 점은, 내가 이제 말하고자 하는 내용은 미학(예술 철학)이지 예술가가 하는 예술 그 자체에 관한 것이 아니라는 것이다. 위대한 예술가들은 철학자들이 정립한 미학의 영향을 받지 않은 채 하나님이 설정한 노선에 따라 작업을 수행한다. 물론 예술가가 미학에 손을 댈 때도 있는데, 무척 흥미로운 말을 늘어놓곤 하지만 아주 엉뚱한 얘기를 하는 경우가 많다. 그들이 정말 위대한 예술가라면, 먼저 자신의 시(혹은 그 밖에 무엇이든)를 짓고 난 후에 그것을 당대의 미학과 조화시키려 할 것이다. 그러니까 자신의 미학 개념에 맞추어 작품을 만들지 않는다는 말이다. 만약 그렇게 할 경우에는, 그들을 진정한 예술가로 볼 수 없고 작품도 나쁜 영향을 받기 때문이다. 둘째, 예술가들이 세상에 그리고 서로 간에 떠드는 소리는 대체로 자기 예술이 아니라 예술의 테크닉에 관한 것이다. 그들은 평론가로서 자신들이 어떻게 특정 효과를 내는지 일러 줄 터인데(시인이라면 유음, 두운, 운율에 관해, 미술가라면 원근 화법, 대조, 색채 혼합 등에 관해) 이런 말을 들으면 자칫 테크닉이 곧 예술이라거나 예술의 목적이 모종의 효과를 내는 것이라고 오해할 소지가 많다. 그런데 사실은 그렇지 않다. 물론 우리가 오랜 연습을 통해 다리 근육을 조절하는 법을 배우지 않는다면 긴 행진에 참가할 수 없다. 하지만 근육 조절이 곧 행진이라고 말하는 것은 옳지 않다. 그리고 특정한 기교가 효과를 발휘하는 건 사실이지만—테니슨[Alfred Tennyson, 영국 시인. "인 메모리엄"(*In Memoriam*)은 빅토리아 시대의 대표시다—편집자 주]이 모음과 자음을 이용해 졸리는 소리나 쇠가 부딪히는 소리의 효과를 내는 것처럼—시란 일련의 물리적 혹은 정서적 효과라고 말하는 건 옳지 않다. 예술 작품이 진정 무엇인지 또 무슨 기능을 하는지는 나중에 살펴볼 생각이다. 현재로선 미학과 예술의 차이점을 강조하고, 위대한 예술가는 당대의 미학이 위대한 작품을 설명하기에 턱없이 모자라더라도, 여전히 자기 작품을 만들 것이라는 점을 분명히 하고 싶을 뿐이다.

유럽 미학의 기원은 물론 그리스에서 찾아야 하며, 거기로 눈을 돌리면 금방 플라톤이 예술에 관해 논의하는 대목이 눈에 띈다. 그는 완전한 국가를 만들려면 특정한 유의 예술, 특히 특정한 유의 시를 추방해야 한다고 주장한다. 흔히들 플라톤이 시를 모조리 없애야 한다고 말했다고 얘기하는데, 사실은 그게 아니다. 어떤 종류의 시는 보존하길 원했다. 우리를 어리둥절하게 만드는 것은 바로 이 점이다. 그는, 거부하는 시에 관해서는 그 이유를 분명히 밝혀 놓았지만 자신이 가치 있게 여기는 시에 대해선 그 이유를 설명하지 않았기 때문이다. 그가 참된 예술이 무엇인지 혹은 무슨 기능을 하는지에 관해 건설적으로 논의하는 대목은 전혀 찾아볼 수 없다. 단지 (자기 의견에) 특정한 유의 예술이 낳는 나쁜 결과가 무엇인지를 얘기할 뿐이다. 뿐만 아니라 그가 불평하는 나쁜 도덕적 결과가 예술 자체의 결함으로 인한 것—그 작품이 가짜라든가 예술성이 없다는 이유—이 아닐지도 모른다는 가능성은 아예 고려하지도 않는다. 마치 어떤 유의 예술은 본질적으로 악하다고 말하는 것 같다. 우리가 보기에 그의 논의는 아주 이상하고, 헷갈리고, 모순투성이인 것 같아도, 그의 미학은 오랜 세월 우리의 사고를 지배해 왔으며 특히 교회의 태도에도 생각 이상으로 큰 영향을 미쳤다. 따라서 우리는 플라톤의 논점이 무엇인지를 고찰할 필요가 있다. 사실 그가 내린 결론 가운데는 타당한 것이 많다. (우리는 흔히 잘못된 전제에서 그런 결론을 끌어내곤 하지만 말이다.) 그러나 그 가운데 일부는, 내가 보기에, 잘못되었다고 충분히 입증할 수 있는 것들이다. 특히 이 주제에 대한 그의 전반적 이해에 문제점이 발견된다. 그러나 이건 플라톤의 잘못이 아니다. 그는 전 시대를 통틀어 가장 위대한 사상가 중 하나이지만, 어디까지나 이교도였다. 내가 확신하는 것은, 이교도 철학자는 바른 신학이 없기 때문에 적절한 미학을 정립할 수 없다는 것이다. 이 면에서는, 천국에서 가장 작은 자가 세례 요한보다 더 위대하다고 할 수 있다.

그러면 플라톤은 무슨 말을 하는가?

그는 이야기와 신화들에 관해 말하기 시작한 다음, 영성하게 쓰인 이야기와 시는 아예 고려 대상에서 제외시키고 나서, 허구를 담고 있다거나 악과 구역질나는 행위를 신들의 탓으로 돌리는 것들, 혹은 청중에게 나쁘고 저속한 정념(passion)이나 반사회적 행위를 주입하는 것들을 모두 배격한다. 이렇게 논의한 후(이는 오늘날 도덕주의자와 성직자가 늘 입에 달고 다니는 말과 아주 비슷하다), 이 주제를 내려놓고 특정한 형태의 시와 예술—미메시스(*mimesis*)를 담고 있는 형태들—곧 모방적 예술에 관해 얘기한다. 미메시스는 모방 혹은 표상으로 번역될 수 있다. 시와 예술은 그 형태에 따라 어떤 것이 더 모방적인지 금방 알 수 있다. 드라마, 회화, 조각 등은 대체로 모방성을 갖고 있다. 즉 어떤 자연의 물체나 행위가 표상되거나 모방되어 있다는 뜻이다(하늘이나 땅에 있는 것을 전혀 표상하지 않는 근대주의적·초현실주의적 회화는 예외로 하더라도). 반면에, 음악은 모방적이지 않다. 자연 세계에서 본 딴 것이 없다는 말이다. 물론 군악에서의 드럼 소리, 트릴(trill, 2도 차이 나는 음 사이를 빠르게 회전하는 꾸밈음—편집자 주), 새의 노래를 표상하는 아르페지오(arpeggio, 화음의 각 음을 연속적으로 차례로 연주하는 기법—편집자 주), 물이 떨어지는 소리, 당나귀 등 동물의 울음소리, 새의 지저귐, 극장 오르간의 휘파람 소리 등과 같은 효과음을 제외하고. 「국가」(*The Republic*)의 세 번째 책에서 플라톤은 만일 모방성 예술이 도덕적으로 덕을 세우는 것이면, 즉 좋은 본보기를 보여 준다면 그것을 허용하겠다고 말한다. 하지만 국민의 영웅들이 눈물바다에서 뒹구는 모습이라든가 사람들의 술 취한 모습, 혹은 더러운 언어와 같이 형편없는 것들은 모두 없애 버리겠다는 것이다. 이런 것들은 배우는 물론 청중에게도 해롭다고 생각해서다. 또 (우리에겐 이상하게 보이지만) 배우들은 열심히 장사하는 장사꾼, 군함의 노예, 갑판장과 같은 천한 모습을 모방해서도 안 된다. 무대의 효과음과 농장의 모방과 같은 사소한 넌센스도 일체 허용되지 않는다. 본받을 만한 가치가 있는 것, 현인의 고상한 행위와 같은 모범적인 것이 아니면 절대로 보여 줘서는 안 된다.

이렇게 보니 플라톤의 극장은 상당히 엄격한 편에 속하는 것 같다. 그런데 열 번째 책을 보면 이보다 더 강경한 태도를 보인다. 예술의 종류를 불문하고 모든 모방성·표상성을 없애기로 결심한 것이다. 이는 두 가지 이유 때문이다.

첫째 이유는, 모방성이란 일종의 속임수이기 때문이다. 목수 일에 대해 전혀 모르는 미술가도 목수를 그릴 수 있고, 그 그림을 저쪽에 세워 놓으면 어린이와 어리석은 자들이 진짜 목수로 착각할 것이다. 더구나 사물의 실체는 그 이상적·원형적 형태가 하늘에만 존재하고, 가시적 세계는 천상의 실재가 어렴풋이 혹은 엉성하게 반영된 것에 불과하다. 그리고 예술 작품은 가시적 세계를 기만적으로 모방한 것일 뿐이다. 그러므로 표상의 성격을 지닌 예술은 모방의 모방에 불과하다. 그것은 사람의 생각을 영원한 실재로부터 돌리고 그저 그들을 즐겁게 해주는 속임수일 뿐이다.

이 대목에 이르면 여러분은 속이 타서 이렇게 소리지르기 시작할 것이다. "여보게! 잠깐만 멈추시오! 남을 속이려는 것과 예술의 표상 사이에는 분명한 차이점이 있소. 물론 깡통 비스킷 상자들이 벌떡 일어나서 찰스 디킨스(Charles Dickens)의 작품처럼 보이는 바람에 부주의한 사람을 속일 수 있다는 것, 그리고 아주 단순한 관객이 극장에서 악한에게 야유를 보내거나 무대 위에 올라가 여주인공을 구출하는 해프닝도 일어난다는 것을 시인하오. 그러나 대체로 우리는 모방은 어디까지나 모방일 뿐 누군가를 속이려는 게 아님을 너무나 잘 알고 있소. 그리고 농장을 모방하는 것과 햄릿 연기를 하는 존 길구드(Arthur John Gielgud, 20세기 중반에 활동했던 영국 배우이자 감독—편집자 주) 사이에 차이가 있다는 것도 분명하오. 뿐만 아니라, 설사 당신이 어떤 것의 정확한 재현을 보더라도 그것이 「코리오라누스」(Coriolanus, 로마 역사를 소재로 다룬 셰익스피어 희곡—편집자 주)나 「베니스의 상인」(The Merchant of Venice)에 나오는 재판 장면과 똑같은 것은 아니오. 예술 작품은 무언가 다른 점이 있고, 무언가 더 많은 것이 담겨 있소. 시도 그렇고 다른 예술도 그렇소."

여러분의 말이 정말 맞다. 하지만 플라톤의 예술 개념은 그의 신학적 지반의 영향을 받고 있다는 사실을 잠시 지적하고 싶다. 이 가시적 세계는 사물이 영원하고 불변하는 형태로 이미 존재하고 있는 다른 세계를 모방하고 본뜨고 반영할 뿐이라는 것, 그리고 예술가란 가시적 세계에 이미 존재하고 있는 그 무엇을 본뜨거나 모방하는 일에 종사하는 일종의 기술자나 기능공일 뿐이라는 것이다.

이제 표상 예술을 모두 없애려는 [플라톤의] 두 번째 이유를 살펴보자. 그는 연기 자체는 훌륭하고 고상하더라도 관객에게 주는 영향은 해롭다고 하면서, 그것은 인생 문제를 다루는 데 사용해야 할 감정과 에너지를 소진시키기 때문이라고 한다. 무대(혹은 그림이나 음악)에서 연출되는 모방적 정념에 의해 관객의 온갖 감정—용기, 결의, 연민, 분노 등—이 솟구치고, 이런 비실재적 그림자에 정서적 힘을 탕진하게 되어 정신이 느슨해지고 또 다른 예술적 감흥을 추구하는 그런 욕망밖에 남지 않게 된다.

이는 특정한 유의 예술을 고발하는 고발장 같은 것으로서 우리가 심각하게 고려할 문제다. 현대 심리학의 용어를 빌자면, 이런 유의 예술은 공상과 백일몽을 낳는다는 말이다. 플라톤보다 오십 년 가량 늦게 등장한 아리스토텔레스는 이런 유의 예술을 옹호했다. 그는 연민과 공포 같은 바람직하지 않은 정념이 이런 식으로 승화(카타르시스를 말함—편집자 주)된다고 했고, 극장에서 그렇게 되는 만큼 아무 해도 끼치지 않는다고 했다. 만일 아내를 살해하고 싶은 충동이 생기면 셰익스피어의 「오셀로」(*Othello*)를 보든지 양질의 처참한 스릴러를 읽고서 피에 굶주린 정욕을 충족시키고, 만일 우리가 희극을 다룬 그의 「시학」(*Poetics*)의 과거편을 갖고 있다면, 성적인 감정도 양질의 더러운 광대극이나 야한 음악당에 가서 음란한 박장대소를

함으로 그걸 모두 날려 보내야 한다고 제안하지 않을까 생각한다.

사람들은 플라톤이 옳은지 아리스토텔레스의 입장이 옳은지 아직도 논쟁 중이다. 나로서는 여러분에게 한두 가지를 얘기하고 싶다. 먼저 플라톤이 완전한 국가에서 정말 없애고 싶어 했던 것은 단지 오락거리에 불과한 그런 예술이었다는 점이다. 에너지를 뭔가 더 나은 방향으로 전환하는 것이 아니라 그것을 소진시켜 버리는 예술 말이다. 아리스토텔레스는 어떤가? 그는 오락을 위한 예술을 옹호하긴 하지만, 더 나은 방향으로의 전환이 가능하다는 주장이지, 예술을 바라보는 기본적인 입장—오락거리로서의 예술—은 플라톤과 동일하다.

둘째, 플라톤과 아리스토텔레스는 둘 다—특히 플라톤이—예술의 도덕적 영향에 관심을 갖고 있다. 표상 예술—삶을 모방/반영하는—이 에너지의 방향을 덕스러운 행위로 돌릴 수만 있다면, 얼마든지 그것을 허용할 의향이 있다. 플라톤이 한참 더 숙고한 다음 그것을 없애 버리기로 한 이유는, 어떤 유의 표상 예술—가장 고상한 비극조차—도 도덕적 성품을 고무할 수 없다는 결론에 도달했기 때문이다. 그는 무슨 시를 보존할지 또 왜 그렇게 해야 하는지에 대해선 분명히 얘기하지 않는다. 단 그것이 서정시에 속한 것이어야 하고, 진-선-미에 대한 사랑의 감정을 북돋우고 그것을 직접 심어 주는 것

1. 기독교 미학을 정립하기 위해

이라야 한다는 점밖에는.

셋째, 플라톤과 아리스토텔레스는 위대한 그리스 문명이 붕괴되고 타락하기 시작한 시대의 초기와 중기에 각각 살았던 인물들이다. 플라톤은, 마치 예언자가 아직 시간이 있을 때 회개하라고 백성에게 외치는 것처럼, 부패가 퍼지기 시작해 소리지르는 장면을 목격한다. 극장에 오는 관객들이 오직 재미와 오락만 추구하고, 그들의 정력이 온갖 쓸데없는 감정으로 분출되는 모습을 본다. 눈물을 짜내는 것, 센세이션, 몰상식한 웃음, 공상, 백일몽, 약삭빠르고 교활하고 영리하고 흥미로운 것만 찾는 광경. 그의 시대와 우리 시대는 불길할 정도로 닮은 점이 많다. 우리 시대에도 연극, 책, 소설을 순전히 오락적 가치로 평가하는 관객과 비평가가 있다. 또 신문이나 소설을 읽으며 꿈을 꾸고 극장에서 백일몽에 빠지는 젊은 남녀, 그리스의 경우처럼 전쟁이 일어나 현실을 직시하게 될 때까지 인생을 무책임하게 살던 자들이 있다. 그리스 문명은 파괴되었으나 우리 문명은 아직 끝나지 않았다. 하지만 플라톤의 경고를 명심하는 게 좋을 것이다. "그대가 쾌락에 길든 뮤즈(시, 음악, 학예를 주관하는 아홉 여신 중의 하나—역주)를 받게 되면, 쾌락과 고통이 법과 원칙을 대신하여 그대의 도성을 지배하는 왕이 되리라."

이와 더불어 플라톤은 우리에게 상당히 낯익은 다른 얘기도 한다. 우리는 예술가에게 고도의 도덕적 성향을 지닌 예술 작품을 만들도록 요구하는 목소리를 잘 알고 있다. 젊은이들의 정신을 고양시키고 그들에게 의무감을 불러일으키는 선전용 작품들 말이다. 그리고 동시에—예술가와 비평가 가운데—표상 예술을 반박하면서, 더 엄격하고 원시적이고 상징적인 예술을 선호하는 경향을 보게 된다.

마치 그리스가 내리막길을 걸을 때, 그리고 서구가 하향 곡선을 그을 때, 플라톤과 우리가 서로 예술에 심각한 문제가 있다고 여기기로 합의한 것 같다. 교묘하고 감상적이고 쾌락적인 예술이 청중을 타락시키고, 거꾸로 쾌락을 사랑하는 감정적인 청중이 예술가에게 오직 오락적 가치만 요구함으로 그들을 타락시키는, 그야말로 서로를 오염시키는 그런 예술이 문제라는 것이다. 그리고 두 경우 모두 동일한 처방이 내려졌다. 첫째, 표상주의를 제거하면 쾌락과 오락이 없어져 청중의 질병(재미에 대한 갈망)을 치료해 줄 것이다. 둘째, 바른 사고와 바른 행동을 하도록 직접적으로 자극해 주는 작품에 집중하는 것이다. 바로 이 지점에서 우리는 예술이 두 종류로 나누어지는 것을 볼 수 있다. 하나는 청중의 정력을 소진시키는 '오락성 예술'이고, 다른 하나는 정력을 일종의 물줄기로 만들어 선행의 물레방아를 돌리는 것으로서 '마법성 예술'이란 이름을 붙일 수 있을 것 같다. 그러면 이 두 가지 기능이 모든 예술을

1. 기독교 미학을 정립하기 위해 175

포괄할 수 있을까? 혹은 그것들을 예술이라 부를 수 있을까? 어쩌면 이는 예술의 우발적 효과 혹은 거짓된 예술(예술의 이름으로 가장한 그 무엇), 혹은 예술을 노예로 삼는 천한 작업이 아닐까? 예술의 진정한 본질과 목적은 이 둘과 상당히 다른 것이 아닐까? 진짜 문제는, 우리의 미학이 뭔가 잘못되어, 예술에서 무엇을 찾아야 할지 혹은 예술을 어떻게 인식해야 할지 혹은 가짜와 진짜를 어떻게 구별할지를 모르는 게 아닐까?

이제 플라톤에서 실제 시인들에게로 눈을 돌려보자. 가령, 플라톤이 언급하고 있는 그리스의 유명한 비극 작가, 아이스킬로스를 보자. 드라마는 분명 표상 예술이므로, 플라톤에 따르면, 이는 쾌락 예술, 오락 예술, 긴장을 풀어주는 감정적인 예술, 감흥적인 예술이다. 「아가멤논」(*Agamemnon*)을 읽어 보자. 이것은 아주 센세이션을 불러일으키는 그 무엇이 표상된 작품이다. 간음을 저지른 아내가 남편을 살해하는 사건을 배우들이 연출한 것이다. 그런데 이는 동일한 주제의 스릴러 소설이 불러일으키는 센세이션과는 다른 것이다. 백일몽을 꾸면서 쾌락을 사랑하는 청중은 그걸 오락이라 부르지는 않을 것이다. 긴장을 풀어 주는 것도 분명 아니다. 그리고 그것이 플라톤적 의미에서 우리의 정념을 소진시키는지 혹은 아리스토텔레스적 의미에서 정념을 승화시키는지, 혹은 어떤 특정한 행동을 유발시키는지 모두 의심스럽다. 단 우리를 자극해 무언가 신비로운 영역으로 빠뜨릴 수는 있을 것 같다. 그로부터 어떤 도덕적 교훈을 끌어 낼 가능성도 있다. 하지만 그 시인이 우리의 정신을 고양시키기 위해 그 작품을 만들었는가 자문해 보면, 우리 내면 속의 그 무엇이 그렇지 않다고 응답할 것이다. 아이스킬로스는 우리에게 무언가를 말하려 하지만, 도덕적 교훈 정도로 단순한 내용은 아니다. 그는 무언가 중요한 것, 엄청난 것을 말하고 있다. 그러므로 우리는 여기서 표상 예술을 속박하는 그 틀이 얼마나 부적절한지를 발견하게 될 것이다.

우리는 이렇게 말할 것이다. "이것은 그 자체보다 더 크고 더 실재적인 어떤 것의 모방이거나 복사물에 불과한 것이 아니다. 그것은 자기가 표상하는 현실적 행동보다 더 크고 더 실재적인 것이다. 잘못을 저지른 아내가 남편을 살해한다는 이야기를—이것은 신문이나 기차에서 읽는 스릴러 소설에 나오는 한 단락일 수도 있다—위대한 시인이 우리에게 이런 식으로 표현하게 되면 이는 마치 우리가 그 사소한 실제 사건의 배후로 가서 거기에 담긴 우주적 의미를 보는 것과 같은 효과를 가져온다. 그리고 더군다나 이것은 실제 사건을 표상한 것도 아니다. 만일 BBC 기자가 텔레비전 세트와 마이크를 들고 살해 현장에 있었다면, 우리가 이런 식으로 듣고 보지는 못했을 것이다. 이 희곡은 이 세상에서 일어난 어떤 사건과도 다르

1. 기독교 미학을 정립하기 위해 177

다. 그것은 아이스킬로스의 마음속에 일어난 그 무엇이고, 이전에는 한 번도 발생한 적이 없는 것이다."

바로 이 지점에서 우리가 어딘가에 도달하고 있다고 생각하는데, 그것은 플라톤의 이방 철학이 결코 설명할 수 없었지만 우리가 기독교 신학에 비추어 설명할 수 있는 것이다. 그 이교도 시인(아이스킬로스를 말함-편집자 주)도 그것을 설명할 수 없었을 확률이 높다. 설사 그런 시도를 했더라도 그 역시 자신의 철학에 발목이 잡혔을 것이다. 따라서 우리의 관심사는 그가 무슨 말을 했는가 하는 것이 아니라, 무슨 행동을 했는가 하는 것이다. 그는 진정한 시인인 고로, 그 작품에 나타난 그의 모습도 진실한 모습이다. 즉 그의 작품은 외적인 진리에 부합하는, 그의 내면에 있는 진리의 지점이고, 따라서 영원한 진리에 비추어 해석해야 한다.

그렇다면 진정한 예술 작품은 무언가 새로운 것이라고 할 수 있다. 일차적으로 어떤 것을 모방하거나 표상한 게 아니라는 말이다. 그 속에 표상성이 담길 수는 있어도, 그런 요소로 인해 예술품이 되는 것은 아니다. 하나의 예술 작품이 극적인 표상에 관한 규칙에 부합하고 기계적으로 설명할 수 있는 구두적 '효과'를 갖고 있을지라도, 엔지니어가 설계도에 따라 일하듯이 세세하게 제작된 것은 아니다. 우리가 그것을, 패턴에 따라 만든, 소위 예술 작품이라 불리는 것들과 비교해 보면,

할례도 무할례도 아무것도 아니요, 오직 새로운 피조물이라는 사실을 분명히 알게 될 것이다. 무언가 새로운 것이 창조되었다는 말이다.

바로 이것이야말로(예술을 창조로 보는 관념) 기독교가 미학에 기여한 중요한 공헌이라고 나는 믿는다. 안타깝게도, 우리는 **창조**와 **창의성**이란 단어들을 신학과 적절히 연결시키지 못하기 때문에 아주 모호하고 느슨하게 사용할 때가 많다. 하지만 그리스인의 미학에 이 단어가 전혀 등장하지 않는다는 건 아주 중요한 사실이다. 그들은 예술품을 일종의 제조품으로 보았다. 그로 인해 그들의 신학에도 그 단어가 등장하지 않는다. 즉 역사라는 것을 하나님의 창조 활동을 통한 자아 성취적 행위로 보지 않은 것이다.

하나님이 창조하신다는 말은 무슨 의미이고, 또 이것을 예술가의 창조 행위와 어떻게 비교할 수 있을까? 먼저 당연하다는 듯 우리는 하나님이 '무에서' 우주를 창조하셨다고 말할 것이다. 어떤 조건에도 구애되지 않고서. 여기서는 하나님과 인간의 창조 행위를 비교할 수 없다. 인간 예술가는 우주 안에 있고 우주의 조건에 구애받는다. 그는 우주의 틀 안에서 그리고 우주가 공급하는 재료로만 무언가를 창조할 수 있을 뿐이다. 이런 사실을 전제로 하나님이 어떻게 창조하는지를 물어보자. 기독교 신학은 삼위일체이신 하나님이 둘째 위격인 그분의 말씀 혹은 아들에 의해 혹은 그를 통해 창조하신다고 말하고, 그 아들은 아버지, 곧 첫째 위격의 영원한 창조 활동을 통해 계속해서 생성된다고 한다. 그리고 어떤 신학자들은 다음과 같은 아주 중요한 논평을 더했다. 아버지는 아들 안에 있는 자기 형상을 보아야만 스스로를 알게 된다고.

너무 신비로운 말처럼 들리는가? 이에 대해서는 나중에 인간 예술가의 활동을 논의할 때 다시 살펴볼 생각이다. 먼저, 기독교 신학을 경유해서 이 논의에 슬그머니 들어온 새로운 단어 하나를 주목해 보자. 바로 **형상**(이미지)이란 단어다. 이렇게 한번 가정해 보자. 우리가 **복사**, **모방**, **표상** 같은 단어들은 모두 부적합한 것으로 배격하고 모두 **형상**이란 단어로 대치한 다음, 예술가가 하는 일은 어떤 형상을 빚어 내는(imaging) 것이라 정의하고 그것을 사도 바울의 말—"하나님이…아들을 통하여 우리에게 말씀하셨으니…이는 하나님의 영광의 광채시요, 그 본체의 형상이시라"(히 1:1-3)—과 연결시킨다고 말이다. 형상이라는 것은 본체를 반영하는 그 무엇이다. 이렇게 말하면 감이 좀 잡히는가? 상상을 완전히 초월하는(unimaginable, 혹은 형상화시킬 수 없는) 어떤 것이 있는데, 그것은 창조 행위를 통해 스스로를 표출하고 자신의 형상(image)에 의해서만 자신을 알게 된다(그리고 우리에게는 더욱 그러하다). 한편 기독교 신학은 [하나님의] 아들이야말로 하나님의 복사물, 모사품, 표상이 아니라 바로 그 형상이고, 아버지보다 열등한, 그분의 후속물이 아니라고 강조해서 말한다. 즉 상상을 초월하는 그 존재와 그것의 형상은 신비롭게도 결국 하나라는 말이다.

이제 우리의 시인, 아이스킬로스에게 돌아가 보자. 우리가 「아가멤논」에 관해 얘기할 때 이 작품은 그 시인의 마음속에 일어나는 어떤 일인 것 같다고 했다. 따라서 그 희곡은 이런 내면의 움직임이 표현된 것이라고 말할 수도 있을 것이다. 그러면 그의 내면에는 무슨 일이 일어나고 있었던 것일까?

한 비평 학파는 예술 작품을 비평할 때 언제나 작품 바깥에 있는 작가의 생애와 정서를 파헤쳐서 그것으로 작품을 설명하거나 해명하려 애쓴다(전기적 비평을 말함—편집자 주). "이것이 진짜 아이스킬로스, 진짜 셰익스피어이고, 그들의 시는 단지 희미한 모조품에 불과하다"는 식으로. 그러나 시인이라면 누구나 그것이 잘못된 접근이라고 당신에게 일러 줄 것이다. 그것은 아무것도 설명하지 못하는 오랜 이교적 미학이다. 아니, 예술 작품의 본질을 제외한, 엉뚱한 것들만 잔뜩 설명하는 미학이라 할 수 있다. 시인들은 "나의 시는 내 경험의 표현이다"라고 말할 것이다. 그러나 당신이 "무슨 경험이냐?"고 물으면, 그는 "내가 시에서 얘기한 것 말고는 더 말해 줄 게 없다. 그 시가 곧 그 경험이다"라고 응답할 것이다. 아들과 아버지는 **하나다**. 그리고 시인도 자기 경험을 스스로에게 알려 주는 그 시를 창조하기 전에는 자신의 경험이 무엇인지를 알지 못했다.

혼동을 피하기 위해 사건과 경험을 서로 구별해야겠다. 사건이란 혹자에게 발생하는 그 무엇이지만, 그렇다고 본인이 반드시 그것을 경험하는 것은 아니다. 극단적인 예를 하나 들어 보자. 당신이 머리를 부딪쳐서 뇌진탕이 일어났다고 가정하자. 그 경우에 흔히 그렇듯이 제 정신을 차리는 순간 그 충격을 기억할 수 없다. 당신의 머리가 충격을 받은 건 확실하지만, 당신은 그것을 경험하지 못했다. 당신이 경험한 것은 그 후유증이 전부다. 당신은 스스로에게 표현할 수 있는 것만―아무리 띄엄띄엄 하더라도―경험하는 셈이다. T. S. 엘리엇의 작품, 「가족의 재회」(*The Family Reunion*)에 나오는 젊은이가 친척들에게 하는 말을 기억하는가?

> 여러분에게는 아무 사건도 일어나지 않았소.
> 외부 사건들의 영향을 가장 많이 받고 있으면서도.

그들은 평생 자신들에게 일어난 사건의 본질을 스스로에게 표현한 적이 전혀 없었으므로, 사실 아무것도 경험하지 못한 채 살았다는 뜻이다.

시인은 외부 사건의 영향으로 고통을 받을뿐더러 그것들을 경험하는 사람이다. 그는 그 경험을 머릿속에서 언어로 담아 내고, 그럼으로써 그 경험을 인식하게 된다. 그런 인식은 우리에게도 가능한 만큼 우리 역시 시인인 셈이다. 소위 시인이라 불리는 사람은 우리와 똑같은 인간이되, 자기 경험을 표현함으로써 자기뿐 아니라 우리까지도 그 경험을 우리 것인 양 인식하게 만드는 탁월한 능력을 가진 자다.

여기서 나는 **인식한다**라는 단어를 강조하고 싶다. 시인은 어떤 것—가령, 보름달—을 보고 이렇게 말하지 않는다. "정말 아름다운 광경이구나. 이걸 보고 사람들이 어떻게 느껴야 할지 적당한 글로 표현해 봐야겠다." 이것은 문예 기능공이나 하는 일이고 아무 의미도 없는 것이다. 시인은 그 순간 혹은 조금 시간이 흐른 후에 머릿속에서 스스로에게 이런 말을 하는 자신을 발견한다. "맞아, 그거야. 보름달이 나에게 경험시켜 준 것이 바로 그거였어. 나는 그 인상을 표현함으로 그걸 인식하게 되었고, 이제야 그게 뭔지 알겠어." 정신적 혹은 영적 경험의 경우도 이와 마찬가지로, 그 경험을 언어로 나타낼 때 처음으로 완전히 경험하게 되는 것이다. 이런 식으로 시인은 표현을 통해 그것을 인식함으로써 그런 인상과 경험을 자기 것으로 만든다. 그것을 자기 내면에 통합시키는 것이다. 그는 더 이상 외부 사건의 영향을 수동적으로만 겪고 있다고 느끼지 않는다. 이제는 외부의 무언가가 그에게 유입되는 것이 아니라, 무언가가 자기 속에서 일어나고 있다. 그 사건의 실재

1. 기독교 미학을 정립하기 위해

가 활발하고 강력하게 그에게 전달되고 있다. 그래서 시인의 창조 활동은 삼중적 성격—삼위일체—을 갖고 있다고 할 수 있는데, '경험'과 '표현'과 '인식'이 그것이다. 경험에 담긴 미지의 실재와, 그 실재의 형상이 표현을 통해 알려지는 것과, 그것을 인식하는 데서 오는 힘. 이 모두가 창조적 지성이 하는 단일한 행위의 구성 요소들이다.

우리는, 시인이 자신을 위해 행하는 그러한 일련의 과정을 우리 자신을 위해서도 수행할 수 있다. 그가 자기 경험을 형상으로 빚어 놓았을 때, 그것을 물질적인 몸으로 육화시킬 수 있다는 말이다. 즉 글이나 음악 혹은 그림과 같은 예술 작품으로 구현할 수 있다는 뜻이다. 시인 역시 우리와 같은 사람이므로 우리의 경험도 그의 경험과 무언가 공통점이 있을 것이라 기대하게 된다. 그가 겪은 경험의 형상 안에서, 우리는 우리 자신의 경험의 형상을 인식할 수 있다. 과거에 우리에게 일어났던 사건이지만, 우리가 한 번도 이해한 적이 없고 스스로에게 그것을 명확하게 표현한 적도 없어서 실질적으로 경험했다고 할 수 없는 사건 말이다. 그러다가 어느 순간 우리가 시를 읽거나 연극이나 그림을 볼 때, 혹은 음악을 들을 때, 마치 우리 내면에 전등이 켜지는 것 같은 느낌을 받는다. 그래서 이런 말을 하게 된다. "아! 바로 그거야! 내 속에서 또 내 주위에 뭔가 일어나고 있다고 희미하게 느끼곤 있었지만, 그 정체를 확실히 몰랐고 표현할 수도 없었던 거야. 그런데 이제 저 예술가가 나를 위해 그 형상을 만들어 줘서—그것을 형상으로 빚어 줘서—내가 그것을 붙잡아 내 것으로 만들고 지식과 힘의 근원으로 변모시킬 수 있게 되었어." 이는 그 형상이 힘을 지닌 채 전달되는 것으로서, 그것은 시인의 삼위일체 중 세 번째 위격이 그 육화된 형상을 통해, 상상을 초월하는 그 미지의 실재에 대한 직접적 지식으로 우리를 인도하는 것이다. "아무도 나를 통하지 않고는 아버지께 갈 수 없다"고 그 육화된 형상이 말했고, 또 "권능의 영이 오시면 너희를 모든 진리 가운데로 인도하실 것이다"라고 덧붙였다.

이처럼 예술가의 작품을 통한 어떤 진리의 인식은 우리에게 새로운 진리의 계시로 다가온다. 이 점을 좀더 분명히 하고 싶다. 내가 지금 말하는 것은, 우리가 작가에게 고개를 끄덕이며 "좋아요, 좋아요, 아주 좋고, 정말 맞는 말입니다. 나도 항상 그런 식으로 말해 왔죠" 하고 일종의 칭찬을 늘어놓는 걸 가리키는 게 아니다. 내가 말하는 것은, 우리가 늘 말해 오지 않았던 우리 자신에 관한 그 무엇, 우리 자신에 관한 새로운 지식을 안겨 주는 그 무엇을 우리에게 말해 주는 진리의 인식이다. 그것은 색다르고 놀라운 것이요, 또 어쩌면 우리를 온통 흔들어 놓는 것일 수도 있으나, 친근감 있게 우리에게 다가온다. 전에는 그 경험을 의식하지 못했지만 시인이 그것을 보여 주는 순간, 사실 우리는 그것을 항상 알고 있었다는 점을 깨닫게 된다.

그만하면 됐다. 그런데 솔직히 말해서, 보통 영국인이 극장에 가거나 책을 읽을 때 실제로 그런 것을 얻는가? 혹은 그런 것을 기대하고 있는가? 물론 그렇지 않다. 대다수의 경우는 그런 걸 전혀 기대하지 않거나 원하지 않는다. 사람들이 찾는 것은 이런 창조적이고 기독교적인 예술이 아니다. 그들은 자기 자신이나 우주에 관한 갑작스런 깨달음으로 충격을 받고 싶어 하지 않는다. 플라톤 시대의 쇠퇴일로에 있던 아테네 사람들처럼, 사람들 역시 예술의 종교적 뿌리를 완전히 잊었거나 부정했다. 그들은 오락을 원한다. 혹은 좀더 진지한 사람이라면, 무언가 도덕적인 것, 혹은 자신을 부추겨 덕스러운 행동을 할 수 있게 해주는 마법 같은 것을 원한다.

물론 오락과 도덕적 마법도 나름대로 쓸모가 있지만, 정확한 의미에서 예술은 아니다. 그런 것은 훌륭한 예술의 우발적 결과일 수 있고, 또 거짓 예술의 목적과 본질일 가능성도 있다. 그리고 우리가 예술에게 이 두 가지만 계속 요구할 경우, 진정한 예술가는 굶겨 죽이고 묵살시키는 반면, 아주 사악한 세력으로 변모할 거짓 예술가만 키우게 될 것이다.

오락성 예술(현대의 액션 영화, 포르노그래피, WWF 레슬링, 비디오 게임 등이 이에 속한다—편집자 주)을 예로 들어 보자. 이것들을 통해 우리는 무엇을 얻는가? 일반적으로 말해서, 우리가 얻고 싶어하는 것은 어떤 간접적 경험에 수반되는 감정적 즐거움이다. 그것은 우리 자신을 직면하게끔 해주지 않는다. 다만 정신적 화면에다 우리가 이미 꿈꾸고 있는 우리의 모습을 투영시켜 줄 뿐이다. 단지 좀더 크고 좀더 밝게. 이런 오락물을 꾸미는 자는 자기 경험을 스스로와 우리에게 해석해 주거나 밝혀 주는 작가와 거리가 멀다. 오히려 스스로 백일몽에 빠져 있거나 아니면 이런 식으로 가볍고 헛되게 말하고 있는 자다. "청중이 경험했으면 하고 바라는 것이 무엇이지? 그걸 그들에게 보여 주자. 그래서 마치 그걸 경험한 것 같은 느낌에 푹 빠지게 만들자." 이런 부류의 가짜 예술은 '막연한 희망의 성취' 혹은 최악의 '도피' 문학에 다름 아니다. 그것은 '외부 사건의 영향권'에서 벗어나 실제 경험의 요새로 피하는 게 아니라, 현실과 경험을 벗어나 순전히 외부 사건만 있는 세계로 도피하는 것이다. 의식의 점진적인 외부 지향화 현상이라 할 수 있다. 가끔 긴장을 풀기 위해 현실에서 잠시 벗어나는 것은 괜찮다. 그러나 도가 지나치면 예술뿐 아니라 현상 세계 전체가 하나의 화면으로 변해 거기서 우리의 비현실적 자아가 비현실적 감정의 대상으로 확대 투영된 모습을 보게 된다. 이는 의식의 부패를 가져와서 더 이상 경험으로 현실을 인식하는 것이 불가능해진다. 이런 상태에 도달하면 우리 문명은 알맹이도 경험

1. 기독교 미학을 정립하기 위해 187

도 없이 현실과 유리된 채 재미만 추구하게 될 것이다.

이번엔 마법성 예술을 살펴 보자. 얼핏 보면 우리를 교훈해 행동에 이르게 하므로 더 나아 보인다. 나름대로 쓸모도 있다. 그러나 도가 지나치면 위험하긴 마찬가진데, 이것도 경험에 담긴 실재를 드러내는 게 아니라 거짓된 자아의 모습만 투영하기 때문이다. 오락성 예술이 경험을 거치지 않고 감정만 끌어내려 하는 것처럼, 이 가짜 예술도 경험을 거치지 않고 행동만 끌어내려 한다. 결국에는 청중의 행위를 마법사의 뜻 아래 두는 방향으로 나가게 되고, 따라서 그 본명은 예술이 아니라 예술적 마법이라 할 수 있다. 최악의 경우에는 선전술로 전락하기도 한다. 이는 실제로 자기 청중을 자기 마음대로 요리하는 데 성공한다. 즉 의식을 부패시키고 경험을 파괴시켜 결국에는 그 희생자의 내적 자아가 완전히 외향화되어 스스로의 헛된 정열의 꼭두각시가 되기에 이른다. 그런 까닭에 누구든—교회까지도—예술가에게 선행을 촉구하기 위한 수단으로 작품을 만들어 달라고 요구하는 건 무척 위험하다. 무슨 수를 써서라도 교회는 예술가들이 그리스도인으로서 겪는 경험을 스스로 표현하고 남에게 그것을 전달하도록 격려해야 한다. 진정한 예술가는 "보라고! 내 경험 안에서 당신의 경험을 인식해 보라고" 하고 말할 것이다. 반면에 소위 '덕을 세우는 예술'의 경우에는, 가짜 예술가가 "이게 당신이 믿고 느끼고 행하게끔 되어 있는 것이오. 그리고 나는 내가 시키는 대로 당신이 믿고 느끼고 행할 만한 정신 상태로 만들기 위해 일하는 것이오" 하고 말할 것이다. 이 가짜 예술가는 우리에게 힘을 전달하는 게 아니라, 우리를 힘으로 누르고 있다.

그러면 이 두 종류의 가짜 예술―오락성 예술과 마법성 예술―의 공통점은 무엇인가? 먼저, 그리고 그것들과 진짜 예술은 어떤 관계에 있는가? 그것들의 공통점은 의식을 왜곡시키는 데 있다. 그것들과 진짜 예술의 관계는 우상과 형상의 관계와 같다. 유대인은 예배할 어떤 형상도 만들지 못하게 금지되었는데, 그 이유는 형상과 상상을 초월한 존재가 하나로 존재하는 이른바 삼위일체의 진리가 미처 계시되기 전에는 그 형상을 우상으로 대치하기가 너무나 쉽기 때문이었다. 기독교의 계시는 그 참된 형상이 신성 자체에 내재하고 있음을 보여 줌으로써 모든 형상들을 자유롭게 풀어 주었다. 그것은 복사물도, 모사품도, 표상도, 열등한 것도, 후속적인 것도 아니고, 그 영광의 광채요 그 본체의 형상이었다. 실재가 그 안에서 스스로를 알고 스스로를 힘으로 전달하는 바로 그 거울이었다.

그렇다고 위험이 사라진 것은 아니다. 그 형상에 관한 기독교 교리가 잊혀질 때마다 위험은 언제나 재발하게 될 것이다. 우리의 미학에서 그 교리가 완전히 사용되거나 이해된 적이 없기 때문에 예술적 표현에 대한 우리의 태도는 혼란스럽고, 우상 숭배적이고, 이교적인 성격을 띠게 되었다. 그래서 예술이 우리 문명을 오염시키고 느슨하게 만드는 단순한 오락거리로 점차 전락하고, 우리는 놀라서 이를 바로잡으려고 좀더 도덕주의적인 예술을 요구하게 된다. 그런데 이런 행태는 한 우상을 다른 우상으로 대치하는 것에 불과하다. 혹자는 예술이 갈수록 우상 숭배적 성격을 띠는 것을 보고, 예술에서 표상적 요소만 없애면 문제를 바로잡을 수 있을 것으로 생각한다. 그러나 문제는 표상 자체가 아니라, 우리가 쳐다보고 있는 대상, 또 우리가 찾고 있는 대상이 그 형상이 아니라 우상이라는 사실에 있다. 아이들아, 너희는 우상을 멀리하라.

흔히들 예술이 불경기에 빠졌다고 한다. 그러나 사실 우리가 스스로를 연예인과 마법사에게 넘겨 준 것은 아닌가 자문해 보아야 한다. 우리가 이 두 기능—오락성 예술과 마법성 예술—이 예술의 참된 본질을 반영하지 않는다는 걸 알지 못했기 때문에 진정한 예술가는 자리를 잃고 청중도 잃게 된 것이다. 이런 현상은 기독교 미학의 퇴보라기보다, 윤리가 아니라 교리에 기초한 진정한 기독교 미학을 찾고 검토하지 못한 잘못이다. 이건 그리 나쁜 게 아닐지 모른다. 우리에게는 그나마 과거의 수많은 비평가들이 짓밟고 그 위에 무언가를 세우고 그걸 놓고 싸움을 벌인 적이 없는 새로운 개척지가 있다. 우리가 출발점으로 삼을 것은 창조적 지성에 관한 삼위일체 교리와, 그 교리가 형상의 본질에 관해 비춰 주는 빛이다.

중요한 것은 하나님에 대해 너무 신경 쓰지 않는 것이라고 나는 확신한다. 어떤 진리의 영역이든 거기서 임마누엘이신 주님을 쫓아내려 해서는 안 된다. 예술이 하나님은 아니다. 또 예술로 하나님을 대치해서도 안 된다. 하지만 예술이 하나님이기도 하다. 그것이 그분의 형상들의 하나라서 그분의 본성을 드러내기 때문에. 여기서 우리는 거울을 보듯 희미하게 들여다볼 뿐이다. 그 형상들만 볼 수 있을 뿐. 그러나 다른 곳, 곧 형상과 실재가 하나인 장소에서는 얼굴과 얼굴을 맞대고 보게 될 것이다.

2. 창조적 지성
언어가 지닌 위력과 그것의 선용

한 위대한 수학자에 따르면, "하나님이 정수(整數)들을 만들었고, 나머지는 모두 사람의 작품이다." 그리고 많은 수학자는 숫자가 우주의 근본 특징이라고 한다. 그런데 수라는 것은 비슷한 사물들, 비슷한 개체들—원자의 군(群)과 같은—간의 관계가 아니고 무엇인가? 우리는 달걀 여섯 개가 있다고 말한다 (혹은 달걀이 많이 있다면 많이 있다고 말할 것이다). 물론 우리 앞에는 달걀, 달걀, 달걀, 달걀, 달걀, 달걀이 여러 모양으로 배열되어 있다. 그런데 우리가 달걀을 떠나서 **여섯**을 볼 수 있는가? 이제까지 정수를 실제로 본 사람은 아무도 없다. 어쩌면 '수는 물자체(物自體)'라는 개념의 창조보다 창조적 상상력을 더 크게 발휘한 경우는 없지 않을까 생각된다. 하지만 수학자는 그런 개념을 품고 작업을 할 수 있다. 순수한 수를 마치 독립된 존재인 것처럼 취급하고, 측정과 관찰이 가능한 사물에 적용할 수 있는 결과를 도출하는 등 수리 작업을 하고 있다.

나는 지금 창조적 상상력—창조적 지성, 이성, 정신, 혹은 당신이 그걸 무엇이라 부르든지—의 특징이 무엇인지를 보여 주고자 애쓰고 있는 중이다. 이렇게 개관하고 보니 몇 가지 표현이 눈에 띈다. 비슷한 것들을 인지하는 능력, 비슷한 것들을 연결시켜 하나의 새로운 통일성을 이루는 것, 그리고 **마치… 인 것처럼**이란 단어 등.

이제 나는 다른 종류의 창조—시인의 경우—를 보여 주는 두 가지 예를 들고자 한다. 시인의 상상력은 [직유 혹은] 은유로 창조 작업을 한다. 그것은 첫눈에는 서로 별로 연관이 없어 보이는 여러 사물들 간의 유사성을 인지하고, 그것들을 쌓아올려 새로운 종류의 통일성, 새로운 우주를 만들어 이것이 마치 독립된 존재인 양 다루는데, 거기서 나오는 힘은 관찰과 측정이 가능한 사물의 세계에서 작동하게 된다.

얼마 전에 나는, 과학자가 언어를 사용할 때 그것을 마치 수학적 상징인 것처럼 사용하려는 것은 한 남자가 고양이를 바구니에 끼워 넣으려는 것과 비슷하다고 했는데, 내가 [직유 혹은] 은유를 사용해서 한 말은 아니다. 오히려 은유적 이미지를 끌어낼 만한 일련의 유사성을 가리키고 있었다. 시인은 여기서 한 걸음 더 나아갈 것이다. 그는 꿀벌에 관한 셰익스피어의 유명한 다음 시구와 같은 그런 시구를 쓸 것이다.

노래하는 석공들이 황금 지붕을 짓고 있네.

한 가지 단어, 한 가지 의미만 원하는 과학자라면 이 시구의 단어 하나하나에 당연히 반기를 들 것이다. 그는 **노래하는**이란 단어는 성대의 진동에 의한 소리에 국한시키는 편이 나을 것이라고, 그런데 벌은 그런 성대가 없다고, 벌이 만드는 소리는 날개의 진동에서 나오는 것이라고, 그것은 '노래하는'이란 말이 함축하는 그런 감정적 의미를 갖고 있지 않다고 지적할 것이다. 더군다나, 벌은 엄격한 의미에서 석공이 아니라고, 위턱에서 밀랍을 사용하여 벌집을 만드는 일은 석공이 하는 일과 전혀 비슷하지 않다고 말할 것이다. '짓고 있다'는 말은 그냥 넘어갈지 모른다. 그러나 '지붕'은 육각형 모양의 벌집 덩어리에 대한 부정확한 묘사라고, **황금**이란 단어는 원자 구조나 그 생산물의 색깔조차 정확하게 묘사하지 않는, 독자를 오도하는 터무니없는 말이라고 지적할 것이다. 말하자면, 그는 시인이 일련의 새로운 유사성을 바탕으로 새로운 통일성을 만든 것을 인식하지 못할 것이다. 그것이 과학적 방법에 부합하지 않기 때문이다. 그것은 한 가지 척도로 검증할 수 없는, 아주 다른 일련의 유사성이다. 그리고 그 통일성은 그가 갖고 있는 기술적 테스트에 의해 주변 세계로부터 분리시킬 수 있는 그런 것이 아니다.

그러나 만일 그가 과학자로서가 아니라 보통 사람으로서 자기 기술을 동원해 그것을 테스트하면, 그 은유가 창조적 상상력이 빚어 낸 다른 어떤 통일성과 마찬가지로 아주 정확하게 작동하고 있음을 알게 될 것이다. 그것은 하나의 유사성을 확립하고, 하나의 독립체로 작동하며, 마치 독립된 존재를 가진 것처럼 관찰 가능한 효과를 발휘한다. 가령, 신경과 혈액 조직에 그런 효과를 내어 가슴을 뛰게 만든다. 심지어는 눈물샘을 자극해 소금기 있는 물을 상당량 끌어내는 것을 관찰할 수도 있다. 일벌이 집을 만드는 과정에 대한 과학적 묘사는 이에 못지않게 중요한, 다른 관찰 가능한 결과를 낳을 순 있지만, 이와 같은 결과는 낳지 못할 것이다.

"노래하는 석공들이 황금 지붕을 짓고 있네"라는 어구는 그것을 이루는 단어들이 각기 분리되어 있을 때보다 함께 조합되어 있을 때 훨씬 강력한 힘을 발휘한다는 점을 주목하라. 하지만 각 단어는 나름대로 어느 정도의 힘을 가져온다. 각각이 독립된 통일체요, 독립된 창조적 행위이기 때문이다. '노래하는'은 자발적인 기쁨의 표현과 신체적 건강을 시사하고—그 노래하는 피조물들이 벌통에 가득하기 때문에—아울러 다함께 느끼는 사회적 기쁨도 암시하고 있다. '석공들'과 '짓고 있다'는 말은 노련한 장인의 기쁨, 아름다운 건물의 멋, 그리고 그 건물들은 온갖 종류의 사람들이 거하는 집이나 일터 혹은 예배 장소로 다함께 고안했다는 면에서 또 다른 사회성을 연상시킨다. '황금 지붕'은 마노아의 황금 도시 같은 낭만적인 이름과 더불어 새 예루살렘의 황금 도시를 떠올리게 한다. 그리고 '황금'이란 단어는 물론 눈부신 햇빛에서 세상의 부에 이르는, 무언가 헤아릴 수 없을 정도의 풍부함과 빛나는 모습을 시사하고 있다. 이 모두가 합쳐져서 한 줄을 이루어, 신나는 장인들이 노래를 부르며 황금 도시를 만드는 모습을 엮어 낸다. 그리고 은유적으로, 햇빛이 찬란한 정원에 서서 꿀벌들이 윙윙거리며 달콤한 꿀로 벌집을 채우는 장면을 구경하면서 느끼는 감흥을 공감하게 만든다. 서로 다른 것들 간의 일련의 유사성을 교묘히 인식함으로써 두 이미지가 합쳐져 하나의 강력한 세계를 이루게 된다. 이게 전부가 아니다. 그 전후 문맥을 보면, 이 행은 그 합쳐진 이미지가 다시금 또 다른 통일성을 이루어 완벽한 상태를 그려 주는 한 단락에 속해 있다.

꿀벌은 이런 모습으로 일하기에,

자연의 법칙으로

인간이 모여 사는 세계에

질서 있는 행동을 가르치는 피조물일세.

이것은 과학자의 진리가 아니라, 퀵실버(quicksilver, 수은이란 뜻으로서 변덕스러운 사람을 일컫는다—역주)라는 비과학적 단어에 담긴 진리와 같은 시적인 진리에 해당한다. 그것은 유사한 것들 가운데 있는 통일성을 묘사하여, 마치 그 통일성이 측정 가능한 것처럼 가시적이고 측정할 수 있는 효과를 낳는다.

예술 작품의 창조는 이와 동일한 노선을 따라 진행된다. 이를테면 소설 작품은 작가가 어떤 사물들을 서로 연관시켜 하나의 확실한 통일성을 만들 수 있을지를 제대로 본 경우에 한해서 시적인 진리를 갖게 된다. 하드(Hard)가 말하듯이, 그 작품이 일관성 있는 상상의 산물인 경우에 한해서. 즉 그 상상력이 일관성을 갖고 있다면, 그 작품은 마치 실제로 있었던 일과 같은 효과를 낸다. 일관성이 없을 경우에는 엉뚱한 효과를 내게 될 것이다. 마치 케플러의 순환하는 태양계가 잘못 상상된 것이어서 눈에 그런 식으로 비친 것같이 말이다. 케플러가 자기 체계를 일관성 있게 상상한 즉시 계산이 정확하게 나왔다. 물론 상대주의자는, 태양을 중심으로 유성들이 타원형 궤도를 도는 케플러의 체계가 다른 모든 체계와 마찬가지로 절대적 진리가 아니고, 사실 지구가 태양을 도는지 태양이 지구를 도는지 여부는 순전히 당신의 시각에 달려있는 것이라고 지적할 수 있다. 그게 참으로 옳은 말일지라도 이 문제에는 아무 영향을 미치지 않는다. 상대주의자에게는 물론 주전원

(epicycle)이론과 함께 천동설을 주장한 프톨레마이오스가, 지동설을 주장한 코페르니쿠스만큼 상대적으로 옳을 수 있다. 다만 전자가 후자에 비해 훨씬 덜 편리하고, 훨씬 덜 단순하고, 또 좋은 결과를 덜 낳을 뿐이다. 한 마디로 상상의 강도가 훨씬 약하다는 말이다.

이제 일관성 있는 상상의 예를 하나 더 들고자 하는데, 나를 따라 아주 흥미로운 우회의 길을 가자고 당신에게 권하는 바이다. 지난 18세기에 진화론의 문제를 둘러싸고 성직자와 과학자 사이에 큰 전쟁이 일어났었다. 이제 와서 우리가 그 전쟁의 모든 전투를 또 다시 재현할 필요는 없다. 결과적으로 과학자들은 고생물학자와 생물학자의 도움을 받아 대체로 승리를 거두었다. 이전의 지구와 그 거주민의 역사는 이제까지 살아 남은 화석과 현재 지구상의 여러 동식물에 남아 있는 퇴화된 구조들로부터 재구성될 수 있다는 것이 분명해졌다. 하나님이 우주를 창조할 때 그전에 실제로 존재한 적이 없는, 순전히 상상 속의 과거를 증거하는 물질을 우주에 동시에 제공했다는, 참으로 터무니없어 보이는 가정을 세우지 않는 한, 하나님이 각 종(種)을—「실락원」(*Paradise Lost*)의 글을 인용하면—"사지가 있는, 완전히 성장한, 완벽한 형태로" 창조했다고 생각하는 게 거의 불가능해졌다. 이제 이 유명한 싸움에 대해 제일 먼저 하고 싶은 말은, 성직자들이 창세기가 지질학 교재로 쓰인 것이 아니라 시적인 진리를 담고 있는 책이라는 점만 유념했더라도, 창조의 방법 때문에 그렇게 동요할 필요가 없었을 것이라는 점이다. 사실 그들은 부지중에 과학자의 언어를 그대로 수용해서, 계량적 방법으로 증명할 수 없는 것은 진리가 아니라고 생각함으로 어려움을 자초한 면이 많다. 결국에는, 실수를 거듭하면서 그 잘못된 자리에서 빠져나오려고 온갖 노력을 기울였다. 그래서 오늘날 양식 있는 신학자는 창조가 진화의 방법으로 이루어졌다는 관념 때문에 흔들리는 법이 없다. 만일 신학자들이 언어의 성격에 대한 감을 잃지 않았더라면, 만일 우주를 하나의 메커니즘으로 또 하나님을 위대한 엔지니어로 보는 18세기의 개념에 멍청하게 빠지지 않았더라면, 만일 그들이 하나님을 상상력이 풍부한 위대한 예술가로 생각했더라면, 그들은 사실들을 상당히 다른 식으로 해석함으로 무척 흥미로운 결과를 낳았을 것이다. 사실 내가 방금 언급한 방식의 설명을 진지하게 내놓았을 가능성이 높다. 즉 하나님이 상상 속의 과거의 흔적을 모두 지닌 그런 우주를 어느 시점엔가 창조했다고 말이다.

하나님을 기계공으로 생각하면 이러한 가정은 분명 터무니없다. 그러나 그분을 창조적 예술가처럼 일하는 존재로 생각하면, 그것은 더 이상 터무니없어 보이지 않고 세상에서 가장 자연스런 일로 보인다. 사실 세상의 모든 소설이 이런 식으로 쓰여진다.

소설가는 등장 인물의 일부 혹은 전부를, 그들의 과거까지 포함해 '완전히 성장한, 완벽한 형태로' 갖추고 난 후 이야기를 시작한다. 그들의 현재는, 종이 위에 완전히 가시화되진 않았으나 그 창조자의 상상 속에 완전히 혹은 부분적으로 현존하는 과거에 의해 조건 지어진다. 그리고 책을 써 가는 과정에서—특히 「포사이트 연대기」(The Forsyte Saga, 영국 작가 골즈워디의 장편 연작 소설—편집자 주)나 피터 윔지 경(Lord Peter Wimsey) 시리즈(저자의 추리 소설 시리즈—편집자 주) 같은 긴 작품의 경우—간헐적으로 본문 속에 (기록되지 않은) 과거를 암시하는 내용들을 심어 놓는다. 그의 상상에 일관성이 있다면, 이 모든 암시—즉 심어 놓은 화석들—는 서로 간에 그리고 등장 인물들의 현재와 미래의 행위 안에 일관된 하나의 이야기를 들려줄 것이다. 말하자면 작가의 생각 속에만 존재하는 그 과거가, 비록 그 예술 작품 내에서 '발생한' 것이긴 해도, 아니 오히려 그렇기 때문에 책의 기록된 부분에 실제로 상당한 영향을 미치게 된다는 사실이다.

당신이 셜록 홈즈에 관한 '사이비' 비판서[예를 들면 「베이커 스트리트 연구」(Baker Street Studies, 베이커 스트리트는 셜록 홈즈 시리즈에 나오는 거리로 현재 셜록 홈즈 박물관이 있는 곳이다—편집자 주) 혹은 H. W. 벨(Bell)의 「셜록 홈즈와 닥터 왓슨」(Sherlock Holmes and Dr. Watson)]를 읽으면서 재미있어 한 적이 있다면, 어느 정도까지 사이비 과학의 방법을 동원해 셜록 홈즈 이야기 여기저기에 널린 화석들을 해석할 수 있는지, 그리고 어떤 기발한 생각을 동원해 암시를 역사적으로 일관된 실재로 둔갑시킬 수 있는지 보았을 것이다. 등장 인물들의 과거와 관련해서 코난 도일(Conan Doyle)의 상상력은 그리 일관적이지 않았다. 거기에는 빈틈뿐 아니라 실수와 모순도 있다. 그러면 일관성 면에서 완벽한 상상력을 가진 소설가, 즉 절대로 완벽하고 흠 없는 과거를 가진 등장 인물들을 머리에 떠올린 작가를 가정해 보자. 그리고 더 나아가, 그 등장 인물 중 한 사람, 곧 (우리의 존재가 완전히 우주 내에 둘러싸여 있는 것처럼 그의 존재도 완전히 그 책의 표지 내에 담겨 있으므로) 소설 밖으로 나가 작가와 의사 소통을 할 수 없는 자가 그 화석들을 검토한다고 가정하자(이는 마치 이차원적 공간에 사는 자를 상상하는 것처럼 어렵다는 걸 모르는 바는 아니지만, 여전히 가능한 것이다). 그런 등장 인물은 사실 우주가 제공하는 우주의 과거에 대한 증거를 검토하는 과학자와 아주 똑같은 입장이 될 것이다. 모든 증거가 거기에 있을 것이고, 그 모두가 동일한 방향을 가리킬 것이며, 그 효과도 이야기 전체에서 분명히 드러날 것이다(말하자면, 그것이 그에게는 '실제' 역사일 것이다). 여기에는 그 과거라는 것이 형식적으로만 발생한 것인지 아닌지를 증명하는 데 필요한 일련의 자료나 추론의 근거는 전혀 없을 것이다. 그러나 주어진 증거—화석,

그 자체로 일관된 모든 자료, 본인과 다른 등장 인물 속에서 관찰할 수 있는 실제 효과 등—에 기초해서 그는 그것이 실제로 발생했다고 결론을 내리지 않을 수 없으리라 생각한다. 아울러 그게 사실이든 아니든, 그는 그것이 실제로 발생한 것처럼 생각하면서 계속 행동하지 않을 수 없을 것이다. 그로서는 그와 달리 행동하는 것이 불가능한데, 그는 바로 자기 창조자에 의해 과거에 그런 영향을 받으며 자란 인물로 창조되었기 때문이다.

내가 생각하기에, 만일 성직자들이 이런 입장을 취했더라면 상당히 흥미로운 결과가 나왔을 것이다. 그것은 과학적 증명에 의해 좌절될 수 없는 것이므로 아주 탄탄한 입장이 되었을 것이다. 어쩌면 신학자들이 우주를 이 모양으로 만든 하나님은 진리가 아주 충만한 분이 아닐지도 모른다는 막연한 생각 때문에 심기가 불편했을지 모르겠다. 그런데 그런 생각은 진리에 대한 너무 좁은 개념으로 인해 생긴 것이다. 등장 인물의 기록되지 않은 과거가 어떤 의미에서 소설에 나오는 그들의 행동보다 덜 진실하다고 할 수 있을까? 만일 실제로 발생하지 않은 선사 시대의 사건이 역사에 미친 영향이, 그 사건이 실제로 발생했을 경우에 미칠 영향과 구별될 수 없다면, 실제 발생한 것과 발생하지 않을 것 사이에 무슨 차이가 있을까? 만일 그것을 증거 자료, 자기 일관성, 인식 가능한 효과 등으로부터 연역할 수 있다면, 그건 실제로 발생했든 안 했든 아주 실제적인 것인 셈이다.

이렇게 말한다고 해서, 세계가 어제 한꺼번에 만들어졌다거나, 선사 시대가 끝나고 역사 시대가 시작되는 시점에 처음 창조되었다고 주장하는 것은 아니다. 내 말은, 설사 그랬다 하더라도 만일 그 상상력에 일관성이 있다면, 우주에 존재하는 모든 것에 아무런 변화도 생기지 않았으리라는 것이다. 하지만 우리가 이런 이론을 기꺼이 받아들이면, 시간과 관련된 문제를 다루기가 좀더 쉬워질 것이다. 그러려면 시간이 미래를 향해 흘러감에 따라 과거에 대한 새로운 증거가 계속 축적되리라고 예상해야 한다. 즉 작가가 거기에 과거를 심어 놓고 그것을 주목하게 만듦에 따라 새로운 고생물학적 기록과 여타 기록이 간헐적으로 발견될 것이다. 마치 윔지 경의 모험이 계속 이어지면서 그의 학창 시절에 대한 암시가 간헐적으로 모습을 드러낼 확률이 높아지는 것과 같다. 당신은 고생물학적 발견 역시 간헐적으로 일어난다는 것을 알아차릴 것이다. 그러나 이렇게 간헐적으로 발견되는 것들은 사실 둘 중 어느 접근법으로든 증명해 낼 수 있는 것이 전혀 없다. 양자 중 어느 가설을 세우든 어차피 그런 발견은 하게끔 되어 있기 때문이다. 다만 내가 소설 같은 공상적인 작품을 동원하여 보여 주고자 한 것은, 당신에게 일관된 상상력이 작동하는 한, 과학적 진리와 시적인 진리 사이에 선을 긋는 일이 대단히 어려워진 다는 점이다.

당신은 지적인 습관상, 아니 그런 시적 진리가 대체 무엇을 증명하느냐고 물어보고 싶을 것이다. 사실 과학적인 의미에서는 증명하는 게 아무것도 없다. 그러나 상상의 언어는 증명하는 게 아니라 창조하는 기능을 발휘한다. 새로운 유사성을 발견하는 일, 그것들을 배열하여 새로운 통일성을 만드는 일, 미분화된 정신적 재료의 세계로부터 자기 모순이 없는 새로운 세계들을 만드는 일 등.

각 활동은 그 나름의 기능을 갖고 있다. 따라서 한 가지 활동의 기능이 모든 용도에 맞을 것이라 생각하는 것은 잘못이다. 가령, 과학적 추론을 할 때 시인의 은유와 유추의 기술을 사용하는 것은 부적절하고 위험하기까지 하다. 그럴 경우에는 잘못된 결론에 도달하게 된다. 과학이란 양적인 유사성, 곧 수적으로 비교 가능한 것들로부터 새로운 통일성을 만드는 것이기 때문이다. 중세의 전반적인 오류는 과학적인 탐구에 유비적·은유적·시적 테크닉을 사용한 것이었다. 반면에, 17세기 이후에는 그와 반대되는 오류를 갈수록 많이 저질러 왔다. 시적인 진리를 탐구하는 데 과학의 계량적 방법을 사용해 온 잘못이다. 시적인 진리 체계를 세우기 위해서는 양적인 유사성이 아니라 질적인 유사성을 도출해야 하고, 그로 인해 생기는 새로운 통일성은 새로운 가치들의 세계일 것이다. 이 세계에서는 은유와 유추가 모두 적절하고 필요하다. 이 두 과정은 서로 닮지 않은 것들이 공동으로 갖고 있는 어떤 특질에 따라 사물들을 배열하는 일이 포함되기 때문이다. 따라서 (내가 앞서 든 직유로 돌아가면) 공동의 언어와 성난 고양이는, 양적인 면에서는 아주 다르지만, 아주 다루기 힘들다는 특질을 서로 공유하고 있는 것이다. 그러므로 단어들의 조합적 가치가 과학자에게는 나쁜 도구지만, 시인에게는 딱 맞는 도구가 되는데, 그것은 아주 다른 개념들 간에 유사성을 확립하도록 도움으로써 창조적 상상력이 시적인 진리를 쌓는 일을 쉽게 만들어 주기 때문이다.

이 지점에서 언어에 대해 한 가지 경고할 필요가 있을지 모르겠다. 나는 언어란, 힘이 작용하는 장(場)이라고 은유적으로 말했었다. 여기서 나의 은유적·시적·비과학적 방식에 따라 이 유추를 한 걸음 더 밀고 나갈까 한다. 단어를 다루는 데 익숙치 않고 테크닉이 부족한 사람이, 감정적 힘이 잔뜩 실린 단어들을 만지작거리는 일은 나 같은 사람이 실험실로 뛰어들어가 강력한 전자석이나 전력이 잔뜩 충전된 어떤 기계를 갖고 노는 것만큼이나 위험한 일이다. 관련 지식이 없고 서툰 내가 그걸 갖고 놀면, 최소한 기계나 나 자신을 손상시킬 것이 뻔하다. 최악의 경우 건물 전체를 폭발시킬 수도 있다. 이와 비슷하게, 고도로 충전된 단어들을 무책임하게 사용하는 일은 아주 강력하게 저지해야 한다.

　오늘날은 누구나 글을 읽고 쓸 줄 아는 시대다. 그런데 인문학을 제쳐놓고 과학적이고 기술적인 훈련만 강조한 나머지 우리 가운데 힘의 도구로서의 언어를 이해하고 다루는 법을 배운 자는 극소수에 불과하다. 따라서 우리나라만 하더라도 사천만에 달하는 순진한 사람들이 호기심으로 실험실을 기웃거리다가, 신나게 핸들을 잡아당기고 단추를 누른 결과, 통제 불가능할 정도의 충전된 언어를 방출하여 자신들도 놀라고 세계도 놀라게 할 수 있다. 권력의 맛보다 더 취하게 하는 것은 없다. 군중을 좌우할 수 있는 선동가, 신문의 판매 부수를 이백만까지 끌어올릴 수 있는 기자, 청중을 온통 감정의 소용돌이 속에 빠뜨릴 수 있는 극작가, 무의미한 수사를 홍수처럼 내뱉아 여론 조사에서 꼭대기에 올라간 국회의원 출마자, 고래고래 소리치는 설교자, 물질적인 제품이나 영적인 상품을 침이 마르도록 선전하는 판매원 등, 이 모든 사람은 언어의 권력을 갖고 위험스럽고 무책임하게 놀고 있는 자들이고, 그들이 악랄하게 냉소적이든, (흔히 그렇듯이) 스스로의 웅변에 도취된 자기 선전의 희생자이든 상관없이, 똑같이 위험한 짓을 하고 있다. 왜냐하면 그들의 소리를 듣고 있는 대다수의 사람은 그 말의 가치를 평가할 만한 기술이 없어서 로테르담 시민이 공중 폭격(1940년 5월 독일군이 행한 네덜란드 로테르담 무차별 폭격을 말함—편집자 주)을 당하듯이 무방비 상태에서 구두적 공격을 받게 되기 때문이다. 우리는 나치의 선전 공세로 유럽의 상식이 가차없이 허물어지고 있다는 것을 처음 인식했을 때, 소름 끼칠 정도로 무서워하고 경악했다. 그런데 실은 그처럼 놀랄 만한 일이 아니었다. 그건 또 다른 무자비한 힘의 과시에 다름 아니었기 때문이다. 즉 그것은 무방비 상태에서, 언어라는 것이 무기가 될 수 있다는 걸 전혀 알지 못했던 사람들을 상대로 전문가들이 언어를 막강한 무기로 이용했던 경우였기 때문이다. 이러한 언어의 남용에 대항하는 방법은 도망치거나 임의로 구두적 공격을 하는 것이 아니라, 언어의 잠재력을 이해하고 능숙하게 그것을 사용하기로 단호히 결심하는 것이다.

그러므로 과학자는 인문학과 타협의 길을 모색해야 한다. 왜냐하면 인문학에 관한한 과학자는 전문가가 아닌 보통 사람이고, 언어로부터의 도피가, 언어가 지닌 권력의 장에서 벗어날 수 있는 방법은 결코 아니기 때문이다. 그들은 그 도구를 잘 다루는 법을 배워야 하고, 또 다른 도구들을 다룰 때에도 그게 무엇인지, 그게 어떤 기능을 하는지 충분히 이해하면서 다룰 필요가 있다. 그래야만 그것이 위험의 요인이 될뿐더러 기쁨의 근원도 될 수 있음을 깨닫게 될 것이다. 상상의 언어는 결코 활력을 잃을 수 없다. 모든 생명력이 그렇듯이 당신이 그것을 다루는 법을 배우지 않으면, 그것이 당신을 좌우할 것이다. 험티 덤티(루이스 캐럴의 「이상한 나라의 엘리스」에 등장하는 인물—편집자 주)의 말처럼 "문제는 누가 주인이 되느냐 하는 것이다. 그게 전부다."

3. 알레고리를 쓰고 읽는 법
알레고리라는 문학 형식의 가치와 유효성

최근에 와서 알레고리[allegory, 그리스어 알레고리아(allegoria, 다른 이야기라는 뜻)에서 유래한다. 추상적인 개념을 직접 표현하지 않고 다른 구체적인 대상을 이용해 표현하는 문학 형식이다. 보통 의인화하는 경우가 많은데 지나치게 유형적이며 교훈적이라 하여 현대 작가들은 사용을 꺼리는 경향이 있다—편집자 주]가 나쁜 평판에 시달리고 있다. 요즈음의 비평을 보면 거의 대다수가 알레고리를 하찮고 가벼운 것으로 여기고, "인위적", "썰렁한 추상", "활기 없는 알레고리적 착상", "따분한 교훈", "고리타분하고 창백한 의인화"란 표현을 써가며 그것을 깎아내리고 있다. 더 심각한 문제는 그 말 자체가 경멸어로 사용될 때가 많다는 사실이다. 가령, 어떤 비평가는 "그 책은 결코 알레고리로 전락하지 않을뿐더러, 그와 반대로 풍부한 상상력이 빚어낸 산물이다"라는 식으로 논평한다. 끝으로, 그 단어가 사용되는 또 다른 예는, 알레고리라고 볼 수 없는 작품이지만 단지 비평가가 싫어하거나 이해할 능력이 없는 어떤 종교적 혹은 도덕적 가르침을 담고 있는 경우다. C. S. 루이스(Lewis)가 우리가 흔히 '공상 우주 소설'로 분류하는 「페렐란드라」(Perelandra)라는 소설[재판은 「금성으로의 여행」(Voyage to Venus)이란 제목으로 바뀌었다]을 출간했는데, 거기에는 금성에서의 이성적 삶의 시작에 대해 아주 단도직입적으로 얘기하는 내용과, 지구에서 온 항해사가 또 한 번의 인간의 타락을 방지하기 위해 간섭하는 내용이 들어 있다. 저자는 오해를 막으려고 서문에 "이 책에 등장하는 모든 인물은 순전히 꾸며 낸 인물들이고, 알레고리적으로 설정된 인물은 하나도 없다"고 밝혔다. 그럼에도 불구하고, 한 비평가는 비평문에서 그 책에 나오는 실제 우주 여행을 묘사하고 나서 황급히 "그 후 알레고리가 시작된다"는 문장으로 그 비평을 마쳤다. 그는 일부러 그 책을 엉뚱한 장르로 분류한 다음 그런 유의 작품은 비평할 만한 가치가 없다고 치부한 것이다.

오늘날은 문학이란 영역 자체가 존재 이유조차 없는 것처럼 만장 일치로(혹은 자동적으로) 도외시되고 중요한 고려 대상에서도 제외되고 있는 실정인 만큼, 우리가 아예 판단 능력을 상실했다고 말하는 게 안전할 것 같다. 아니, 아무리 양보하더라도 과거에 「신곡」, 「요정 여왕」(The Faerie Queene), 「천로역정」(The

Pilgrim's Progress) 같은 걸작들을 배출했던 그 장르가 이제는 완전히 쓸데없게 되었다고 말하기에는 납득이 가지 않는 부분이 많다. 또 수백 년에 걸쳐 큰 인기를 누려 왔던 그 장르가 인간 본성이 요구하는 기본 욕구에 전혀 부응하지 않는다고 생각하기도 어렵다. 오히려 우리가 이 문학 양식으로부터 단절되어 그것을 어떻게 구사해야 하는지—그 의도나 규칙—를 잊어버려서 과연 그것이 제대로 구사되었는지, 혹은 엉성하게 구사되었는지를 판단할 능력을 상실했을 가능성이 높다. 우리가 처한 상황을 비유로 들자면, 크리켓의 기본도 모르는 미국인이 국제 경기를 구경하려고 크리켓 경기장에 앉아 있는 것과 같다. 그가 받는 첫 인상은 크리켓이란, 격식을 차리는 아주 느린 게임이고 야구와 전혀 다르다는 느낌일 것이다. 선수들이 하는 각각의 역할에 대해서도 아주 모호한 생각밖에 들지 않을 것이고, 경기의 중요한 순간들도 완전히 놓치고 말 것이다.

알레고리도 마찬가지다. 우리 대부분은 앞서 언급한 루이스 소설의 비평가보다는 약간 나을지 모르겠다. 알레고리란 말하는 것과 의미하는 것이 서로 다른 이야기를 일컫는다는 것쯤은 알고 있기 때문이다. 그런데 루이스의 경우는 자신이 전달하고자 하는 그대로—그 이상도 그 이하도 아닌—말했기 때문에 그와 다르다고 할 수 있다. 그렇다면 왜 작가가 자신이 표현하고 싶은 바를 빙빙 돌려서 얘기하려 하는지 궁금증이 생길 것이다. 더 나아가, 신화, 상징, 비유, 공상, 표상, 원형 등을 둘러싼 온갖 논의가 알레고리와 뒤섞여 앞이 모호해져서 나무들 때문에 숲을 보기 어려운 문제도 있다.

가장 단순하게 접근하자면, 알레고리는 하나의 독특한 문학 양식으로서 심리적 경험을 극화시켜 그것을 더욱 생생하고 알기 쉽게 표현하는 것을 목표로 삼는 장르라고 할 수 있다. 비유와 우화도 이와 비슷한 기능을 하는 다른 두 문학 양식이다. 그것들은 각각 그 자체로 완벽한 이야기를 들려주지만, 그 이야기는 또한 어떤 영적 혹은 심리적 경험과 닮은 점이 있어서 그런 경험을 나타내고 해석하는 도구로 사용된다. 그 이야기는 이야기 자체를 위해서가 아니라 그것이 표상하는 바를 전달하기 위해 쓰여진다. 그런 이야기들의 밑바닥에는 두 경험—하나는 낯익고, 다른 하나는 낯선—사이의 유사성에 대한 인식이 있어서 하나가 다른 하나를 이해하도록 빛을 비춰 주게 된다. "또 이르시되, 내가 하나님의 나라를 무엇으로 비교할까. 마치 여자가 가루 서 말 속에 갖다 넣어 전부 부풀게 한 누룩과 같으니라 하셨더라"(눅 13:20-21). 평소 예수가 들려주던 이야기는 씨 뿌리는 자의 비유에서 보듯 이 누룩 이야기보다 훨씬 더 길었다. 이야기마다 여러 사건이 일어나고, 그 각각은 실제 의미(즉 비유적 의미)에 비추어 해석된다. 하지만 시종일관 두 이야기는 성경 안에서 각기 별도로 진행되고, 모든 점에서 서로 상응 관계를 갖고 있으나 서로의 이야기에 끼어드는 일은 일어나지 않는다.

우화의 경우에는, 보통 겉으로는 동물에 관한 이야기지만 실제로는 인간에 관한 것으로서, 그 비유적 의미가 마지막에 하나의 도덕적 교훈으로 요약되는 게 보통이다.

생쥐들이 어떻게 하면 고양이에게서 자신을 가장 잘 보호할 수 있을지를 의논하러 모임을 가졌다. 어린 생쥐 하나가 고양이 목에 방울을 달아 그가 오는 소리를 들을 수 있게 하면 좋겠다고 제안했다. "대단히 좋은 의견이야" 하고 늙은 쥐가 말하면서, "그런데 누가 고양이에게 방울을 달지?" 하고 물었다.
도덕적 교훈: 불가능한 해결책을 제안하는 건 쉬운 일이다.

이런 양식은 물론 알레고리보다 더 오래된 것이다. **알레고리**는 의인화된 추상적 개념을 등장 인물로 삼는 것이 특징이다. 여기에 우화와 알레고리 중간쯤에 위치하는 작은 이야기 하나가 있다.

불과 물과 평판이 함께 여행을 갔다. 출발하기 전에, 서로 헤어질 경우 어떻게 서로를 찾을 수 있을지 의논하는 것이 좋겠다고 생각했다. 불이 "어디서든 연기가 보이는 곳에서 나를 찾을 수 있을 거야" 하고 말했다. 물은 "어디서든 잔디가 가장 푸른 곳에서 나를 찾을 수 있을 거야" 하고 말했다. 그러나 평판은 "나를 잃지 않도록 조심하게. 잃어버린 평판은 다시 회복하기 어려우니까"라고 말했다.

이 대화에서 세 번째 화자는 다른 둘과 다른 부류에 속한다는 것을 확실히 알 수 있다. 불과 물은 아무리 의인화되어도 구체적인 **사물**에 불과하지만, 평판은 사물이 아니라 의인화된 추상적 개념이다.

알레고리에 나오는 의인화는 대개 이런 종류이므로, 알레고리는 사람들이 추상적 개념에 입각해 생각하는 데 익숙한, 이미 발달된 문명에서만 등장할 가능성이 높다고 할 수 있다.

우리는 '기원전'이라 불리는 시기의 맨 끝자락, 아우구스투스가 통치하던 시절에, 로마인들이 그리스인들로부터 물려받은 그 올림피아의 신들에게 무언가 이상한 일이 발생하는 것을 발견하게 된다. 그들은 각기 뚜렷한 특징을 지닌 자족하는 초인간적 존재로서 감정과 이해 관계와 모험심을 품고 자기들끼리 불륜의 연애 사건에 연루된 공동 생활을 즐기는 게 아니라, 추상적인 개념들로 변하기 시작한다. 가령, 옛날에는 마르스가 전쟁의 수호신이었으나, 이제는 전쟁에만 신경을 쓰는 게 아니라 다른 것도 즐기는 여유와 관심을 갖게 되었다. 그는 비너스와 간음을 저질렀는데, 그녀의 남편, 불카누스가 그들을 현장에서 붙잡아 그물로 다른 신들에게 끌고 오자 올림퍼스 산이 온통 떠들썩해졌다. 그가 인간의 전쟁에 간섭할 때에는 개인적인 이유로 어느 한 편을 지원하는 식이었다. 자신이 받은 상처에 복수한다거나 자신이 좋아하는 영웅을 도와주는 식으로. 그런데 기독교 시대가 시작할 즈음에 집필된 스타티우스(Statius)의 「테바이드」(Thebaid)에서는 마르스가 전혀 다른 역할을 하는 것을 보게 된다. 주피터는 전쟁이 일어나서 테바이드 성을 응징하게 되길 기대한다. 그래서 마르스를 불러다가 전쟁을 일으키라고 명한다. 명령을 좇아 전쟁을 일으킨 마르스는 다른 곳에서도 전쟁을 일으킨다. 이 모든 과정에서 주피터는 신화에 나오는 신답게 행동한다. 테베스에게 상처를 입은 사실이 있었기 때문이다. 그러나 마르스는 테베스에게 전혀 관심이 없다. 그는 그저 운명이 시키는 대로 싸움을 일으키기 위해 존재할 뿐이다. 그는 더 이상 전쟁의 신이 아니라, 전쟁이 의인화된 존재가 되고 말았다. 그 시의 후반부에는 그들이 반신(半神)적 속성을 받아 예전에 신이 담당했던 역할을 수행하는 장면이 나온다. 일종의 알레고리가 생긴 셈이다.

우리는 흔히 그런 변화를 매우 유감스럽게 여긴다. 신화에 나오는 마르스가 전쟁이란 추상적 개념보다 훨씬 더 아름답고 시적이기 때문이다. 그러나 인간의 영혼은 아름다움과 시를 먹고 살 수 없다. 그렇기에 그 제국 아래서 옛날 신들은 이미 죽어가고 있었다. 아니, 죽기 시작한 지 이미 여러 해가 되었다. 더 이상 인간의 운명과 행위는 올림포스의 신들로 해석하는 게 불가능해졌다. 로마인들은 사실 새로운 유의 도덕 의식을 계발하고 있었던 것이다.

그리스인들은 불치의 지식 병에 걸려, 선하게 되려면 선을 아는 것으로 충분하다는 철학을 늘 갖고 있었다. 최근의 일부 사상가처럼, 그들은 모든 악한 성향이 교육으로 치료될 수 있다는 입장을 취했다. 그러나 이 위기와 혼란의 시기를 맞이하여, 늘 불치의 도덕 병에 걸려 있던 로마인들은 자기 내면에서 지식과 행위 간의 불일치 현상을 발견하고 있었다. 우리는 그것을 분열된 의지 혹은 때로 죄의식이라 부른다. 그들은 "나는 더 나은 것을 알고, 또 그것이 옳다고 인정하지만 여전히 더 나쁜 것을 좇는다"는 말이 무슨 뜻인지 체험을 통해 뼈저리게 알고 있었다. 이 딜레마와 관련해 고대의 로마 종교들이나 근래의 그리스 신들은 아무런 도움을 주지 못했다. 그러자 그들은 동양의 신비 종교로 몸을 돌려, 자아에서 해방되고 구속 받아 일자(一者)와 하나가 되는 것을 추구했다. 이처럼 인간론의 중심에 분열된 의지의 문제가 자리 잡고 있던 아주 중대한 순간에 기독교가 등장해서, 그들의 상태를 겨냥해 적실한 메시지를 던졌다. 기독교가 그런 상태를 끌어낸 것이 아니라, 그런 조건이 이미 조성되어 있었다는 말이다.

이와 같이 사람이 자기 내면에 일어나는 갈등을 민감하게 의식한 나머지 그런 느낌을 담아 낼 문학적 형식을 찾은 것은 놀랄 일이 아니다. 인생은, 외부 세력에 대항해 싸우는 싸움이 아니라 내면에 있는 세력들 간의 투쟁이라 느끼고, 그 세력들을 의인화하고 그 투쟁을 극화시키기 시작한 것이다. 그 때 알레고리는 그의 시적 매체가 되고, 이 시기의 알레고리들은 악과 미덕이 서로 싸우는 **영혼의 싸움**(psychomachia)이란 형태를 가장 많이 띠게 되었다. 이 전통은 아주 강하고 생명력이 길어서 오늘날까지 우리 언어에 영향을 미치고 있을 정도다. 우리가 "그는 욕심과 두려움 사이에서 괴로워했다"거나 "그의 호기심이 체면을 눌러버렸다"는 표현을 쓸 때 바로 그런 전통을 따르고 있는 셈이다. 의인화된 속성 사이에 일어나는 분쟁을 알레고리적으로 표현한 것이다. 글쎄, 우리가 좀더 철학적으로 사고할 때는 두려움과 호기심 같은 추상적 개념은 독립된 실체가 없다고 스스로 주지할지 모르겠다. 두려움을 느끼거나 호기심을 품는 인격적 존재는 단 하나밖에 없다고 말이다. 그러나 흔히 우리는, 우리의 인격은 우리와 별개의 그리고 우리보다 더 강한 감정들끼리 싸우는 싸움터라고 말하든가 또 그런 식으로 생각하곤 한다. 사실 그러지 않는 게 오히려 불가능

3. 알레고리를 쓰고 읽는 법

하지 않나 생각된다.

　물론 심리 전쟁을 대규모로 확대시켜 글을 쓰는 데는 기술적 어려움이 따른다. 의인화된 속성들은 자기 바깥에 아무 인격적 실체를 갖고 있지 않기 때문에 그 활동 범주와 대화의 테두리가 어느 정도 제한되어 있다. 이 점이 모든 알레고리가 갖고 있는 장애이며 그로 인해 활력이 없다거나 인위적이라는 비난을 불러일으키는데, 실은 그런 비난은 어느 정도 정당화할 수 있다. 나중에 알레고리의 대가들이 이 점을 어떻게 극복했는지를 살펴볼 예정이다. 더욱이 전쟁은 분노, 질투, 잔인성과 같은 악과 용기, 불굴의 끈기, 충성과 같은 미덕에는 잘 어울리는 반면에, 무기를 드는 직업에 안 아울리는 속성들도 있다. 특히 인내, 온유, 겸손, 연민과 같은 부드러운 기독교적 미덕이 그러하다. 가령, 프루덴티우스에 나오는 전쟁 중 일부는 아주 기괴한 모습을 띠므로 알레고리에 적합한 다른 주제를 찾을 필요가 있다. 이를테면, 두 개의 미덕을 택해서 서로 결혼을 시키되 그 뒤에 어울리는 추종자들을 동반하게 하거나 이런 식의 발상이 가능하다는 말이다. 물론 이런 초기의 실험들을 읽어 보면 무척 지루할뿐더러, 옛 신들의 신축성과 다양한 인간적 면모에 한숨이 나오는 건 어쩔 수 없다. 하지만 알레고리라는 장르를 개척한 그 작가들에게는 알레고리가 결코 고리타분한 것이 아니었다. 그것은 미처 발견되지 않은 영혼의 영역들을 탐험할 수 있게 해주고 분석 심리학 속으로 첫발을 내딛게 해주는 놀랍고 참신한 방식이었다.

그들은 알레고리의 또 다른 용도도 발견했다. 그것은 현재뿐 아니라 과거까지 해석해 주는 도구가 되었다. 알레고리의 도움으로, 자신들의 신화가 부도덕성과 모순투성이라 큰 충격을 받았던 경건한 이방인들이 신화를 통해서도 만족스런 의미를 찾을 수 있었다. 또한 경건한 그리스도인도 구약성경의 신화적·역사적 부분에 대해 그와 비슷한 작업을 할 수 있다. 그런 작업을 통해 옛 이야기들은 새 빛을 받아 빛나게 된다. 사실 성경의 알레고리적 해석은 놀랄 만큼 장수를 누렸다. 물론 현대 신학이 종교적 신화를 다루는 더 나은 방법을 찾긴 했으나, 내 또래 가운데 알레고리적 설교에 익숙하지 않은 사람은 아주 드물 것이다. 물론 그 가운데 많은 해석이 무미건조하고 설득력이 없었음을 인정한다. 그러나 어떤 문학적 형식이든 성직자가 덕을 세울 목적으로 그것을 잘못 이용할 수는 있어도, 그것으로 그 형식의 가치를 판단해선 안 될 것이다. 또 누구든 본래 알레고리로 쓰이지 않은 이야기를 알레고리적으로 해석하려다 보면 거기에 억지스럽고 부자연스런 해석이 생길 수밖에 없다. 그렇지만 이처럼 거꾸로 알레고리를 추적해 가는 작업은 독창적인 알레고리를 쓰고 있던 자들에게는 커다란 도움이 되었을 것임에 틀림없다. 그것은 실험의 장을 훨씬 넓혀 주었고, 알레고리적 표의(表意)를 전달할 수 있는 더욱 다양한 이야기를 시사해 주었다.

우리가 이제까지 논의한 것을 감안하면, 알레고리는 하나의 문학 양식으로서, 사람들의 심리적 안목에 심대한 변화를 초래할 것 같다는 느낌이 든다. 그런데 사실이 그런 것으로 이미 판명되었다. 12세기 유럽에서는 낭만적 사랑이 발견되어 놀라운 심리적 격변이 일어나면서 알레고리의 황금기가 도래했기 때문이다(12세기 초엽 남프랑스에서는 귀부인 숭배라는 연애 개념이 생겨나 기사 신분의 음유시인들이 낭만적인 사랑을 노래하였고 이는 12세기 중엽에 절정에 달하였다—편집자 주).

요즈음에는 남녀간의 낭만적 사랑이 인생의 가장 중요하고 신성한 것인 양 이를 모두가 당연시하는 분위기라, 12세기 이전에는 그런 생각이 누구의 머리에도 떠오르지 않았다는 것이 오히려 믿기지 않을 정도다. 만일 그런 생각이 떠올랐다면, 그건 부도덕할뿐더러 웃기는 것으로 치부되었을 것이다. 인간들이 사랑에 빠져 상당한 잡음을 일으켰다는 것은 어느 시대건 누구도 간과할 수 없는 엄연한 사실이다. 하지만 그 이전에는 그런 걸 흠모한 적이 없었다. 오히려 건전한 부부애와 구별되는 정열은 남녀를 불문하고 늘 나쁜 것으로 간주해 왔고, 특히 남자의 경우 정열에 빠지면 이성의 지배에서 벗어나 미치광이처럼 날뛰게 되고, (더 나쁘게는) 더 열등한 존재(여성)의 변덕에 놀아나게 되기 때문에 더욱 그랬다. 이 점에서는 이방인과 그리스도인이 의견 일치를 보았다. 정열적으로 여성을 사모하는 것은 약점으로, 또 수준 이하로 취급되었다. 오비디우스(Publius Ovidius Naso)는 이 주제로 「사랑의 기교」(*Art Amatoria*, 열린책들)란 풍자적 작품을 썼는데, 거기서 그는 스스로 여인의 노예가 된 어리석은 연인을 희생시켰고, 그에게 공공연한 웃음거리가 될 최상의 방법을 빈정거리며 일러 주었다.

> 만날 시간이 이르기 전에 얼른 가시오.
> 볼일 보러 다니는 그녀의 어깨 너머 온 무리가 쳐다보는 가운데
> 그 여인이 길거리에서 한동안 기다리고 있소.
> 더 중대한 업무가 그대를 기다리고 있음에도
> 그녀가 무도회에서 집으로 가는 길에
> 그대에게 종노릇해 달라 명하거든, 순종하시오!
> 혹은 시골에서 그녀가 당신에게 "오라"고 손짓하거든
> 할 수만 있다면 질주하시오. 그럴 수 없다면 로마로 걸어가시오.

동시에, 설교자들은 젊은 남자에게 여자의 간계와 사랑의 덫에 빠지지 말라고 지칠 줄 모르고 경고했다. 성적 쾌락이 본질적으로 악한지 여부에 대해선 의견이 일치하지 않았다. 성 자체는 하나님이 만드신 것이므로 악하다고 할 수 없다. 다만

그것을 인구를 유지하기 위한 수단으로 받아들여야지, 즐거움의 수단으로 여겨서는 안 될 것 같았다. 그럴 경우에는 짐승과 다름없게 되기 때문이다. 일부 신학자는 사랑의 쾌락이 이성의 제약을 받는 한 무방하다는, 보다 개방적인 견해를 가졌다. 그러나 남자의 영혼과 몸을 온통 뒤집어 놓고 다른 지상의(그리고 천상의) 일에 무관심하게 만드는 그런 정열은 악하고 부끄러운 것이란 점은 모두가 동의했다. 그리고 양반이든 평민이든, 일반 속인은 결혼을 유익한 것으로 그리고 매춘 행위를 용서할 만한 짓으로 여겼던 반면에, 남자가 젊은 여인의 발 앞에 엎드리는 모습은 사물의 바른 질서를 뒤엎는 어리석고 창피한 짓이라는 교부들의 견해에 진심으로 동의했을 것이다.

그 후 거의 생각지도 않게, 프로방스 지방의 음유시인들이 낭만적인 노래를 부르며 유럽 전역을 돌아다니면서 비로소 연애가 예찬의 대상으로 떠오른 것이다. 이제 와서 무엇이 그런 바람을 일으켰는지 물어볼 수는 없다. 다만 그 새로운 생각은 들불처럼 퍼져 나가 굳건히 자리 잡았고, 남성의 삶을 온통 바꿔 놓는 역사상 몇 안 되는 진정한 사회 혁명을 일으켰다는 사실만 알면 그만이다. 그것은 어딘가에서 솟아나와 출생 신고를 하고, 심대한 심리적 변동을 초래하면서 정치적 참여도 요구했다. 작가들은 전혀 새로운 이 내적 체험을 자세히 검토하고 해부했으며, 이미 영적인 실험실에서 쓸모 있는 것으로 스스로의 가치를 입증한 알레고리에게 다시금 서비스를 제공하라고 압력을 가했다. 그런데 아이러니컬하게도, 사람들은 하나의 풍자로 쓰인 오비디우스의 「사랑의 기교」를 연애지침서로 받아들였고, 낭만파 시인들은 그 책을 손에 든 채 정열적 사랑의 기술과 과학을 완성하고자 노력했다. 시들은 온통 구애를 둘러싼 논쟁에 쏠렸고, 연애의 기술은 흔히 법정에서 세세한 걸 따지는 만큼이나 낱낱이 검토되었다. 그리고 마치 교회가 신성 모독의 문제를 다룰 때 정성을 쏟아 붓듯이, 각자 자기 연인에게 정성을 쏟아 붓는 법에 관한 올바른 의례를 고안해 냈다.

그렇다고 시인들이 도덕적 교훈만 다루었다는 말은 아니다. 재미있는 이야기를 들려줄 책임도 소홀히 하지 않았다. 이 복적을 위해 그들이 손을 댄 문학 작품은 우리가 영국의 로맨스, 혹은 더 흔하게는 아서의 로맨스(Arthurian romance)라고 부르는, 기적과 모험담이 가득 찬 보고였다. 사랑의 독약에 대해 혹은 고민에 빠진 여인들의 구출에 대해 다룬 트리스탄과 이졸데 이야기(중세 유럽의 전설-역주)나 오와인(Owain)의 이야기가 당시에 필요한 기본 자료를 제공해 주었다. 그 이야기들은 필요에 따라 가차 없이 새롭게 각색되고 확대되고 덧붙여져서 새로운 관념을 나르는 수레로 변모되었다. 시인은 대다수의 경우 그 이야기를 있는 그대로 들려주었다. 그러나 어떤 등장 인물이 두 가지 행동 중 하나를 선택해야 할 때는 그것이 알레고리로 빠지곤 했다. 크레티엥 드 트르와(Chrétien de Troyes, 12세기말 프랑스 음유시인-편집자 주)의 「란슬롯의 로맨스」(*Romance of Lancelot*)에는 자기 말을 잃은 주인공 란슬롯이 연인 귀네비어 여왕의 소식을 듣고 싶으면 평민용 마차를 타는 데 동의해야 한다는 말을 듣는 장면이 나온다. 란슬롯은 기사로서 불명예스런 행동을 하기 전에 잠시 망설이게 되는데, 그의 망설임은 사랑(Love)과 이성(Reason) 사이의 논쟁의 형태를 띤다.

> **사랑**처럼 판단하지 않는 **이성**은
> 그에게 타지 말라고 종용하고,
> 수치나 불명예를 얻을 짓은
> 결코 해서는 안 된다고
> 꾸짖고 훈계한다.
> 그를 감히 꾸짖는 **이성**이 사는 곳은
> 가슴이 아니라 입이므로.
> 그러나 **사랑**은 그의 가슴 속에 조용히 앉아
> 당장 마차에 오르라고 명한다.
> **사랑**이 그걸 원하므로 그렇게 해야 한다고.
> **사랑**의 명령과 의지가 그러할진대
> 수치 같은 건 개의치 말아야 하기에.

앵글로-노르만인 토머스(Thomas)의 「트리스탄」(*Tristan*)은 알레고리에 거의 의존하지 않고 심리학적 분석을 직접 시도하는 대목이 길게 나오는 작품인데, 당대에 큰 인기를 누리지 못했던 것으로 전해진다. 우리가 보기에, 토머스의 접근은 크레티엥에 비해 더 근대적이고 단도직입적이란 생각이 든다. 하지만 그의 동시대인들은 희곡에 의인화 작업—우리가 오늘날 지겹고 비실재적이라고 여기는—이 빠지게 되자 그것을 모호하고 뭔가 부족한 것처럼 여긴 것 같다. 사실 토머스는 자기 시대를 너무 앞선 인물이었다고 볼 수 있다. 12세기에서 14세기에 이르는 시기에는 알레고리가 가장 지배적인 문학 양식으로 자리 잡았기 때문이다.

시대의 흐름을 좀더 살펴보면 처음에는 알레고리적 대목이 여기저기 들어 있는 낭만적 모험의 시들이 등장하다가 나중에는 시종일관 알레고리로 가득 찬 시들로 변화된 것을 알 수 있다. 일부는 연애의 알레고리, 또 일부는 종교적 알레고리를 담고 있고, 또 어떤 것들은 교양인이면 알 만한 모든 것을 묶어 놓은 거대한 알레고리 모음집이다. 다행스럽게도, 그 가운데 가장 큰 영향을 미쳤던 최고의 알레고리를 초서(Chaucer)가 번역해 놓은 덕분에 우리가 아주 쉽게 참고할 수 있게 되었다. 그것은 13세기 중엽 기욤 드 로리(Guillaume de Lorris, 13세기 프랑스 시인—편집자 주)가 쓴 「장미 설화」(*Le Roman de la Rose*)의 첫 편이다. 이는 우리가 생각할 수 있는 가장 단순한 알레고리를 담고 있다. 한 청년이 어느 소녀와 사랑에 빠진 이야기다. 그 소녀는 그 이야기에서 실제로 한번도 등장하지 않는다. 다만 그녀의 여러 성품을 상징하는 알레고리적 인물들을 통해 그녀를 알 수 있을 뿐이다. 그 시에서 등장하는 유일한 실제 인간은 **사랑**(Love)이란 자다. 흔히 중세의 알레고리가 그렇듯이, 이 이야기도 꿈의 형태를 띠고 있으며 몽상가가 들려주는 식으로 쓰여졌다. **사랑**이 꿈을 꾸다가 화창한 5월 어느 날 아침에 잠에서 깨어난다.

> 만물이 온통 쾌활해지는
> 사랑과 즐거움이 가득한 때

그는 손을 씻고 은으로 된 핀으로 소매를 묶는 등 옷을 차려 입은 다음, 즐거운 시간을 보내려고 맑은 강물이 가로질러 흐르는 "부드럽고, 달콤하고, 푸르른" 초원으로 나간다. 그러다 새들이 노래하고 높은 담에 둘러싸인 물가의 한 정원에 다다른다. 이 정원은 사랑의 삶을 상징하는 것으로, 그 벽 바깥면에는 그런 삶에 어울리지 않는 여러 속성을 표상하는 인물들이 그려져 있다. **미움, 잔인함, 악랄함**(이는 **인색함**을 의미한다), **탐욕, 욕심**(구애자는 돈에 대해 자유로워야 하므로), **질투, 얌전빼기, 슬픔, 늙**

음, **가난**(고상한 젊은이의 놀이터에 어울리지 않으므로) 등. 그 **연인**도 물론 이 신나는 장소에 들어가길 열망하다가, 마침내 쪽문 하나를 발견하고는 그것을 계속 두드린다. 결국 문이 열리더니 **게으름뱅이**란 이름을 가진 우아한 숙녀가 눈에 들어왔다. 그녀는 너무 아름답게 차려 입어 일꾼과는 거리가 먼 모습이라고 시인이 말한다. 그녀는 머리 손질을 하고 완벽하게 치장하고는 "오늘 할 일은 끝났다"라고 말하기 때문이라고 하면서. **게으름뱅이** 숙녀는 그 **연인**에게 그 정원이 **환희**의 주인의 것이며, 정성 들여 기도한 고로 거기에 들어오게 되었다고 귀뜸해 주었다. 그곳은 너무나 매혹적이고 새들의 아름다운 노래로 가득찬 곳이라 그의 눈에 지상 낙원처럼 비친다. 여기서 그는 춤추고 있는 멋진 동반자들을 만난다. 그가 다가가자 그를 환영하는 **예절**, 자기 연인인 **기쁨**과 함께하는 **환희**, 또 연인들을 각각 동반한 **아름다움**과 **부**, **덩치**, **특허**, **젊음** 등이 있었다. 그 가운데는 자기 활과 화살을 들고 수종드는 **멋쟁이**를 거느린 **사랑의 신**도 있었다. 이제 막 거기에 들어선 **몽상가**는, 매력이 넘치는 그들과 정원을 장식하고 있는 온갖 나무와 꽃들을 소개한 글을 읽을 시간이 없었다. 마침내 그는 바닥에 수정 두 개가 깔려 있는 분수에 도달한다. 그 수정은 요술 수정이라 그것을 들여다보면 정원에 있는 모든 게 눈에 들어온다. 거기서 화단을 가득 메운 장미를 보고는 그것이 너무 아름다워 그는 곧 그것을 찾아 나선다. 마침내 거기에 도달하자 이렇게 읊조린다.

　장미의 향기로운 향기
　내 가슴 깊숙이 스며들어
　온몸이 온통 향기로 가득 찼네.

　특히 한 장미―심홍색의 봉오리가 반쯤 열린―가 그를 사로잡아 꺾고 싶은 충동을 느낀다. 그러나 장미 화단은 두꺼운 가시 울타리로 둘러싸여 있어서 어떻게 다가갈지를 모른다.
　그런데 그 동안, 자기도 모르는 가운데, **사랑의 신**이 손에 활을 들고 그를 좇고 있었다. 그의 눈에 그 **연인**의 욕망이 그 장미에 고착되는 모습이 들어오자,

　그는 날카롭게 간 화살을 하나 들고
　활에다 그걸 장착한 다음
　귓불 가까이 힘껏 당겼네.
　튼튼한 활을 떠난 그 화살
　놀랄 만큼 정확히 나를 맞춰
　내 눈과 내 마음 모두 가로질러
　깊숙한 곳까지 꿰뚫고 들어갔네.

그 화살의 이름은 **아름다움**이고, 그 신은 이어서 네 화살을 더 쏘게 된다. **소박함, 예절, 사귐, 멋진 외모** 등.

> 지혜로운 자가 동의할 수 없는 건,
> 어느 연인이든 그를 돌이켜
> 무슨 위험이 닥칠지라도
> 온 마음을 다해 사랑의 종 노릇 하게 하는 것.

이처럼 화살에 맞은 **몽상가**는 결국 **사랑**에 굴복한다. **사랑**은 그를 자기 종으로 묶어놓고 연인의 의무에 관해 기나긴 연설을 늘어놓는다.

이 대목까지는 아주 쉽게 읽힌다. 한 젊은이가 궁전에 가서 명랑하고 화려한 삶을 즐긴다. 그는 숙녀의 눈망울을 응시할 정도로 경솔하고(분수의 수정들에 관한 일화), 거기서 더욱더 기쁨이 손짓하는 모습(장미 화단)을 보게 된다. 특히 그 숙녀의 사랑(장미)을 얻으면 더욱 기쁠 것이라고 느낀다. 그가 이런 생각에 부풀어 가볍게 즐기는 동안 진짜 **사랑**에 깊이 빠져든다.

이제 우리는 이보다 훨씬 더 미묘한 대목에 도달한다. 홀딱 반한 그 연인이 탐나는 눈초리로 울타리를 쳐다보고 있을 때, **비알로쿠알**(Bialocoil, 정중한 환영)이란 이름의 쾌활한 젊은이가 그에게 다가오더니, 만일 신사같이 행동하면 울타리를 넘어 그 장미를 더 가까이서 볼 수 있게 해주고, 자기가 할 수 있는 한 무슨 일이든 해주겠다고 말한다. 이 자상한 젊은이가 그 숙녀의 성품 중 첫째 자질이다. 여기서 우리는 알레고리 기법의 장점을 보게 된다. 우리가 **비알로쿠알**을 글로 설명하자면 이런 저런 소리를 장황하게 늘어놓지 않을 수 없는데, 이처럼 알레고리를 사용하면 금방 알아차릴 수 있기 때문이다. 그는 사람들을 즐겁게 해주는 그 숙녀의 본능이라고 할 수 있으며, 그녀는 몽상가가 그처럼 매력을 느끼는 것을, 또 자기가 그를 상냥하게 영접하는 것을 유쾌하게 생각한다. 한 마디로, 그녀는 그에게 '정중한 환영'을 베푸는 셈이다. 이런 경우에, 빙빙 돌려서 얘기하는 것 같은 알레고리가 사실은 가장 지름길에 해당하는 것을 알 수 있다.

그래서 **비알로쿠알**은 그 연인에게 울타리를 통과하도록 도움을 준다. 그는 **순결**이 장미 화단을 지키도록 세 명의 경비병을 세워놓았기 때문에 자기가 원하는 만큼 해줄 수 없다고 설명한다. 이들 중 첫째는 **이성**과 **침입**의 딸인 **수치**다. 다시 한 번, 이 혈통은 성적인 정숙함에 대한 우리의 모호한 태도를 아주 정확히 전달해 주는 것 같다. 다른 두 명은 **말르부시**(Malebouche, 사악한 혀), 곧 비방의 두려움과 **위험**으로서, 후자에 대해선 잠시 후에 다룰 것이다. 그런데 **비알로쿠알**은 그 **연인**에게 장미가 아니라 그 곁에서 자란 잎사귀 하나를 선사하려고 한다. 한편 그 **숙녀**는 호감과 친절 혹은 연민을 표시한다. 이를 계기로 그 **연인**은 그 장미를 꺾어도 되는지 물어본다. 이 말을 듣고 **비알로쿠알**은 겁에 질려 자기가 숨어 있던 잔디에서 나오는 바람에, **위험**—무시무시하게 까만 얼굴을 한 인물—이 뛰쳐나와 **비알로쿠알**을 쫓아내고 그 연인을 울타리 밖으로 몰아낸다. 그 젊은이가 너무 멀리까지 간 것이다. 어느 여자든 자기가 베푸는 친절에 편승하여 남자가 갑자기 다짜고짜 달려들면 충격을 받아 아주 거칠고 매정하게 퇴짜 놓기 마련인데, 바로 그런 일이 일어난 것이다.

이건 물론 시작에 불과하고 이야기는 갈수록 더 복잡해진다. **이성**이 그 **연인**에게 그만두라고 설득하지만 수포로 돌아간다. 반면에 **비너스**(육체적 정열)는 그의 편을 들어 그 **숙녀**의 저항을 약화시키려 한다. **의심**(Jalousie)도 발동한다. 장미 화단 둘레에 담에 세워지고 **비알로쿠알**은 지하 감옥으로 추방된다. 작가 기욤 드 로리는 그 시를 마무리하지 못했고, 나중에 장 드 묑(Jean de Meung)에 의해 아주 긴 작품으로 완성되었는데, 그는 시인으로선 더 능력이 뛰어났으나 알레고리를 다루는 면에선 훨씬 더 서툴렀다. 우리가 가진 단편만 보아도, 알레고리란 것이 노련한 솜씨로 다루어지기만 하면 얼마나 정교하고 정확한지 잘 알 수 있다. 또한 그 형식 자체를 순수하게 보존할 수 있다는 점이 아주 놀랍다. 거기에 나오는 인물과 비유 사이에 전혀 혼동이 생기지 않는다. 이 작은 드라마에서 자기 역할을 잘 감당하고 있는 의인화된 추상적 개념들 위에 혈과 육을 가진 인간이 끼어들 여지는 없다.

이 지점에서 우리는 알레고리를 읽고 쓰는 법과 관련해 단테가 지적한 두 가지 주의 사항을 기억하게 된다. 그는 초기 작품 「새로운 인생」(La Vita Nuova, 민음사)에서 사랑을 알레고리적으로 다루는 것을 변호하면서 이렇게 말한다. 독자는 "내가 사랑에 관해 다룰 때 마치 지적인 존재요 육체적인 존재인 것처럼 말하는 것을 듣고 난감해 할지 모르겠다. 그러나 사랑은 사실 그런 존재가 아니다. 이는 독자적으로 존재하는 어떤 사물이 아니라 **어떤 존재의 속성**(어떤 실체 안에 있는 우발적 성향)이기 때문이다." 이어서 그는 알레고리를 쓰는 자들은 "자기가 말하는 내용에 대한 모종의 해석을 마음에 유념하지 않고는 그것을 말하면 안 된다"라고 한다. "왜냐하면 혹자가 어떤 비유나 수사를 이용해 시를 지었다가, 필요에 의해 그 옷을 벗기고 그 글 자체의 진정한 의미를 밝혀야 할 때 그러지 못하는 것은 매우 수치스런 일이기 때문이다"(「새로운 인생」 25장). 말하자면, 우리가 스스로의 유창한 표현에 넘어가서 추상적 개념들에다 실제 인간에게 속하는 그런 실체를 부여해서는 안 된다는 뜻이다. 그리고 또 한 가지 우리가 유의해야할 점은, 문자적 의미와 비유적 의미를 서로 분리시키되 모든 점에서 서로 상응하는 두 가지 각기 독립된 이야기들을 만들어야 한다는 것이다. 각 이야기가 그 자체로 일관성 있는 완전한 이야기여야 한다는 말이다.

물론 이런 말을 하는 단테는, 모든 알레고리 작가를 통틀어 가장 위대한 작가다. 하지만 그의 알레고리는 특별한 성격을 갖고 있다.「신곡」에서 그는 아주 독자적인 방법을 창안했는데, 아무도 지금까지 그만한 규모로 성공리에 알레고리를 사용한 적이 없을 정도다. 거기에 등장하는 모든 인물들이 한 사람이 갖고 있는 속성들을 상징하는 건 사실이다. 그러나 그는 의인화된 추상적 개념들을 사용하는 대신에 그런 속성들을 자연스럽게 반영하는 실제 역사적 인물이나 신화적 인물을 사용했다. 따라서 다양한 종류의 자만심을 상징하는 인물이 수페르비아(Superbia)라고 불리는 숙녀나 오르고글리오(Orgoglio)라는 거인이 아니라, 카파네우스, 파리나타, 움베르토, 알도브란데스코, 화가 오데리시, 프로벤잔 살바니 등과 같은 사람들이다. 그래서 단테는 단번에 추상적 개념의 대화와 행위를 속박하는 그 제약을 없애 버리고, 신화가 신들을 취급할 때 누리는 그런 자유를 되찾는다.「신곡」이 온통 상징으로 점철되어 있고 위대한 상징적 틀을 창시한 건 사실이지만, 거기에 나오는 상징물과 그것이 표상하는 것이 서로를 침범하지 않게 하는 가운데 최소한 세 가지 차원의 알레고리적 해석이 가능하다. 그러나 이제까지 단테의 활을 구부릴 만한 사람은 하나도 없었다. 그래서 그보다 좀 못한 대가들의 작품을 통해 알레고리를 공부하는 것이 더 쉬울 것이다. 그럼에도 우리가 주목할 점은, 단테가 택한 그 이야기 구조가 그 후에 아주 보편화되었고 풍성한 열매를 낳았다는 사실이다. 그것은 곧 여행 혹은 순례의 구조를 일컫는다.

알레고리가 문학의 지배적 양식이 된 것은 14세기다. 작가가 어떤 주제에 관해 무슨 얘기를 하고 싶든, 마치 여행용 가방에 구겨 넣듯이 모종의 알레고리적 로맨스에 끼워 넣었다. 이와 비슷하게, 19세기에는 한 작가의 이질적인 인생관들이 감상적 소설의 형태로 거의 자동적으로 표출되었다. 즉 그 작품이 무슨 주제를 다루든지 간에 언제나 젊은 남녀의 감상적 내력의 형식을 취했다는 말이다. 특정 문학 양식이 문학계를 지배하게 되면 엄청나게 많은 작품이 쏟아져 나오게 된다. 그 가운데 일부는 나쁜 작품, 또 일부는 훌륭한 작품이고, 나머지 다수는 그렇고 그런 작품들이다. 그리고 그 양식의 고전적 윤곽이 뒤틀리게 된다. 여행용 가방에 물건을 많이 집어넣으면 불룩해지는 것처럼 내용물에 눌려 모양이 찌그러지는 것이다.

스펜서(Spenser)의 「요정 여왕」에 이르면 알레고리를 짊어질 만큼 짊어져서 이미 모양이 비뚤어지기 시작한다. 그는 이

점을 알고 일부러 고어(古語)를 사용했다. 이야기의 줄거리로 옛날 아서의 로맨스를 사용한 것이다. 단 12세기에 알려진 데로 사용하지 않고, 보이아르도(Boiardo)와 아리오스토(Ariosto, 르네상스 시대를 대표하는 15세기 이탈리아 시인들—편집자 주)가 환상적으로 발전시킨 형태—모험에 모험을 쌓고 이야기와 이야기를 서로 얽어놓되 굉장히 풍부하고 세밀한 묘사를 가능케 하는 방식—로 사용한다. 스펜서의 방식은 정말 알레고리적이고 알레고리 속에 알레고리가 등장하는 경우도 많다. 「알마의 집」(The House of Alma)이 그러한데, 두 번째 책의 주제인 금주(禁酒)의 알레고리 안에, 인간 몸에 대한 (그 자체로 완벽한) 알레고리적 묘사가 가득 차 있다. 그는 또한 도덕적 알레고리를 정치적 알레고리와 얽혀 놓았다. 여기서 **얽혀 놓았다**는 말은 알레고리의 순수 형태가 희미해졌다는 것을 뜻한다.

누구든 「요정 여왕」이 지닌 정치적 의미에서 그것을 둘러싼 시적인 옷을 벗겨내어 완벽한 작품으로 내놓는 것은 불가능하다. 그러면 그 모습이 누덕누덕 기워놓은 것 같을 것이고, 해석의 수준들도 혼란스럽게 될 것이다. 또한 실제 사람과 의인화된 형태, 상징물과 그것이 상징하는 것 사이를 뚜렷이 구별하는 일도 항상 가능하진 않을 것이다. 가령, 귀용 경은 실제 금주가인가, 아니면 한 사람 안에 있는 금주의 미덕인가? 요술쟁이의 모습은 한 사람이 아니라 어떤 속성을 가리키는 게 분명해 보이지만, 그가 **기회**와 **열광**을 묶으려고 갑자기 쇠자물쇠, 막대기, 쇠고랑 백 개를 만들 때에는 그것들이 어떻게 해서 기사의 손에 들어갔고 요술쟁이가 어떻게 광활한 시골을 헤매게 되었는지 의아해하지 않을 수 없다. 이는 알레고리가 그 이야기에 침범해서 동요를 일으킨 결과다.

하지만 우리가 알레고리적 의미가 진짜 중요한 의미라는 점을 염두에 두고 읽는 한 그런 문제에 크게 구애될 필요는 없다. 그러나 만일 그 알레고리를 잊어버리고 이야기만 혹은 그 시만 읽으려고 애쓸 경우에는, 「신곡」이나 「장미의 로맨스」 혹은 「오를란도 퓨리오소」(Orlando Furioso, 아리오스토의 작품—편집자 주)와 같은 엉터리 작품을 읽을 때는 느낄 수 없었던 일종의 부조화를 발견하고 약간 당황하게 될 것이다. 스펜서의 경우 알레고리의 꽃이 만개했고 그 향기와 아름다움은 비길 데가 없지만, 그 꽃잎이 떨어지기 시작한다. 그 후에는 이처럼 알레고리 일색의 이야기는 문학 장르에서 사라지게 된다. 단 도덕의 영역에서는 순수한 형태의 알레고리가 놀랄 만큼 늦게까지 무대를 장악하려고 애쓰게 되지만 말이다. 15세기 말에 나온 「만인」(Everyman, 작자 미상의 영국 희곡으로 만인이 주인공임—편집자 주)이란 작품은 350년 전에 쓰인 「장미의 로맨스」만큼 순수한 형태를 유지하고 있으며, 거기에 나오는 의인화된 속성들은 후자만큼 미묘하진 않지만 아주 인간적인 특징을 지니고 있다. **만인**과 동행하던 **아름다움**은 그 길이 무덤으로 끝나는 것을 알고는 크게 놀라, "아니, 내가 여기서 숨 막혀 죽어야 하는가?" 하고 소리치고는, 사실이 그렇다는 것을 알고 서둘러 이렇게 덧붙인다.

> 나는 이 모든 걸 지우겠소. 성 요한이여, 안녕!
> 나는 무릎에 있는 모자를 들고 떠났다.

반면에 **힘**은 상식이 있고 솔직한 친구 역을 맡는다.

> 그래, 나는 네가 충분히 [의도를] 전달했다고 생각해.
> 네가 순례 길을 갈 만큼
> 나이가 충분히 들었다는 것도 이해해.
> 나는 여기에 온 걸 후회한다네.

16-17세기로 접어들고 난 후에도, 대부분의 영역에서는 아직 인간이 자기 정신에서 일어나는 의식적 과정을 알레고리로 단순화시키지 않고 직접 표현할 수 있을 만큼은 성장하지 않았음을 알 수 있다. 하지만 단순한 사람이—유식한 자는 아니더라도—스스로를 분명히 자각하기 위해 도움을 받아야 할 심리학적 영역이 한 군데 있었다(프로이트 학파의 정신 분석학

을 의미함–편집자 주).

제네바를 중심으로 일어난 커다란 신학 논쟁은 바깥에 계신 초월적 하나님과의 대면에서 오는 종교적 체험을 영혼 안에서 일어나는 영의 운동으로 전이시켰다. 언제나 그랬듯이, 강한 죄의식—분열된 인격에 대한 생생한 인식—은 어떤 극적인 표현을 요구했다. 잉글랜드에서는 17세기 말에 있었던 종교적 투쟁과 박해를 계기로 이런 내면의 위기에 대한 심각한 의식이 생겨 존 번연의 작품들—특히 「거룩한 전쟁」(*The Holy War*)과 「천로역정」—이 탄생하게 되었다.

번연이 무엇을 모델로 삼아 이 책들을 썼는지는 알기 어렵다. 그가 성경에 깊이 빠져 있었다는 말로는 다 설명할 수 없다. 성경에 신화와 비유는 많지만 알레고리는 거의 없기 때문이다. 번연이 알레고리적인 시를 읽거나 도덕극을 본 적이 있는가 하는 점도 의심스럽다. 하지만 만일 이런 것이 전혀 없었더라면 그의 책들은 아주 달라지지 않았겠는가? 그런 장르의 특징들이 거기에 모두 들어있으니 말이다. 의인화, 순례 혹은 영혼의 싸움, 추상적 개념들 간의 논쟁, 꿈이라는 틀 등. 그렇다면, 어쩌면 여러 세대에 걸쳐 사람들의 마음에 각인되어 있던 알레고리의 전통이 설교를 통해 대대로 내려왔을 지도 모른다. 「거룩한 전쟁」은 그 형태에 있어 「장미의 로맨스」만큼 고전적 순수성을 갖고 있다. 「천로역정」은 스펜서 식 혼합

형이라고 볼 수 있는데, 거기에 (**넓은 마음** 씨 혹은 **해석자**와 같이) 우리가 지금 사람이나 추상적 개념 중 어느 것을 다루고 있는지 아주 분명하지 않은 대목과, (허영의 시장에서의 **믿음** 씨의 순교와 같이) 문자적 이야기와 알레고리적 이야기 사이에 약간의 혼동이 있는 대목도 있기 때문이다.

「거룩한 전쟁」은 「천로역정」만큼 명성을 얻거나 많은 사랑을 받은 적이 없다. 글쎄, 내가 생각하기엔, 그 엄격한 양식 때문이기보다는 전쟁이란 주제―특히 포위된 상태에서의 전쟁―가 여행이 주는 만큼 다양하고 흥미로운 일화들을 제공할 수 없었기 때문이라고 본다. '영혼의 싸움'(psychomachia)은 분열된 의지를 분석하기엔 가장 적합한 기제이지만, 장기적으로 만족스런 반응을 불러일으키진 못했다. 하지만 전자는 후자 못지않게 번연의 알레고리 작가로서의 재능이 유감 없이 발휘된 작품이다. 특히 추상적 개념들을 소박하고 유머가 넘치고 설득력 있는 인물로 표현하는 그의 능력이 크게 돋보인다. 이를테면, **의심** 씨가 신의 왕 샤다이의 군대에 저항하다가 전쟁 포로로 잡혀 재판을 받을 때의 자기 변호를 생각해 보라. **의심** 씨는 본래 만소울의 주민이 아니라, 디아볼루스가 그 도시를 점령했을 때 정착한 점령군의 일원이다.

그 때 **의심** 씨는 이렇게 말했다. "나는 샤다이를 모르오. 다만 옛

왕을 사랑할 뿐이오. 나는 내 믿음에 충실한 것이 내 의무라고 생각했소. 만소울의 주민의 마음을 사로잡아 낯선 자들과 외국인들을 대항하여 끝까지 싸우도록 최선을 다해 설득하는 일이 마땅한 본분이라고 말이요. 현재로선 당신이 이 장소와 권력을 쥐고 있지만, 고생이 두려워 내 생각을 바꿀 순 없소"

이 변호가 각하되긴 했으나, 그건 냉담하고 추상적인 자만심의 변호가 아니라 인간의 변호이고, 우리 역시 이와 아주 비슷한 소리를 최근의 전쟁 재판에서 많이 들었다.

번연은 알레고리의 전통에 속한 잉글랜드의 마지막 작가다. 그 이후에는 백오십 년에 걸쳐 합리주의, 상식, 통합 정신, 전능한 교육을 믿는 풍조 등이 지배한다. 그리고 설사 윌리엄 블레이크(William Blake) 같은 인물이나 낭만주의 그룹같이 내면의 갈등을 잘 인식하던 자들이 있긴 했으나, 그들은 알레고리의 형식을 통하지 않고 상징주의나 예언, 혹은 직접적 표현과 논증을 통해 그런 풍조에 항의했다.

그런데 19세기 말에 이르러, 자연에서의 인간의 위치에 대한 새로운 과학적 견해가 낳은 영적 분열과 불안 의식이 대규모의 알레고리를 다시 되살렸다. 바로 테니슨의 「왕의 목가」(*The Idylls of the King*)가 그것이다. 이것은 대단히 흥미로운 작품이지만, 20세기 비평가들은, 그 작품 자체가 알레고리라고 주장함에도, 자신이 알레고리에 무지하거나 그것을 경멸하는 나머지 그 장점들을 결함으로 줄곧 오해하고 그 작품을 비난하는 등 터무니없이 경솔한 태도를 보여 왔다.

그 작품에 사용된 알레고리적 기법이 아주 서투르고 한결같지 않은 건 사실이다. 그 이유는 부분적으로 알레고리를 쓰고 읽는 기술을 이미 망각한 시대에 쓰였기 때문이고, 또 부분적으로는 그것이 40년에 걸쳐 쓰인 작품인 까닭에 처음 몇 가지 이야기만 해도 알레고리를 확실히 염두에 두고 쓴 게 아니기 때문이다. 실은 그가 작품을 써가는 과정에서, 그가 「헌정」(*Dedication*)에서 말하듯이, 자기가 "감각과 영혼의 전쟁에 관한" 알레고리를 쓰고 있다는 사실을 완전히 의식하게 되었다. 전체적으로 보면, 테니슨이 말로리(Thomas Malory, 15세기 잉글랜드 기사로 알려져 있으며 아서 왕 이야기를 쓴 작가로 추정된다—편집자 주)를 단순히 다시 쓰는 대목이 가장 엉성한 부분이고, 일부러 자기 말로 알레고리화시키는 대목이 가장 뛰어난 부분이다. 「왕의 목가」의 첫 작품인 「아서의 도래」(*The Coming of Arthur*)는 가장 나중에 쓰인 대목 중 하나로서 알레고리와 시 양면에서 가장 뛰어난 부분이다.

(그가 잘 알고 있었던 작가인) 단테처럼, 그는 의인화된 추상 개념을 사용하지 않고, 그런 개념들을 잘 상징하는 전통적 인물들을 사용하기로 정했다. 12세기의 공상 작가들과 스펜서처

럼, 그는 영국의 문제를 자기 이야기의 소재로 선택했다. 그는 사람들로부터 아서의 기사들을 빅토리아의 숙녀들과 신사들로 바꿨다고 조롱을 받았으나, 이 점에서는 테니슨이 옳고 비평가들이 틀렸다고 생각한다. 알레고리 작가는 당대의 문제들에 입각해서 작품을 써야 한다. 이는 과거에 공상 작가들이 아서의 부하들을 중세의 연애에 빠진 자들로 바꿨던 것과, 스펜서가 그들을 건전한 개신교 도덕을 가진 엘리자베스 시대인으로 바꿨던 것과 마찬가지다. 어떤 작가도 다른 시대의 정신적 습관을 자기 것으로 삼을 수는 없다. 설사 그럴 수 있다 하더라도 거기서 나오는 것은 모방 작품에 불과할 것이다. 우리가 셰익스피어의 리어 왕에다 무슨 옷을 입히든지, 그는 민속 이야기에 나오는 전설의 왕이 아니라 르네상스 시대의 복잡한 인물이다.

또 "테니슨의 흠 없는 왕의 고통스런 콧소리"에 관해 경멸조로 얘기하는 것도 별로 바람직하지 않다.* 우리의 눈에는 아서 왕이 매력적으로 보이지 않을 수도 있다. 귀네비어도 마찬가지였다. 바로 이런 게 알레고리라는 것이다. 그 시를 지배하는 중심 이미지가 바로 아서와 귀네비어의 결혼이기 때문이다. 만일 (이게 전반적인 논리인데) **영혼**(아서)이 **마음**(귀네비어)의 충

---

* Graham Hough, *The Last Romantics*.

성심을 보유할 수 없다면, **사람의 본성**[로그레스(Logres), 영국 내에 있는 아서 왕의 영토 명—편집자 주]에 대한 지배권을 확고히 할 수 없다. 왜냐하면 그 영역이 "내면의 거짓에 의해 배신당할 것"이기 때문이다. 문제는 사실 귀네비어의 내면에 있지만, 그녀의 반역을 그저 잘못된 것으로만 취급되어서는 안 된다. 아서의 내면에는, 모든 이상주의가 그렇듯이, 미처 훈련되지 않은 마음이 혐오스럽게 생각할 만한 그 무엇이 있다. 여기서 테니슨의 오류는 어느 지점에서 알레고리 작가가 흔히 저지르는 잘못, 곧 비유적 이야기와 문자적 이야기 간의 혼동에 빠지는 것이다. 아서와 귀네비어의 성적 관계는 **영혼**과 **마음**의 관계를 보여 주는 이미지일 뿐이다. 「귀네비어」(*Guinevere*)라 불리는 그 목가에서는 그가 마치 그것을 정말 성적 윤리의 문제인 것처럼 취급하는 잘못에 빠졌다. 즉 공적인 지위를 가진 남자가 공공연하게 자기 아내의 간음을 묵과하는 게 정당화될 수 있는가 하는 문제로 말이다.

그러나 **영혼**이 좋은 본보기를 세울 목적으로 **마음**을 공공연하게 반박한다는 것은 생각하기 어렵다. 이원론적이고 금욕적인 인생관을 갖고 있지 않는 한 그렇다는 말인데, 사실 테니슨은 그런 인생관을 받아들이지 않았다. 그렇다고 여기서 알레고리적 해석을 주장할 수 있는 논리를 전혀 개진할 수 없다는 말은 아니다. 하지만 그렇게 하려면 상당한 재간이 필요하고, 그렇게 하더라도 뭔가 억지 해석같이 부자연스럽게 보일 것이다. 그 단락의 전반적 어조는, 테니슨이 말로리에서 본 그 이야기의 진상을 대면한 바람에 자신의 알레고리에서 비켜나가 다른 문제를 다루게 된 것처럼 시사한다. 다른 문제란, 죄인을 용서하는 동시에 죄를 정죄할 뿐 아니라, 실제로 그렇게 하도록 분명히 하는 것을 가리킨다. 내가 생각하기에, 아서를 그저 경건한 체하는 인간으로 치부하는 것은 잘못이라고 본다. 그는 (오늘날 우리와는 달리) 공적인 행위 규범을 유지하는 데 관심이 많다. 따라서 그가 빠진 절실한 딜레마를 **점잔빼는 자**, **위선자**란 말로 치부해 버리면 안 된다. 그러나 테니슨이 그 이야기를 다루는 방식을 볼 때 그 시 전체의 알레고리적 구조와 잘 들어맞지 않는다고 지적하는 것은 정당하다고 생각한다.

다른 한편, 「아서의 도래」(*The Coming of Arthur*)에 나오는 아서의 혈통에 관한 긴 논쟁은, 진화론에 의해 촉발된 마음 탐구를 전통적인 알레고리적 논쟁의 어투로 옮긴 상상력이 뛰어난 걸작이다. 과연 그는

> 수치심의 자식인가,
> 아니면 죽음 이후에 태어난 고를로이스의 아들인가,
> 아니면 우서의 아들로서 그 시대 이전에 태어난 존재인가.

영혼이란 무엇이었는가? 그것은 천국의 자손이었나, 아니면 동물적 본능에서 진화된 것인가, 아니면 자기 기만의 후손인가? 그것은 사람 본성의 나머지 부분에 대한 지배권을 주장할 권리를 갖고 있는가, 아니면 그런 권리는 찬탈한 것에 불과한가? 그리고 그 논쟁은 아서의 신비로운 틴타겔 도착 장면에 대한 메를린의 이야기로 끝난다. 폭풍우, 날개 달린 용처럼 생긴 배, 불과 물의 소용돌이 속에서 해변으로 옮겨지는 발가벗은 아기….

그리고 그 후에는 잔잔하고, 바람 없는
하늘과 별들이 뒤따랐다.

테니슨은 너무 정직해서 자기가 던진 질문에 넌지시 대답할 수밖에 없는 작가다. 지성을 대변하는 메를린은 그걸 밝히지 않으려 한다.

[그것을] 아는 자가 어디에 있는가?
그 깊은 심연에서 그 깊은 심연으로 나가는 그 사람.

이 목가는 세세하고 미묘하고, 최고 수준의 기술이 돋보이는 탁월한 알레고리 작품이다. 알레고리적 성격이 좀 약하긴 하지만 그와 동급의 훌륭한 작품인 「란슬롯과 일레인」(Lancelot and Elaine)과 「성배」(The Holy Grail)는 둘 다 균형 잃은 이상주의가 낳는 병적인 영향력을 다루고 있다. 전자는 이기주의적 감정의 환상으로 물러나는 모습을, 후자는 과도하게 영화(靈化)된 종교로 도피하는 모습을 각각 그려내고 있다.

내가 「왕의 목가」를 이 시대를 대표하는 작품으로 뽑은 이유는 두 가지다. 첫째, 거기에 나오는 쟁점은 간단한 것이라 우리가 다른 작품, 이를테면 「페르귄트」(Peer Gynt) 같은 것을 논의할 때처럼—신화, 형상, 상징 등에 관해—별로 헷갈릴 필요가 없기 때문이다. 둘째, 그 시와 현재의 위상이 알레고리를 쓰고 읽는 습관이 타락하게 되면 무슨 일이 생기는지를 너무나 생생하게 보여 주기 때문이다. 테니슨의 입장 자체는 불분명하다. 자기가 무슨 종류의 시를 쓰고 있는지, 혹은 알레고리를 쓰는 것을 사과해서는 안 되는 것인지 여부에 대해 분명히 밝히지 않는다. 그리고 그것이 비판적 평가에 미친 영향은 치명적이었다. 작가들이 보통 알레고리에 대해 무지하거나 알레고리를 경멸해서 그것을 진지하게 받아들이지 않기에 전혀 엉뚱한 기준으로 그 작품을 판단했기 때문이다. 우리가 살고 있는 시대는 어떤 것에 알레고리라는 딱지를 붙임으로 더 이상 고려할 가치가 없는 것으로 치부하고 있다. 그래서 최근의 한 작가는 다음과 같은 예이츠(William Butler Yeats, 아일랜드 시인,

1923년 노벨문학상 수상자—편집자 주)의 말을 인용한다. "나는 실체가 없는 생명의 신비를 표현하기에 적합한 단 하나의 언어가 상징이므로 그것은 좋아하지만, 알레고리는 대체로 지겨운 것으로 여긴다. 블레이크가 말하듯이, 알레고리는 마법사의 열광이 없이 차갑게 '기억의 딸들'에 의해 만들어진 것이다." 이어서 이렇게 논평한다. "상징은 달리 표현할 수 없는 영적 본질에 관한 유일한 표현방법인 반면, 알레고리는 **다른 말로 이미 표현되어 온 그 무엇, 곧 이미 낯익은 어떤 원리를 자의적으로 해석한 것일 뿐이다.**"*

역사적으로 볼 때 이런 주장은 틀린 것이라는 사실을 우리가 이미 살펴보았다. 수습공의 손에서는 알레고리가 이미 낯익은 것을 해석하는 도구로(상징처럼) 사용될 소지가 있다. 그러나 알레고리는 언제나 아직 정확한 말이 창안되지 않은 그 무엇을 표현하려는 시도로 출발한다.

우리가 이 점을 유념하는 한, 상징은 영혼의 더 깊고 원시적인 차원에서 나오고 또 그것을 자극하는 데 비해, 우리가 맨 처음에 얘기했듯이, 알레고리는 원시적인 것이 아니며 원시적 심성이 만들어 낼 수도 없는 것이라는 데 쉽게 수긍이 갈 것이다.

---

* Graham Hough, *The Last Romantics*.

만일 우리가 이제까지 개진한 입장이 조금이라도 일리가 있다면, 즉 심리적 분열 상태에 대한 강한 불안감이 알레고리를 초래하게 된다면, 우리 시대에 대해선 무슨 말을 할 수 있을까? 알레고리라는 것이 현재 문학 양식으로서 멸시되고 오해되고 있는 현상을 보았지만, 사실 지금만큼 정신 분열 현상이 심각하게 인식된 적도 과거에 없었다. 그러면 당연히 알레고리가 크게 부흥해야 하지 않을까? 그런데 왜 이런 상황에서 알레고리가 죽은 듯이 가라앉아 있는 것일까?

 이에 대한 답은, 한 마디로, 우리가 현재 알레고리의 부흥을 실제로 경험하고 있다는 것이다. 우리가 기대하고 있던 장소와는 다른 곳에서 그런 일이 일어나고 있지만 말이다. 사실 비평가들이 미처 [알레고리의] 몸을 묻기 전에 그것이 부활했고, 시인이 아니라 특히 프로이트 학파의 정신 분석학자들에 의해 부흥되었다. 내가 현재 가리키고 있는 대상은 그들의 원시적 신화에 대한 이상한 용법이 아니라, 그들이 무의식의 심리학에 관한 실험의 결론을 표현할 때 사용하는 흥미로운 어휘다. 그 어휘는 과학적 어휘가 아니라 시적인 어휘로서 그 주제를 표현할 때 시적인, 아니 허구적인 형식을 사용한다.

> [프로이트의] 정신 개념(J. C. 플루겔에 의하면)은 본질적으로 역동적이다. 그는 갈망(striving) 혹은 의욕(conation)을 진정한 정신의 기

능으로 간주하고, 정신의 서로 다른 부분들 간의 적대 관계는 일관되지 않은 상반된 정신적 성향들 혹은 '희망들' 사이의 갈등으로 가장 잘 표현될 수 있다고 생각한다.*

이건 아주 분명한 진술이다. 인간 의식을 처음 탐구한 선구자들처럼, 무의식의 선구자들도 '영혼의 싸움'의 견지에서만 스스로에 대해 생각하고 표현할 수 있는 것이다. 이런 방책은 프로이트의 후계자인 아들러와 융도 사용하고 있다. 이 갈등에는 의인화된 추상 개념들이 소란을 피우며 참여하는데, 그 가운데 일부는 우리에게 생소하고, 또 일부는 다른 이름으로 우리에게 낯익은 것들이다. **리비도**(어떤 면에서는 중세의 **큐피드**에 상응하는 인물), **센서**(단테에서는 재가의 문턱에 앉아있으나 프로이트에서는 의식의 아래편 문턱에 위치하고 있는 인물), **에로스와 아가페**(과거의 **비너스**와 **아모르**에 상응하는 인물들), **생명에의 의지, 죽음에의 의지, 권력에의 의지**(다른 면에서는 유사성이 없으나, 스펜서의 **산스포이, 산스로이, 산스조이**와 같이 일종의 가족 집단을 이루고 있는 인물들), 그리고 또 다른 삼위일체를 형성하는 **에고, 슈퍼에고, 이드** 등. **의식**의 집에 대한 수치스러운 **희망들**의 공격, 그들의 출입에 반대하고 그들을 억압해 문턱 아래에 있는 지하 감옥에 가두는 **센서**와의 대면, 변장을 하고

---

* Dorothy Sayers, *Begin Here* 2장.

상아 문을 통해 **꿈**의 **정원**으로 탈출하는 것, 훌륭한 주민인 **정신**과 **행위**에게 구사하는 장난기 어린 술수, 좋은 마법사들—**분석, 전이, 승화**—이 그들의 가면을 벗기고 그들을 회심시켜 마침내 **의식**의 통제 아래 두고 그들로 **인격**(통합된 인격)에게 충성을 맹세하게 하는 긴 과정은 그야말로 알레고리로서 전혀 손색없는 신나는 이야기다. 알레고리의 주된 위험은, 단테가 조심스레 지적하듯이, 우리가 자신도 모르게 그 시적인 진리를 구체적 사실로 착각하는 데 있다. 앞서 인용한 작가는 우리로 통상적인 사고와 행위의 의식적 표준에 따르게 하는 그 '무의식적 도덕'에 관해 이렇게 얘기한다.

> 이 도덕은 [현재] 정신에 내재하는 확실한 실체로 간주되고 있고, **슈퍼에고**라고 불린다. 말하자면, **슈퍼에고**의 간절한 부탁으로 **센서**가 자기 임무를 수행하는 것이다.

그는 **실체**(entity)라는 철학적 용어를 느슨하게 사용하고 있는데, 이로 인해 우리가 **슈퍼에고** 혹은 다른 의인화된 속성이 정말 하나의 **실체**—독자적인 존재—인 것처럼 잘못 생각하면 안 된다. 사실 우리가 알레고리의 해석법을 잘 알고 있다면 그런 오해를 하지 않을 것이다.

그것은, 진리에 의하면, 잘못이다. 왜냐하면 사랑(혹은 의인화된 다른 어떤 것도)은 별개의 존재가 아니라, 어떤 존재 안에 있는 속성(어떤 실체 안에 있는 우발적 요소)이기 때문이다.

우리가 이 점을 유념하고 단일 정신의 복잡한 활동 각각에다 자존적인 객관적·악마적 실체를 부여하지 않는 한, 우리는 이런 근대적 알레고리들을 우리 내면의 갈등을 묘사하는 그림으로 쉽게 수용할 수 있다. 그렇지 않을 경우, 근대 심리학의 알레고리들은 과거의 능력 심리학의 알레고리만큼 천편일률적이고 비실재적이 되거나, 물질과 영을 나누는 마니교의 이원론만큼 위험한 접근이 되고 말 것이다.

만일 새 심리학의 알레고리적 기제가 문학에 흘러 들어가지 않았다면 오히려 이상하게 여겨졌을 것이다. 그래서 실제로 그쪽으로 흘러들었다. 상당히 많은 근대적 시와 소설이 모종의 알레고리적 의미를 전달하고 있어서 우리를 골치 아프게 만든다. 우리는 단테의 말마따나 "글을 둘러싸고 있는 옷을 벗겨내고 그 글 자체의 진정한 의미를 파악하는 일"이 대단히 어렵다는 것을 발견한다. 먼저, 거기서 사용되는 이미지들이 전통적인 것이 아니다. 또 과거의 알레고리 작가들은 비알로쿠알, 두에사, 혹은 자이언트 디스페어(Giant Despair) 등을 의인화시킬 때 그 등장 인물의 이름으로 무언가를 알 수 있게

도와주었으나, 근대의 작가들은 그런 실마리를 제공해 주지 않는다. 심지어는 정신 분석학의 알레고리적 인물들도 공공연하게 사용하지 않는다. 더군다나, 작가들과 그들의 변증가들 모두 **알레고리**라는 말이 역겨운 단어인 양 그 사용을 피하고, 그 대신 엄밀하게 말해 그것과 다른 의미를 가진 **신화** 혹은 **상징** 같은 용어를 선호한다.

근대 알레고리 작가의 탁월한 본보기로는 1924년에 죽은 프란츠 카프카(Franz Kafka)를 들 수 있을 것 같다. 그의 작품 가운데 가장 길고 중요한 것이 「심판」(*The Trial*)과 「성」(*The Castle*)인데, 이 두 작품은 자신과, 자기를 초월한 어떤 권력과의 관계에 대한 인식을 알레고리적으로 표현하고자 하는 시도다. 그는 막연하게나마 이 권력이 자신에게 전적인 충성을 요구한다고, 또 그것이 자기 생각과 행동을 심판하는 절대적 심판석에 앉아 있다고 주장한다고 느낀다. 하지만 그것이 어떤 권리나 가치관에 입각해 자신을 심판하는지 이해할 수 없다. 그는 그 권력과 직접적인 접촉을 가질 수 없다. 그것들과의 의사소통의 통로를 마련해 주겠다고 주장하는 모든 중개자들은 오히려 그를 넌센스, 좌절, 혼란, 더러움에 **빠뜨릴** 뿐이다. 그럼에도 그 길을 찾아 관계를 맺으려는 강박 관념이 끈질기게 지속되면서 일상 생활에 적응하는 것은 점점 더 불가능해진다. 시종일관 암시되고 있는 점은, 그의 성공을 막는 장애물이 바로 자기가 처한 상황을 지적으로 해석하고 스스로를 정당화시키고자 하는 결심이라는 것이다. 두 작품 모두 미완성된 채로 끝났다. 그래서 이 애절한 신비는 완전한 해답을 찾지 못한 채 남아 있게 된다.

카프카의 수수께끼 같은 작품들에 대한 하나의 열쇠를 발견한 인물은 허버트 타우버(Herbert Tauber)의 「프란츠 카프카: 카프카 작품 해설」(*Franz Kafka: An Interpretation of His Works*)이다. 이 책은 여기저기 오류가 있는 불완전한 해석서일지 모른다. (단테의 문제를 붙들고 씨름하는 데도 육백 년이란 세월이 걸렸는데, 아직도 우린 그 숲에서 나오지 못하고 있지 않은가!) 현재 우리의 관심사는 이 열쇠가 그 책들을 알레고리로 취급한다는 점이다. 타우버는 이렇게 말한다. "카프카는 오랜 시적 허용(poetic license)의 법칙을 활용하면서, 풍경들을 사용해 마음과 집과 방의 상태를 상징하는데, 이것들은 또한 인격과 사람과 동물의 자기 에고의 여러 측면을 상징하는 상징물들이며, 심지어는 **운명**(Fate)을 성품의 기능으로 표현하기도 한다." 그리고 이렇게 덧붙인다. "이 모든 특징들은 초현실주의자들이 새로운 발견인 양 치켜세우는 것이며 그들이 일부러 '예전의' 현실 세계와 정반대되는 것으로 설정한 것으로서, 카프카의 작품에서도 그것들이 발견되어야 한다." 그는 이렇게 덧붙일 수도 있었을 것이다. 즉 이런 특징들이 '현실주의적' 소설에서는 발견될 수 없지만, 사실 1세기 이래 모든 알레고리 작가들에게서 발견될 수 있는 것이기에 새로운 발견과는 거리가 멀다고 말이다. 마음의 상태와 에고의 여러 측면을 의인화하는 소설은, 신화와 상징을 사용하든 않든, 하나의 알레고리라고 볼 수 있다.

알레고리를 읽을 때 우리가 피해야 할 오류는 크게 세 가지라고 생각한다. 첫째는 이야기에 생동감과 박진감을 주기 위해 쓰인 대목을 포함해 본문에 나오는 단어 하나하나가 무엇을 의미하는지를 찾으려는 지나친 노력이다. 가령, 단테가 자신이 불과 세 발자국 만에 누군가에게 다가갈 수 있었다고 말했다고 하자. 이 때 여기에 나오는 셋이라는 숫자와 각 발자국에 대해 어떤 알레고리적 의미를 부여하는 일은 아주 불필요하다. 또 기욤 드 로리의 정원에서 자라는 나무 각각에서 특별한 의미를 찾으려는 것도 바람직하지 않다. 중세의 많은 논평가와 근대의 일부 논평가가 이런 유의 고지식한 문자주의에 빠져 왔는데, 그것은 대체로 알레고리란 단어가 사람들의 마음에 불러일으키는 역겨움과 신경질에 기인한 것이다. 우리가 상식과 시적 표현에 대한 감수성을 사용하기만 해도 우리가 읽고 있는 대목이 비유적 표현인지 단순한 장식인지를 분별할 수 있을 것이다. 그리고 무언가 강요되었거나 자의적인 것처럼 보이는 의미는 작가의 의도와 일치하지 않는 것이라고 생각하면 된다.

둘째 오류는 알레고리적 의미와 문자적 의미를 서로 혼동하는 것이다. 우리가 살펴본 것처럼, 작가의 잘못으로 그렇게 되는 경우도 있지만, 독자가 스스로 그런 길로 빠질 수도 있다. 알레고리의 대가들이 쓴 작품을 통해 조금만 훈련되면 그런 오류를 피할 수 있을뿐더러 작가가 실수로 그 선을 넘는 것도 간파할 수 있을 것이다.

셋째 오류는 훨씬 더 근본적인 것으로서, 육신의 피로와 영적 고뇌에 확실한 특효약이다. 그것은, 알레고리를 즐기는 최상의 방법은 그 시 혹은 이야기 자체에 집중하고 그것이 표상하는 바에 신경을 쓰지 않는 것이라는 아주 보편적인 생각이다. 그런데 사실은 그 정반대다. 예를 들어, 우리가 단테의 "지옥편"을 실제 지옥에서의 고통을 문자 그대로 묘사하는 것으로 읽는다면, 반도 못 읽어 좌절감과 혐오감에 빠진 채 순수 서정시의 보기 드문 순간들을 감상하지도 못할 것이다. 반면에 그것을, 일차적으로 인간 정신의 깊은 곳에 잠복해 있는 끝없는 악의 가능성을 탐구하는 시도로 본다면, 거기서 의외로 인간의 상황에 대한 적절한 묘사와, 마음에 거슬릴 정도로 날카로운 통찰력을 발견하게 될 것이다. 이는 단테의 작품처럼 가혹한 시뿐 아니라 「장미의 로맨스」나 「요정 여왕」과 같은 '색다르고 재미있는 구조'로 장식된 쾌활한 작품에도 똑같이 적용된다. 우리가 그 작품 전체가 정말 무엇에 관한 것인지를 볼 수 있을 때에만, 그 이야기에 등장하는 중요한 인물들에 수반되는 또 그들을 매력적으로 만드는 겹겹이 싸인 그 아름다움을 보고 지적인 즐거움을 누릴 수 있다. 우리 인간은 원래 장식을 위한 장식 그리고 가슴이나 머리에 호소력이 없는 아름다움에는 금방 싫증을 느끼는 존재이기 때문이다.

4. 파우스트 전설과 마귀의 관념
악역이 미화될 우려가 있음에 대한 경고

마귀에 관한 책이나 희곡을 쓸 때 가장 큰 어려움 중 하나는 그 역이 인기를 가로채는 걸 막는 일이다. 어떤 배우든 마귀를 주제로 삼는 극에서 마귀 역을 맡으면 틀림없이 성공한다고 말할 것이다. 사실 마귀는, 혈기왕성한 악한이 그렇듯이, 개성과 연기가 겸비된 멋진 모습을 갖고 있다는 면에서 그렇거니와, 마귀가 관객의 연민을 살 확률이 너무 높기 때문에 그렇기도 하다.

이것은 예술가에게나 청중에게 심각한 문제가 아닐 수 없다. 혹은 청중에게는 언제나 심각한 문제라고 말하는 편이 나을 듯하다. 예술가의 경우는 다음 셋 중 한 가지 면에서 심각하다고 할 수 있다. 첫째는, 자기가 무엇을 하고 있는지 알고 의도적으로 그렇게 하는 경우(그에게 영적으로 무언가 문제가 있는 경우다),

둘째는, 블레이크가 밀턴에 관해 말한 것처럼 "자기도 모르는 사이에 마귀 편이 되어 있는" 경우(영적인 악이 더 깊고 더 치료되기 힘든 경우다), 셋째는, 예술로 의사소통하는 걸 실패한 경우다.

마귀가 매력적인 모습을 지녀야 된다거나, 상상의 작품에서 그런 모습을 지니도록 만들어야 한다는 것은 놀랄 일이 아니다. 사실 매력적으로 나타나는 건 진짜 마귀가 할 일이다. 그렇기 때문에 우리가 죄의 유혹을 받는 게 아니겠는가? 만일 예술가가 이런 매력을 제대로 전달하지 못하면, 그의 마귀는 지루함이나 조소만 자아내는 멍청한 귀신에 불과할 것이고, 악의 위력을 전달하는 데 실패할 것이다. 하지만 예술가가 과연 자신의 창조물을 비판적 견지에서 볼 수 있는 능력이 있는지, 아니면, 의식적으로나 무의식적으로, 스스로의 마법의 힘에 굴복하고 말았는지를 확인하는 일은 예술적으로 또 신학적으로 무척 중요하다.

마귀는 신학적으로 아주 다루기 어려운 주제다. 우리가 마귀의 예술적 측면을 다루기 전에 먼저 신학적 측면을 다루어 (가능한 만큼) 길을 닦는 게 필요하겠다. 전능함과 자유 의지에 관한 문제는 해묵은 난제다. 만일 하나님이 전능하고 모든 걸 창조했다면, 창조 세계에 존재하는 악의 세력 혹은 모든 유의 악을 어떻게 설명할 수 있는가? 이에 대한 한 가지 대답— 마니교의 응답—은, 하나님의 전능함을 부인하고 선과 악, 빛과 어둠 등 두 세력의 공존을 허용하는 것이다. 이 경우에도 보통 결국에는 선이 악을 정복할 것이라고 추정한다. 이런 추정 배후에는 악과 어둠이 선과 빛만큼 근원적이라는 생각이 깔려 있다. 이것이 변형된 형태가 어둠을 근원적인 것으로 보는 견해다. 즉 어둠이 혼돈 혹은 심연 가운데 먼저 존재했고, 그 후에 빛ㅡ우리가 말하는 하나님ㅡ이 나타나서 모든 걸 원초적 혼돈 상태로 환원시키려는 세력에 대항해 선한 방향으로 창조 세계를 세워가고 있다고 본다. 이런 입장은 비정통적인 견해이고, 엄격히 말해 이단적인 것이다. 이런 생각이 베르자예프의 철학 배후에 상당히 많이 깔려 있다. 그리고 요즈음 유행하는 발생 진화론(doctrine of emergent evolution)과도 상당히 관계가 깊다. 이는 하나님 자신도 굉장히 긴 기간에 걸쳐 혼돈에서 서서히 진화해 오고 있다고 보는 견해다.

정통 기독교 입장은 좀더 미묘하고 덜 낙관적이다. 시간의 흐름에도 덜 관여한다. 그에 따르면, 오직 빛만이 근원적이고, 창조와 시간과 어둠은 이차적이며 다함께 시작한다. 이 문제를 곰곰이 생각해 보면, 어둠이 시간적으로 빛보다 앞선다고 말하는 것은 아주 무의미하다는 걸 알게 된다. 빛이 없는 곳에선 **어둠**이란 단어가 아무 의미를 갖지 못한다. 어둠이란 빛이 없는 상태를 일컫는 말이기 때문이다. 빛은 그 존재 자체로 어둠을 창조한다. 혹은 어둠의 가능성을 창조한다고 할 수 있다. 이런 의미로 볼 때만 "나는 빛도 만들고 어둠도 창조하며, 평안도 주고 재앙도 일으킨다. 나 주가 이 모든 일을 한다"(사 45:7, 표준새번역)는 말씀의 깊은 뜻을 헤아릴 수 있다.

그런데 바로 이 지점에서 악과 어둠과 혼돈이 반기를 들고 "우리는 빛이 있기 전에 존재하고 있었고, 빛이 나타나서 우리의 권리를 찬탈했다"고 자랑삼아 외칠 수 있다. 그건 착각일 뿐이다. 악과 어둠과 혼돈은 순전히 부정에 불과하므로, '빛이 있기 전'의 상태란 아예 존재하지 않는다. 근원적 존재인 빛이 시간의 흐름을 창조했기 때문이다. 그건 하나의 착각일 뿐이다. 이는 원초적인 착각으로서 그 안에 마귀가 살고 있고, 또 그 안에서 마귀가 스스로와 다른 존재들을 속이고 있다. 그 원초적 착각을 괴테의 메피스토펠레스가 완벽하게 대변하고 있다.

> 나는 태초부터 모든 것이었던 것의 부분의 한 부분,
> 빛을 낳은 어둠의 한 부분,
> (그 빛은) 어머니인 밤에게 과거의 영광도 어떠한 공간도
> 허락하지 않는 오만한 빛.

이것이 마귀의 주장이고, 그를 하늘에서 떨어지게 만든 바로 그 자만심의 발로다. 이건 너무나 멋진 말이고, 이것이

아주 매력적인 언어로 표현되면 마귀가 거짓말쟁이요 거짓의 아비라는 사실을 기억하기 힘들 정도다. 「실락원」에서도 사단은 똑같은 주장을 내세운다. 그는 하나님의 아들의 권세로 인해 '스스로 상처를 받았다고 느낀다.' 그는 자기가 그 아들보다 앞선 존재이므로 그에게 종속되어서는 안 된다고 믿는다. 아니, 믿는 체한다. 이어서 아브디엘과 벌인 논쟁에서 그는 엉성한 논리를 펴지만, 이 시점에 이르면 그가 스스로의 주장을 정말 믿고 있다고, 혹은 스스로 믿음의 착각 속에 빠졌다고 생각해도 좋을 정도다. 그것은 의지의 타락이 지력을 약화시키고, 마귀는 악한인 동시에 멍청이기 때문이다. 우리 모두는 그가 스스로 착각해서 희생을 자초한 자임을 반드시 명심해야겠다. 그러나 밀턴은 그렇지 않다. 그는 그 아들이 사단보다 앞선 자임을 그리고 사실 그분의 힘으로 사단이 창조되었다는 것을 알고 있고, 또 그렇게 말하고 있다.

그러므로 정통 기독교 입장은 빛을 근원적인 것으로, 어둠을 이차적이고 파생적인 것으로 본다. 이것은 악에 관한 신학에 중요한 함의를 지닌다. 「닥쳐올 재난」(*The Devil to Pay*)에서 나도 이런 논점을 편 적이 있다. 현재 기억나는 것은 어떤 신문의 비평가가 살짝 나무라기를, 내가 알아듣기 어려운 소리를 한참 지껄이다가 결국에는 하나님은 빛이라는, 별로 참신하지도 심오하지도 않은 진술을 했다고 지적한 것이다. 그건 물론 참신한 게 아니다. 그리스도인 작가의 임무가 기독교의 기본 교리에 뭔가 참신한 것을 도입하는 일이라고는 생각하지 않는다. 그러나 심오함은 별개의 문제다. 기독교 신학은 심오하다. 내가 그걸 창안하지 않았으니 그런 말을 할 권리가 있을지 모르겠다. 다음은 메피스토펠레스가 거짓이 용납되지 않는 그 재판관 앞에서 한 말이다.

> 파우스트: 누가 그대를 만들었소?
> 메피스토펠레스: 하나님이오. 빛이 그림자를 만들듯이.

그건 자기가 파생된 존재임을 시인하는 말이다. 나중에 이렇게 이어진다.

> 파우스트: 그대는 무엇이오, 메피스토펠레스?
> 메피스토펠레스: 나는 만물이 존재의 대가로 지불하는 값이오.
> 세상에 의해 던져진, 말씀 위의 그림자.
> 빛이신 하나님, 그 빛 가운데 서 있는 자요.

이 대목이 멋있는 시인지 아닌지를 떠나서, 이를 통해 우리는 근본적인 문제에 직면하게 된다. 악은 '만물(즉 모든 피조물. 하나님은 사물이 아니다)이 존재의 대가로 지불하는 값'이다. 말하자면, 피조물, 곧 물질의 형태로 존재하는 대가란 뜻이다. 피조물에게는, 하나님의 존재와 더불어 하나님 아닌 것(not-God)이 존재할 가능성이 있다. 비(非)유기체에게는 이것이 악이 아니라 변화로만 알려져 있다. 유기체이나 자의식이 없는 피조물에게는 변화와 고통이 모두 존재한다. 그런데 자의식이 없는 유기체에게 고통이 무엇을 의미하는지를 우리가 모르기 때문에, 여기에 우리로서는 도무지 풀 수 없는 대단한 신비가 존재한다. 하지만 자의식이 있는 피조물에게는 그 하나님 아닌 것이 변화, 고통, 지적인 오류, 도덕적 악으로 알려져 있다. 그리고 이 지점에서, 그것은 가장 깊은 의미에서 비로소 악이 된다. 이제는 의지에 의해 포용되고 활성화될 수 있기 때문이다. 악의 가능성은, 자기가 원해서—달리 어쩔 수 없기 때문이 아니라—사랑하고 선을 행할 수 있는 피조물이 만들어지는 순간부터 존재하기 시작한다. 악의 실제성은 잘못된 방향으로 선택이 내려지는 순간부터 존재한다. 죄(도덕적 악)는 그 하나님 아닌 것의 고의적 선택이다. 그리고 교회가 한결같이 지적해 왔듯이, 자만이 그 뿌리다. 말하자면, 피조물의 신분을 받아들이길 거부하는 것이다. 자신과 하나님의 차별성을 하나님에 대항하는 적대감으로 변모시키는 것을 일컫는다. 밀턴이 잘 보여 주듯이, 사단은 '스스로 상처를 받았다고 생각하고,' 그 순간 악을 자기의 선으로 삼겠다고 선택한다.

이것이 정통 기독교 교리가 말하는 것이다. 자칫 우리 주제에서 멀어질 우려가 있기 때문에 여기서 그에 대해 논증할 생각은 없다. 단지 그게 무엇인지만 명확히 밝히고 싶다. 악은 그 하나님 아닌 것이 내린 영혼의 선택이다. 그 결과 파멸 혹은 지옥이 그의 영원한 선택이라고 할 수 있다. 하나님은 누구도 지옥에 (아주 터무니없는 케케묵은 말처럼) '보내지' 않는다. 지옥은 영혼이 고집불통의 선택을 내리게 되는 그런 영혼의 상태를 일컫는다. 그와 같은 영혼의 형벌(굳이 이렇게 부른다면)은 스스로 선택한 그런 상태에 영원히 머무는 것이다.

기독교의 신화(*mythos*)에 따르면, 이 범죄가 최초로 일어난 곳은 인간 세계가 아니다. 그 사건은 맨 먼저 다른 계층의 피조물들 사이에서 일어났다. 악마들은 타락한 천사들이다. 사단과 그 추종자들은 그 하나님 아닌 것을 택했고, 그것을 갖고 보니 그게 지옥임을 알았다. 그런 고집불통의 상태에서 그들은 고통을 받고 있고, 나머지 피조물까지 그 고통 속에 끌어들이려고 애쓰고 있다. 그 가운데 특히 인간이 관심 대상이다. 그들이 품은 의지는 온통 미움과 부정과 파괴뿐이며, 설사 그 뜻이 완전히 이루어진다 해도 그들이 더 행복해지는 건 아니다. 이미 행복해질 수 있는 역량을 스스로 파괴했기 때문이다. 파괴의 정욕은 그 속에 빠진 이들의 행복을 증대시켜 주지 못한다. 그들이 성공하면 할수록 더욱더 비참해질 뿐이다. 그럼에도 그것을 끈질기게 고집하는 이유는 다른 것에 대한 의지를 파괴해 버린 까닭이다. 이것은 물론 지혜가 없는 정신 상태다. 따라서 지성이야말로 악한 의지가 맨 먼저 파괴하는 것이라고 할 수 있다. 그런 상태에 빠지는 게 불가능하지 않다는 것은 무척 자명한 사실이다. 오늘날 인간들 가운데 그것이 존재하고 있음을 볼 수 있고, 때로는 우리의 덕스러운 자아 속에도 그것을 너무나 뚜렷이 발견하기 때문이다. 이를테면, 흘기는 눈으로 불신의 계기를 열심히 찾는 질투심이라든가, 우리가 상처 준 자들에 대해 오히려 분노를 품고 또다시 상처를 주어 분노를 심화시키려는 잔인한 속성 등이다.

문학에 나오는 마귀의 주제를 검토하는 데 필요하다고 생각한 까닭에 이처럼 장황하게 신학적 예비 작업을 한 것을 양해해 주길 바란다. 사실 우리가 해야 할 가장 중요한 일 중 하나는 (하나님의 눈에 보이는) 진짜 마귀와 '무대에 설정된 마귀'를 서로 구별하는 것이다. 실상은 야비하고, 무시무시하고, 비열한 존재이지만, 세상에 나타나는 마귀의 겉모습은 아주 고상한 경우가 많은데, 실은 고상하면 할수록 그만큼 더 위험하다. 마귀는 영적인 미치광이지만, 많은 미치광이가 그렇듯이, 대단히 그럴듯하고 교활하기 짝이 없다. 그의 두뇌는 영원한 착각이 자리 잡고 있는, 그 중심부의 연약하고 부패한 부위를 제외하면 아주 완벽하게 작동한다. 그의 작전은 우리에게 굉장히 멋진 모습을 보여 주어 환상에 빠지게 하고, 환상을 깨기 위해 우리가 머리나 영적 기능을 사용하지 않도록 하는 것이다. 그는 우리의 동정심을 갖고 논다. 그래서 우리의 저급한 정욕에 호소하기보다 우리의 미덕을 이용하는 편이 낫다고 생각한다. 따라서 마귀가 가장 고상하고 타당하게 보일 때가 가장 위험한 순간이다. 그리고 이 지점에서 시인들이 그의 무의식적 혹은 의식적 동맹군이 되기도 한다. 시인들에게 공평하게 되기 위해, 그 환상이 그들 안에 있는지 혹은 우리 안에 있는지를 파악하는 게 매우 필요하다는 말을 덧붙여야겠다.

이제 마귀를 주제로 삼은 시들에 나타난 사단의 모습 두세 가지를 예로 들어볼까 한다. 여기에는 파우스트 전설과 마귀의 협상을 주제로 다룬 시들도 포함된다.

애초의 파우스트 전설에는 아주 뻔한 설정밖에 없다. 그것은 한 남자가 스스로 무슨 짓을 하고 있는지 아주 잘 아는 가운데, 내세에 대한 희망을 현세에서의 성공 혹은 권력과 바꾸는 평범한 이야기다. 이 이야기와 중세의 신비극에 나오는 이런 설정은 마귀가 언제나 무대 중심을 차지하는 전통적 광대놀이에서 찾아볼 수 있다. 신학은 바른 신학—마귀는 바보이고 결국에는 속아 넘어간다—이지만, 청중에게는 마귀가 기분 전환용으로 '총애를 받는 인물'로 등장했던 것 같다. 어쨌든 당시로서는 대체로 건전한 극이 아니었나 생각된다. 웃음이란 복된 것이고, 마귀의 자만심은 그걸 잘 견디지 못한다. "마귀, 그 자만심이 가득 찬 영은 비웃음 받는 걸 견딜 수 없다"(토머스 모어 경). 훨씬 나중에야 마귀가 이런 중세의 비웃음에서 이득을 챙길 수 있었다. 그런데 말로(Christopher Marlowe, 1564-1593)의 「파우스투스 박사」(Dr. Faustus)는 상당히 다른 모습을 보여 준다.

말로는 무신론자로 알려져 있다. 하지만 그는 그 전설을 정통적 방식으로 다룬다. 파우스투스는 두 눈을 뜨고 협상해서 그에 따른 정죄를 받는다. 그리고 그 거래 내용을 보면 상당히 흥미롭다. 「파우스트」(Faust)를 편집한 19세기 편집자는 이렇게 말했다. "어느 시대, 어느 민족의 마귀든 그 시대, 그 민족이 최고선으로 여기는 것과 싸우는 적이다." 이건 부분적으로 맞는 말이다. 「파우스투스 박사」에서, 마귀가 내놓은 매물은 바로 말로의 시대가 최고선으로 간주했던(혹은 간주하게 될) 지식과 특히 지식으로 얻을 수 있는 권력이었다. 물론 관능적 쾌락—파우스투스가 '여자들과 금'을 요구한다—도 포함되어 있으나, 무엇보다도 가장 휘황찬란한 형태의 모험, 로맨스, 권력이 제시되었다. 그리고 지식은 이런 것들을 얻는 수단으로 제공된다.

황제들과 왕들은

그들의 영토라도 명령을 따르지 않는 곳이 여럿이요,
또 바람을 일으키거나 구름을 보낼 수도 없소.
그러나 그의 통치는 이를 뛰어넘어
사람의 마음만큼 멀리까지 뻗치오.
확실한 마술사는 전능한 하나님이오.

이건 파우스투스가 마술을 공부하러 오는 장면이다. 이어서,

나에게 별만큼 많은 영혼이 있었던들
그 모두를 메피스토펠레스에게 주었으리.
그러면 그로 인해 세상의 위대한 황제되어,
일단의 사람들과 대양을 건너려고
저 살랑이는 바람 가로질러 다리를 놓게 되리.
아프리카 해안 두른 언덕들을 두루 합쳐
그 대륙을 스페인에 닿게 하고
둘 다 내게 조공을 바치게 하리.
황제도 내 허락 없인 살지 못하리.

그리고 협상이 이루어지자 파우스투스는 학문적인 천문학 공부에 금방 싫증나서(그는 그걸 하찮은 것으로 치부한다) 이제 세

계 일주를 시작한다. 마귀가 그에게 실제로 내놓는 것은 당장의 미래다. 르네상스의 찬란함, 권력 정치의 승리, 경제적 시대의 개막—새로운 인본주의—, 인간 정신의 고양 등. 마귀는 영토 확장, 진보, 다가올 시대의 모든 신들 등 새로운 것이면 무엇이든 그 편에 서 있다. 그런데 말로는 어느 편인가?

공식적으로는 하나님 편이다. 그 선물들은 모두 마귀의 선물이고, 파우스투스는 지옥으로 간다. 파우스투스는 이렇게 선포한다. "**저주받는다**(damnation)는 단어는 그에게 공포심을 주지 않는다. 왜냐하면 그가 엘리시움(낙원)에서 지옥을 저주하기 때문이다. 그의 영은 옛날 철학자들과 함께 있다." 그러나 그는 마지막에 지옥으로 떨어지고 공포에 사로잡힌다. 말로가 파우스투스에 대해 동정심을 느낄지 모르지만, 사실 그는 자신의 동정심을 저주한다. 여기까지만 해도 정통적 입장이다. 그런데 메피스토펠레스의 발언으로 분위기가 바뀐다.

파우스투스: 당신은 어디서 저주를 받았소?
메피스토펠레스: 지옥에서.
파우스투스: 그런데 어떻게 해서 지옥에서 벗어났소?
메피스토펠레스: 아니, 여기가 지옥이니 거기서 벗어난 게 아니오. 내가 비록 하나님의 얼굴을 보고 천국의 영원한 기쁨을 맛보았다고 생각하지만 말이오. 그 영원한 복락을 빼앗긴 상태

가 곧 일만 지옥의 고통이 아니겠소?

이처럼 멋지고 화려한 말에 청중은 마음에 감동을 받아 "아, 얼마나 가련한 피조물인가!" 하고 응답한다. 하지만 파우스투스는 메피스토펠레스를 비웃으며 그에게 간청하는 게 사실이다.

"그렇다면 파우스투스에게 대담한 용기를 배워 그대가 절대로 소유할 수 없는 그 기쁨들을 차라리 조롱하시오."

밀턴의 사단이라면 이 충고를 받아들일 것이다. 그러는 동안 사단의 겉모습이 이미 위로 치솟고 있음을 우리가 보게 된다. 메피스토펠레스가 자신이 받는 고통의 뿌리에 대해 비교적 솔직하게 말하는 건 사실이다.

파우스투스: 저 루시퍼는 한 때 천사이지 않았소?
메피스토펠레스: 그렇소, 파우스투스. 하나님의 총애를 받던 자였소.
파우스투스: 그런데 어떻게 해서 악마들의 우두머리가 되었소?
메피스토펠레스: 아, 자만심과 오만이 가득 차서 그렇게 되었소. 그 때문에 하나님이 천국에서 쫓아내었소.

그런데 사단과 그 추종자들이 고통 중에도 고상한 태도를 보이고 있다는 암시가 거기에 있다. 이런 암시는 그 시구의 의미보다 어감에 의해 전달되고 있으며, 어쨌든 거기에 깔려 있는 게 사실이다. 그것은 우리가 프로메테우스적 설정—전능자에게 도전하는 가련하고 자만한 피해자에 대한 동정어린 그림—이라 부를 수 있는 것의 시작이다.

밀턴의 사단에서는 이 설정이 완벽하게 그려졌다. '고상함'은 사단의 전용물로서 사단은 그것을 최대한 이용한다. 그는 '상처를 받았고,' 자존심이 상했으며, 자기 권리도 빼앗기고, 고통도 아주 심하지만, 그럼에도 그 모두를 훌륭하게 견디는, 그야말로 모든 고상한 반골들의 귀감으로 등장한다. 그는 불굴의 정신을 표방하면서,

"누가 감히 전능자에게 도전하여 무력을 쓰게 했나"

하고 외치는데, 이 모두가 너무나 장엄하고 슬프고 절제되어 있어 선택된 자들을 속이기 쉽다. 그런데 (밀턴은 언급하지만) 사단이 언급하지 않는 것이 있는데, 그것은 사단이 자기가 일부러 택한 것 외에는 아무런 해나 고통을 받지 않았다는 사실이다. 그는 동정심을 이용하는데, 결국 그것을 얻어낸다. 내 친구 하나는 이렇게 공감을 표시했다. "자기가 전능한 존재를

4. 파우스트 전설과 마귀의 관념 273

대항해서 싸워봤자 질 것이 뻔하다는 것을 알면서도 그토록 용기 있게 싸우는 자를 누군들 흠모하지 않겠는가?" 그와 같이 흠모에 푹 빠지면 그 싸움이 실은 불필요한 것이고 전혀 쓸데없는 명분으로 치러진 것이라는 사실을 간과하게 된다.

한동안, 밀턴은 스스로 자신의 화려한 수사법에 넘어간 얼간이고 사실 "자기도 모르는 사이에 사단의 편에 서 있었다"고 주장하는 입장이 유행했다. 찰스 윌리엄스(Charles Williams)와 C. S. 루이스가 그런 주장을 잘 눌러버렸다고 생각한다. 밀턴은 얼간이가 아니었다. 물론 그가 사단을 그럴듯하게 묘사하여 그에게 동정심을 품도록 하는 면에서 성공적이었던 것은 사실이다. 하지만 상상 속의 동정은 도덕적 승인과 다른 것이다. 밀턴은 그 "화려한 지옥의 동료들"이 단지 무대 위의 설정에 불과하고, 사실은 무서울 정도로 역겨운 모습임을 아주 잘 알고 있었다. "두꺼비처럼 웅크리고 앉아 하와의 귀 가까이 있는 모습." 배로 기어다니며 교활하게 속삭이는 뱀, 괴물 같은 죄의 정부(情夫)요 죽음의 아비. 밀턴은 스스로를 속인 자가 아니었다.

하지만 그런 입장을 가진 자들도 그럴 만한 이유를 갖고 있다고 생각한다. 그건 문학적인 이유다. 밀턴의 장엄하고 훌륭한 문체는 어쩌면 야비함과 잔인함을 전달하기에 적합한 도구가 아닐지도 모른다는 생각이 든다. 그 문체는 작가의 의

도와 달리 아름다움을 전달한다. 어느 정도까지는 유동적이나, 지옥의 깊이만큼 나락에 떨어질 수 없는 문체다. 그러나 나로서는 지금도 오랜 대학가에서 시끄럽게 일어나는, 이른바 밀턴 소동에 끼어들고 싶지 않다. 다만 한 가지 언급하고 싶은 것은, 지난 이백 년 동안 굉장히 많은 비평가들이 이 사단의 설정을 액면 그대로 받아들였다는 사실이다. 그들은 그 수준을 뛰어넘었어야 했다.

고상한 피해자라는 설정이 가장 강력한 힘을 발휘한 것은, 그것이 바이런 식 설정이 되어, 영웅적 사단과 사단적 영웅이 판을 치던 '질풍노도'(*Sturm und Drang*, 1770-1780년에 걸쳐 독일에서 일어난 문학 운동. 작가로는 괴테, 실러 바그너 등이 있고 대표적인 작품은 「젊은 베르테르의 슬픔」이다—편집자 주) 시절이었다. 당시에는 시인들이 모두 얼간이로 변했다. 그로 인해 그들의 시가 나아진 게 아니라, 고상한 피해자라는 설정이 웃음거리가 되고 말았다. 그것이 약간 변형된 형태를 아직도 여러 단순한 사람들이 순진하게 받아들이고 있는데, 그들은 다시 우주의 통치자가 되는 게 무언가 고상한 것처럼 생각하고, 이단을 본질적으로 더 나은 진리처럼 여기고 있다.

괴테에 이르면 그와 다른 형태의 설정을 보게 되는데, 그것은 아주 핵심적인 신학 문제를 제기하는 장점을 갖고 있다. 기독교 신앙은 그리스도(그리고 그분 안에서 모든 그리스도인)가 악을 구속하여 그것을 더 큰 선으로 만들 수 있다고 고백한다. "오, 행복한 죄책이여!" 아담의 죄가 성육신의 계기를 제공했다. 구속 받은 인간은 무죄한 인간에 비해 더욱 축복받은 자다. 이것이 사람이 되신 하나님의 영광이고, 모든 신자가 믿는 보편적 교리다. 그러나 악이 문자적인 의미에서 선으로 변할 수 있다고 해서 악이 더 작은 악으로 바뀌는 것은 아니다. "인자는…가지만, 인자를 배신하는 그 사람에게는 화가 있다." 악이 선의 계기가 될 수는 있으나, 악은 어디까지나 악으로 남고 저주를 받을 것이다.

이것이 괴테가 제시하는 교리다. 그런데 여기서 한 걸음만 잘못 나가면, 악이 선의 계기가 되므로 좋은 것이라고 주장할 수 있다. 그리고 이 주장으로부터 새로운 가면이 만들어지게 된다. 그렇게 되면, 마치 정당 제도의 옹호자가 그 반대당의 존재 필요성을 주장하듯이, 마귀도 우주의 구조상 신적 섭리의 일부로서 필요한 역할을 담당한다고 우기게 된다. 그의 임무는 집안의 관리를 맡은 자들을 자극해 졸지 않게 하는 것이다.* 괴테는 이런 견해가 하나님의 입에서 나오도록 괴테가 만들었다.

---

* 성경의 욥기를 참고하라. 거기에 사단이 이와 똑같은 역할을 하는 것으로 나온다. 그러나 여기서는 우리가 보통 악마에 관해 얘기할 때 사용하는 그런 의미의 악한 영을 대변하지 않는다.

인간의 활동이란 얼마나 쉽게 무기력해질 수 있는지,
그는 이내 절대적인 안식*을 사랑하게 된다.
이를 위해 나는 그에게 기꺼이 동무를 선사한다.
(그를) 도발하고 자극하고 악마로 만들어 줄 동무를.

그래서 우리는 괴테가 자기도 모르는 사이에 '마귀의 편에 서게' 되었다고 추정하지 않을 수 없다.

이 새로운 종류의 마귀는 바이런 식 마귀의 모습에서 벗어난 행운아이고, 또 그보다 훨씬 더 건전한 존재임에 틀림없다. 우리는 이제 삶의 질서에 대한 완강한 반대가 자랑거리나 되는 듯이 생각하는 관념을 없애 버렸다. 그런 부정의 정신은 아무 쓸데없고 헛되고 천한 것임이 밝히 드러났다. 괴테의 메피스토펠레스가 그 냉소적 매력에도 불구하고 결국 야비한 존재로 판명되었기 때문이다. 사단의 고상한 모습이 사실은 기만술임이 적나라하게 폭로되었다. 그리고 이 경우에는 마귀가 당시 사람들이 가장 좋은 것으로 여기던 것에 반대하는 적으로 표상되었다고 말하는 게 정확할 것이다. 진보와 완전성을 신봉하는 시대가 도래하고 있었고, 마귀는 그 수레바퀴를 멈추게 하는 방해거리로 비치거나—여기서 은유를 바꿀 필요

---

*Ruh(e): 안식, 평온, 평안, 정숙, 침묵

가 있는데—마치 유기체의 물질 대사가 활발히 움직이도록 자극하는 자극제처럼 비치고 있다. 그것은 낙관주의 시대가 낳은 낙관적 견해로서, 온통 새로운 삶의 활기와 가장 거친 음식도 얼마든지 소화해서 생명의 양식으로 만들 수 있다는 자신감으로 가득 차 있었다.

그런데 무언가 놓친 게 있다. 위험천만하게도 무언가를 놓쳤다는 말이다. 그게 무엇인지는 우리가「파우스트」와「파우스투스 박사」에 각각 나오는 마귀의 협상을 서로 비교해 보면 알 수 있을 것이다. 파우스투스는 선택을 내리는 데 비해, 파우스트는 내기를 한다. 파우스투스가 말로는 영혼의 불멸을 믿지 않는다고 할지 모르지만, 실제로는 자기가 그것을 믿어 버렸고 이제는 엎질러진 물과 같다는 것을 스스로 알고 있다. 그러나 파우스트는 자기가 이길 것을 확신하며 내기를 하고, 지옥에 대한 생각 때문에 별로 고통을 받지 않는다. 그것은 자신이 지옥을 택하지 않았고, 또 지옥을 문제로 삼지 않기 때문이다. 작가는 마귀를 자기 협상에 스스로 넘어간 존재로 그리고 있다. 파우스트가 의지를 발휘해 악에 넘어가지 않는 것을 보면 정확한 묘사라고 생각된다. 그런데 여기서 놓친 것은 존엄성에 대한 의식, 최후의 선택이라는 인식, 현실감, 악의 사악성에 대한 인식 등이다. 파우스트는 마지막에 세상에서 선을 행하려 열심히 노력한 결과 천국을 얻는다. 그러나 마가렛에 대한 후회에도 불구하고 악의 파괴성이나 악의 구속에 따른 대가에 대한 진정한 신념은 거의 찾아볼 수 없다. 사태가 점차 호전되는 것으로 이야기가 설정되어 있는데, 그것을 그대로 받아들이게 되면, 결국 악을 아주 심각하게 여기지 않는 결과를 초래하게 된다.

하지만 나로서는 괴테를 공평하게 대해야겠다. 내가 이미 인용한 그 유명한 발언에 하나의 유보 사항이 있다.

'아니오'라고 말하는 모든 영혼들에 대해 말하자면,
교활한 악한과 함께 가장 죄가 적다.

여기에는 메피스토펠레스보다 더 나쁜 다른 영들이 있을지 모른다는 암시가 나와 있다. 하지만 그 암시는 더 이상 상세히 묘사되지 않고 있다. 그럼에도 메피스토펠레스가 고통 중에 있는 영으로 묘사되는 순간은 단 하나도 없으며, 마지막 장면에서 지옥 입구에 그 모습이 등장하는 것은 하나의 무대 장치에 불과한 것이라고 말하는 것이 아주 공평할 것이다. 사실 메피스토펠레스가 이 점을 분명히 시인한다.

죄인들을 놀라게 하다니 정말 잘하는 짓이다.
그래봤자 그들은 거짓말투성이 백일몽으로나 여길 텐데.

지옥은 죄인에게 두려움을 안겨 주는 마음속의 그림에 불과하지, 실제 존재로 다가오지 않는다.

최후의 심판에 대한 우리의 신학적 견해가 어떠하든 간에, 진보와 완전성을 신봉하던 시대―우리는 이제 그 시대에서 벗어나고 있다―가 이런 특정한 사단의 이미지를 낳은 것이 틀림없다고 할 수 있을 것이다. 그 시대는 우리가 계속 진보하는 한 그로부터 선이 저절로 생길 것이라는 낙관적 믿음을 견지하고 있었다. 반면에 죄의 실재성과 용납할 수 없는 악의 속성을 과소 평가했다. 어떤 행동이나 선택은 더 이상 돌이킬 수 없는 최종적인 선택일 수 있다는 관념도 평가 절하했다. 따라서 영원한 실재 앞에서 우리가 마땅히 지녀야 할 개인적 책임 의식이 약화되는 결과를 초래했다.

이제 내가 쓴 희곡「닥쳐올 재난」에 대해 한두 마디 하고 싶은데, 내가 말로, 밀턴, 괴테 등과 같은 부류에 속한다고 생각해서가 아니라, 마귀의 협상이라는 우화를 이용해 양차 대전 중간기를 해석하려는 한 시도이기 때문이다. 내 희곡에서는 파우스투스와 마귀의 거래가 두 단계로 진행된다. 첫 단계를 따라가 보면 악이 선을 낳는 수단이라는 관념으로 어쩔 수 없이 귀결된다. 즉 악을 **의식적으로** 수용하고 이용하게 된다는 말이다. 파우스투스는 주변 인간들이 당하는 고통에 진절머리가 나서 손쉬운 치료책을 찾다가, 영적인 악의 도움을 받아 육체적 악을 내쫓으려 한다. 지상의 유토피아와 새로운 질서를 이룩하려는 많은 자들도 사실 그와 비슷한 시도를 한다. 사단을 이용해서 사단을 쫓아내려는 이런 노력이 실패하면 다음 단계로 나간다. 곧 악의 실재와 더불어 악의 구속을 위한 개인적 책임을 모두 부정하는 태도가 그것이다. 헬렌의 환상은 타락 이전으로 돌아가서 월터 휫트만이 흠모했던, 혹은 흠모하는 체했던 단순한 동물적 순수성―악을 알지 못하는 순수성―을 되찾는 게 가능하다고 생각하는 착각이다.

> 에덴의 뱀이여, 그대의 저주를 다시 가져가고,
> 아담의 죄를 벗겨 버리고, 세월을 되돌려
> 본래의 순수 상태로 돌려놓으라.

그러나 세월은 거꾸로 되돌릴 수 없는 것이다. 우리는 찰스 윌리엄스가 말한 것처럼, 무화과 잎으로 만든 앞치마를 벗어 버린다고 본래의 순수 상태로 되돌아갈 수 없다. 인간이 죄에 동의한 결과 악이 비로소 실존적 존재가 되었을 때, 인간은 기존의 선을 악으로 여기게 된 셈이다. 이를 추론해 보면, 악에 대한 지식이 없었을 때는 선이나 악을 몰랐었다고 할 수 있다. 파우스투스는 이런 식의 동물적 순수성을 되찾고자 협상한다. 그게 그의 선택이고 또 실제로 얻게 된다. 이제 그의 영혼은 선도 악도 모르는, 무책임한 동물의 영혼이 된다. 이런 무책임한 상태에서 그는 모든 악의 도구로 전락하고 만다. 마치 유기적 조직이 없는 순수한 자연이 악한 의지의 도구가 되듯이. 그 악한 의지는 자연의 순수하고 무책임한 세력을 이용하는 것처럼 전쟁을 일으키는 데 그를 이용한다. 그가 죽음에 봉착하는 순간 그리스도와 리사의 이름을 부르고, 제 정신이 돌아온 마지막 찰나에 구원을 받게 된다. 하지만 연옥에서 자기가 부정했던 그 구속의 고통을 불로 겪어야 했다.

내가, 스스로 꾸며 낸 이야기에 넘어간 얼간이인지 아닌지 나로서는 말할 수 없다. 얼간이가 아니길 바랄 뿐이다. 물론 설사 얼간이라 하더라도 나는 그걸 모를 것이다. 내가 꾸민 메피스토펠레스는 하나님의 비효율성을 멸시하는, 그럴듯한 인본주의자의 모습으로 시작된다. 이어서 그는 천하고 잔인한 모습으로 등장한다. 그는 자기가 맺은 협상이 실은 자신이 원했던 자기만의 영혼의 정체성을 파괴했기 때문에 스스로를 기만한 셈이 된다. 그는 자기가 멸시했던 그런 비효율성에 스스로 빠진다. 그는 자신의 의지와 반대로 하나님의 뜻을 수행하는 도구가 된다. 어쨌든 이야기가 전개되는 걸 보면 건전한 신학에 바탕을 두고 있다는 생각이 든다. 다만 희곡 자체가 너무 짧아서 나보다 더 뛰어난 작가라도 더 깊은 이슈들을 파헤치긴 불가능하리라고 생각하면서.

그 희곡이 당대에 걸맞는 작품이었는지 여부에 대해선 이 말만 하고 싶다. 첫째, 아주 많은 사람이 표명한 의견은, 파우스투스가 연옥에서 무죄 판결을 받아 인간의 영혼을 되찾는 게 아니라, 영원히 동물의 상태로 머물기로 선택했더라면 더 나을 뻔 했다는 것이다. 둘째, 그 희곡은 주로 임박한 전쟁 때문에 런던에서 두어 주밖에 공연되지 않았다. 그 전쟁은 우리가 마땅히 져야 할 책임을 거부하고 또 고의적인 악의 선택 가능성을 믿지 않았기 때문에 초래된 결과였다.

이처럼 아주 서둘러 짧게 개관하면서 내가 일부러 빠뜨린 매우 저명한 시인이 하나 있다. 아마 당신은 불안해서 몸을 약간 비틀며 어째서 이 마귀의 초상화 전시실에서 최고로 중요한 그 본보기를 빼먹었냐고 소리치고 싶은 충동을(하지만 예의상 그러지는 못한) 느꼈을 것이다.

사실 잊어버린 게 아니라 의도적으로 아직 언급하지 않았을 뿐이다. 역사상 가장 위대한 시인, 가장 정확한 신학자, 가장 성숙한 지성으로 맨 먼저 꼽히는 인물. 그를 내가 마지막에 다루려고 남겨 둔 이유는 만일 우리가 악의 문제를 다시 한 번 심각하게 다루려 하면, 바로 그 인물에 대해 숙고해야 할 것이기 때문이다. 그는 자기가 꾸며 낸 사단에 의해 한 번도 기만당하지 않은 인물이다. 그의 시구는 놀랄 정도로 유동적이라 그의 뜻대로 움직일 뿐 아니라 단숨에 낙원의 환희에서 가장 수수한 흙 냄새를 거쳐 극단적인 지옥의 더러움과 야비함과 잔인함으로 넘나들고 있음에도, 독자들에게 마귀가 악마적이지 않다는 빌미를 조금도 제공하지 않을 만큼 완벽하다. 지옥은 돌같이 딱딱하고 왜곡된 선택의 원주를 계속 돌아 내려가 결국에는 완전히 얼어붙은 중심부에 도달한다. 맨 꼭대기에는 선택 자체를 거부하는 무책임한 자들이 있고, 그 아래에는 자기의 선택을 통제하지 못한 채 바람에 휘날리거나 정열의 늪에 빠져 자기도 모르는 사이에 악에 점점 잠기는 자들이, 그 밑에는 모든 걸 알면서 고의적으로—폭력에의 의지, 거짓에의 의지를 발동하여—악을 선택하는 자들이 있고, 불과 더러움과 질병의 원주를 따라 내려가면 맨 밑바닥에는 반역의 절정, 곧 모든 감정, 모든 지성, 모든 생각이 완전히 얼어붙은 지경에 도달한다. 그리고 그 얼음에 달라붙어 있는 것은 타락의 극치, 원한, 절망, 자포자기, 반역, 돌같이 굳은 상태, 존엄성이 없는 비참한 상태, 겉모습 뒤에 있는 기괴하고 유령 같은 실재 등이다. 어떤 면에서는 몰락한 천사장의 모습에 다름 아니다. 여기서 몰락은 말 그대로 완벽한 몰락이다. 그 타락한 모습에서 아름다움이라곤 조금도 찾아볼 수 없다. 그것은 아름다움 자체의 타락이다.

그가 한때 아름다웠던 만큼 현재 소름끼치는 모습을 하고

자기를 만든 창조주를 향해 눈썹을 치켜떴다면,
그는 모든 슬픔의 기원일 가능성이 높다.

그는 삼위일체의 영광을 흉내 내려 결심했고, 실제로 그렇게 되었다. 머리가 셋 달린 그 괴물 같은 모습이 배신자들을 씹어 먹으며 아무도 흉내낼 수 없는 그 자기 의지로 단단히 굳어 있다. 그 불멸의 천사에 달린 여섯 날개가 맹렬히 날갯짓을 해도 완강한 고집의 얼음에서 빠져나올 힘이 없으며, 날갯짓으로 인한 바람에 의해 얼음이 더 두꺼워질 뿐이다.

이로써 코키투스가 온통 얼어붙었고,
여섯 눈으로 슬피 울어
세 턱을 따라 눈물과 피거품이 세차게 흘러내리더라.

맨 밑바닥에 있는 건 바로 그런 것이다. 바보와 공포에 울부짖는 울음소리. 그가 들어갈 지옥의 입구에 다음과 같은 두 문장이 무섭게 버티고 있다.

"여기는 선한 지성을 모두 잃어버린 비참한 자들이 사는 곳."

그리고 타락한 의지의 무서운 역설의 소리:

"그들의 두려움이 모두 욕망으로 변한 곳."

이것이 바로 악을 심각하게 여긴 그 시인의 눈에 비친 그림이다. 그리고 우리는 죽음 후에 그런 유의 심판이 있을 것을 믿지 않는다는 식으로 단테를 가볍게 얼버무릴 수 없다. 왜냐하면 그 자신이 자기 시는 무덤 너머의 세계에서 일어나는 일을 문자적으로 기술한 것이되, 영혼의 내면에서 일어나는 일은 풍자적으로 묘사한 것이라고 말했기 때문이다. 그의 지옥은 사람의 마음속에 있을 수 있는 영원한 세계를 그린 것이다. 아울러 그 지옥에 이르는 문은 언제나 활짝 열려 있다고 덧붙인다.

5. 키루스에게 드리는 감사
실존 인물이었던 키루스와 예수

나는 페르시아 제국의 건설자 키루스(Cyrus, 성경에는 고레스로 나와 있음-역주)에게 빚진 게 있다. 꽤 어린 시절에 그와 친숙해졌는데, 「헤로도토스의 이야기들」(*Tales from Herodotus*)과 같은 유의 어린이용 잡지 시리즈 안에 그가 살고 있었다. 거기에서 그는 킹슬리의 「영웅들」(*Heroes*)의 삽화에 나오는 어린 테세우스나 페르세우스처럼 짧은 튜닉 차림을 하고 아스티아제스 왕의 목동에게 양육되는 모습으로 나온다. 그가 고전 시대에 속하는 것은 확실하다. 그는 솔론이 "그가 죽기 전에는 아무도 행복한 사람이라고 부르지 말라"고 했던 바로 그 부자 왕 크로에수스를 물리치지 않았던가? 그 이야기는 반은 동화—"그의 어머니가 꿈을 꾸었다"든가 "신이 말하기를"과 같은 대목—고 반은 역사다. 그는 군인들에게 유프라테스의 강줄기를 바꾸어 강바닥을 따라 바벨론으로 행군하라고 명했다. 그건 진짜 전쟁처럼 들렸다. 키루스는 그리스인과 로마인과 더불어 내 뇌리 한쪽에 뚜렷이 자리 잡은 인물이다.

그러니까 오랫동안 그가 내 머릿속에 머물러 있던 셈이다. 그러다가 어느 날 나에게 신성 모독의 사건처럼 충격적으로 다가온 것은, 그 유명한 원정에서 그가 우리의 헤로도토스에서 걸어 나와 성경 속으로 갑자기 뛰어든 것이다. **메네 메네 데겔 우바르신**이라. 왕궁의 벽은 온통 키루스의 전리품으로 가득 찼고, 벨사살의 잔치는 예언자 다니엘의 엄한 경고의 눈빛 아래서 아수라장으로 변했다.

그런데 다니엘과 벨사살은 고전 작품 안에 살던 인물들이 아니다. 그들은 아담, 아브라함, 엘리야와 함께 교회 안에서 살았던 사람들이고, 특히 다니엘은 성경의 등장 인물들과 같은 옷을 입고 있었다. 그리고 거기에 하나님이 있었는데, 제우스나 아폴로 혹은 올림피아의 어떤 신과도 다른, 시내 산에서 헝클어진 무서운 노신사의 모습을 하고 나타난 존재로서, 아무 특색 없이 그리스 역사에 갑자기 뛰어들어 자기 영토 바깥에서 일어나는 사건과 거기서 사는 사람들에게 관심을 표명했다. 무척 혼란스런 장면이었다.

그리고 에스더도 있었다. 그녀는 「구약의 이야기들」(*Stories from the Old Testament*)이란 책 안에 살고 있었으며, 아하수에로

왕에게 재치 있게 접근해 하나님의 선민을 위해 훌륭한 일을 한 인물이다. 아하수에로는 아합과 아하스와 아하시아를 연상시키는 구약적인 이름인데, 내가 그 이름, '아하수에로'가 '크세륵세스'(Xerxes)와 동일한 인물임을, 지나가는 소리로 듣고 깜짝 놀란 때가 언제였는지 기억할 수 없다. 그는 고전 작품 속의 인물이 아니라 진짜 역사였다. 그리스인들이 테르모필레에서 페르시아 군대를 막다가 영웅적인 최후를 맞이했을 때 그 적군의 왕이 바로 크세륵세스였다. 그에게는 키루스를 둘러싼 동화 같은 것―꿈, 신의 계시, 충실한 목동―이 전혀 없었고, 오직 성경에서보다 훨씬 더 강렬한 햇빛이 내리쬐는 그리스 해안을 따라 모래보다 많은 군대가 먼지와 소음을 일으키며 진군하는 장면밖에 없었다.

내가 기억하기로는, 역사가 모두 하나로 엮어져 있다는 것과 성경도 역사의 일부라는 것을 나에게 뒤늦게 일깨워 준 인물이 키루스와 아하수에로였던 것 같다. 혹자는 예수가 두 세계를 서로 연결시켜 줄 것을 기대했을지 모르겠다. 카이사르는 고전 역사에 속하는 인물로 봐도 무방했다. 하지만 예수는 특별한 경우였다. 누구든 그에 관해 얘기할 때는 무언가 특별한 어조를 사용했고, 그의 옷은 성경이나 고전에 나오는 옷과 달랐다. 그는 정말 예수처럼 입고 있었고, 제자들도 그를 철저히 모방했다(후광에 이르기까지). 그가 소속한 곳이 있었다면 바로 로마였다. 그를 성경의 유대인 이야기와 동일시하려는 끈질긴 예언자적 노력이 있었음에도 불구하고, 사실 유대인들 자신이 신구약 중간기에 불가사의한 변화를 겪었다. 구약 시대에는 좋은 백성이었는데, 신약에서는 나쁜 백성으로 나온다. 양자가 동일한 백성이었는지 의심스러울 정도로 그랬다. 그럼에도 불구하고, 구약이든 신약이든 그들은 모두 교회 안에서 살았고 성경에 나오는 등장 인물이었다. 그들은 알프레드 왕과 같이 실존하는 인물이 아니었다는 말이다. 또 그들의 행위도 우리가 동시대인에게 적용하는 잣대로 평가될 수 있는 그런 게 아니었다.

대다수의 어린이는 이런저런 역사의 단편들을 튼튼한 방들에 간직하고 있는데, 그 가운데 성경의 방이 가장 튼튼해서 아무것도 뚫고 들어갈 수 없는 것 같다. 그런데 일부 사람은 이런 습관을 영구히 벗지 못하는 것 같다. 아마 키루스(혹은 고레스)와 크세륵세스(혹은 아하수에로)를 진짜 만난 적이 없어서 그럴 것이다. 성경 비평가는 특히 정신적 성장이 아주 더딘 자들이 아닌가 생각된다. 가령 요한복음에 관한 악명 높은 논쟁을 보라.

그 논쟁 속으로 깊이 들어갈 생각은 없다. 단지 내가 지적하고 싶은 점은, 거기에 사용된 논리를 보면 어떤 비평가든 한 실존 인물이 다른 실존 인물에 관해 쓴 현대의 비망록을 검토할 때는 결코 사용하지 않을 그런 논리라는 것이다. 그들이 요한의 결함으로 지적하는 것들이 존스 씨의 경우에는 미덕으로 평가될 것이고, 존스 씨가 문학에 기여한 가치들과 신빙성을 입증하는 논리가 요한의 신빙성을 깎아내리는 데 사용될 것이다.

이를테면, 버나드 쇼(Bernard Shaw)가 윌리엄 아처(William Archer)에 관해 회고록을 쓴다고 가정해 보자. 과연 아처의 다른 동시대인들이 대부분 죽고 없다는 이유로, 혹은 버나드 쇼의 문체가 "타임즈"(Times)지의 사망 기사의 그것과 상당히 다르다는 이유로, 혹은 그 책에 기록된 많은 대화들이 이전의 비망록에는 나오지 않는 것이고 또 「영국의 인물 사전」(Dictionary of National Biography)을 참고해서 쉽게 알아낼 수 있는 상당수의 사실을 제외시켰다는 이유로 그 회고록의 내용을 의심해야 한다고 주장하는 사람이 있을까? 혹은 만일 쇼가 (예전에 비해 원기가 떨어진 80대 노인이라서) 내용의 일부를 믿을 만한 성직자에게 받아 쓰게 했고, 후자가 특별한 주를 붙여 쇼가 진짜 필자이고 아처의 가까운 친구였던 만큼 독자들이 비망록을 그대로 믿어도 좋다고 덧붙였다고 하자. 그럴 경우, 우리는 이 두 사람이 스스로 거짓말쟁이라고 자백한 셈이므로 그들의 공동 작업은 쓸데없이 꾸며 낸 이야기라고 치부하겠는가? 아마 그러지는 않을 것이다. 어쨌든 버나드 쇼는 실존 인물이고 성경이

5. 키루스에게 드리는 감사 291

아니라 웨스트민스터에 살고 있지 않은가? 아직 그를 의심하기는 이르다. 이미 전설적인 인물이긴 하지만 아직 신화는 아니다. 글쎄 이천 년이 지나면 신화가 될지 모르지만.

잠시 예수가 최근에 죽은, 아직 우리 기억에 남아 있는 실존 인물이었다고, 그리고 요한도 실존하는 저자로서 진짜 책을 쓰고 있다고 가정해 보자. 당신은 일반 신문의 문예란에 어떤 기사가 실리기를 기대하는가? 이제 성경 같은 느낌을 좀 줄이기 위해 이름을 일부 바꾸어 간단한 서평을 꾸며 보자.

"예수 그리스도를 기리며", 바-세베대 요한 지음, 런던 교회 목사 존 엘더 편집, 에베소: 커크 출판사, 1978년.

일반 대중은 한 위대한 전도자를 가까이에서 모신 친구의 소감을 듣기 위해 그 동안 오랜 세월을 기다려야 했다. 물론 그 내용의 상당 부분은 이미 교회에 익히 알려진 바 있지만 말이다. 바-세베대 요한 씨의 친구들은 그 팔십 대 노인에게 당시의 기억을 글로 옮기라고 자주 종용해 왔다. 그 작업을 런던 교회의 목사의 도움을 받아 믿을 만한 편집 과정을 거쳐 드디어 해 낸 것이다. 이런 면에서 이 책은 오랜 열망을 충족시켜 준 셈이다.

지난 세대에 그토록 엄청난 영향을 주었던 그 놀라운 인물을 글로 소개한 경우는 아주 드물다. Q라는 무명씨가 작성한 작은 글 모음집은 물론 절판되어 더 이상 구할 수 없다. 그나마 다행스러운 일은 그 내용의 많은 부분이 J. 마가 씨의 짧은 연구서에 포함되었고, 뒤이어 나온 마태 씨와 누가 씨의 전기(이 분은 안타깝게도 이전에 쓴 「사도들의 행전」의 이 자매편을 미처 완성시키지 못했다)에도 들어 있다. 그런데 이 기록들은 모두 전해 들은 내용을 정리한 것이었다. 이제 처음으로 예수의 가까운 친구가 직접 보고 들은 목격담이 출판된 것이고, 우리의 기대에 부응할 만큼 참신한 자료를 풍부하게 담고 있다.

바-세베대 씨는 가능한 한 이미 다룬 내용을 반복하지 않으려 애썼고, 단 이전의 글들이 놓치고 있는 연대기적 정리를 할 목적으로만 그걸 언급하고 있다. 그래서 예수가 삼 년 간 사역하는 동안 예루살렘을 적어도 두 번 방문했다는 점을 분명히 밝힌다. 덕분에 예수의 체포 이야기를 둘러싼 모호한 점들이 말끔히 해결되었고, 교회 법정에서 진행된 두 번의 심문도 마침내 서로 구별할 수 있게 되었다. 많은 새로운 일화들도 서로 연관성을 갖게 되었다. 특히 소문이 퍼져 온갖 호기심과 정치적 문제에 시달려 왔던 나사로 집안의 구성원들을 위해 이제까지 고려 대상에서 제외되어 왔던 베다니 사건의 신비가 분명히 밝혀지게 되었다.

이 책에서 가장 흥미롭고 중요한 대목은 그리스도의 성전 강연들과 제자들만 따로 모아 놓고 가르친 신학적·철학적 가르침들이다. 이것들은 내용과 방식에 있어서 다양한 청중을 대상으로 한 공개 '강연들'과 당연히 아주 다르고, 그 복음 전도자의 엄청난 지적 역량과 자신의 권위에 대한 놀라운 주장에 대해 새로운 빛을 던져 준다. 바-세베대 씨는 상당한 학식과 스승의 사고 습관에 대한 친밀한 지식을 두루 갖춘 가운데 이 놀라운 담화들을 깊이 있게 해석해 주고 또 논평해 주고 있다.

끝으로, 이 비망록의 저자는 '타고난 필자'의 자질을 유감없이 발휘하고 있다. 그의 언어 구사는 아주 간결하고 정확하며, 그의 인물 스케치는 (실로암 연못가의 맹인 거지에 관한 섬세한 이야기에서처럼) 유머가 은근히 담긴 걸작이라 할 수 있다. 아울러 다락방에서의 식사에 대한 묘사, 시몬 바-요나와 자신이 무덤을 찾아갔던 이야기, 디베랴 호숫가에서의 최후의 신비로운 만남에 관한 진술 등은 그 분위기 묘사에 있어서 단연코 타의 추종을 불허할 정도로 압권이다.

우리에게 익숙한 저널리즘 용어로 표현해 보니 얼마나 그럴듯하게 들리는가! "더 이른 것일수록 더 진실하다"는 생각은 민속과 관련해서는 옳을지 모르지만, 진짜 전기와는 전혀 상관없다는 사실을 우리가 일단 수용한다면, 서로 모순되어 보이는 점과 추가된 점들을 훨씬 더 수용하기 쉬울 것이다. 사실 요즈음에는 유명 인사에 관한 첫 번째 전기는 일종의 잠정적 문헌 정도로 취급된다. 우리가 그 생애를 제대로 음미하려면, 많은 동시대인이 더 이상 소문에 시달리지 않는 곳으로 갈 때까지, 슬픔과 정열이 가라앉을 때까지, 고요한 가운데 당시의 감정을 떠올릴 수 있을 때까지 기다리지 않으면 안 된다.

모든 본문 비평이 파괴적인 성향을 띠던 시점에 고등 비평이 맨 먼저 채택된 것은 참으로 유감스런 일이다. 즉 호머의 몸이 갈기갈기 찢어지고, 아서 왕의 로맨스가 켈트의 원소들로 분해되고, 원고의 권위가 어구 합치라는 기계적 조직에 의해 확립되던 그런 상황 말이다. 위대한 세속 학자들은 위대한 고고학자 디드론(Didron)의 표어—"가능한 한 모든 걸 보존하라. 복원은 최소한으로 줄여라. 재구성은 절대로 하지 말라"—를 이미 채택한 상태였다. 고등 비평이 성경에 도달하자, 파괴의 영이 더욱 신나게 설쳤는데 특히 '축자 영감 이론'이라는 보수파의 터무니없는 주장 때문에 그랬다. 하지만 나는 문제의 뿌리가 교리의 붕괴에 있다고 생각한다. 그리스도인들조차 그리스도를 아주 실존적인 인물로—전적인 인간으로—생각하지 않고, 그 비실재적 색채가 그의 제자들과 친구들과 전기 작가들에까지 퍼져 나갔다. 그들은 '진짜' 저자가 아니라 '성경' 저자들일 뿐이라는 식으로. 요한과 마태와 누가와 마가—그들 모두 혹은 일부가—의 책들은 어떤 비유나 경구를 들려준 계기가 무엇이었는지 서로 일치하지 않는다. 그리스도가

(아주 실재적 인물이 아니므로) 각 발언을 한 번씩, 정말 단 한 번씩만 했음이 틀림없기 때문에 그들 중 하나 혹은 모두가 거짓말쟁이든지 믿을 수 없는 사람임이 분명하다. 예수는, 실제 선생들이 늘상 그렇듯이, 똑같은 예화를 두 번 들었다거나 동일한 논점을 강조하기 위해 스무 번씩 반복했을 가능성은 물론 없다. 그런 건 실제 사람들을 대상으로 얘기할 때나 그렇지, 성경의 인물들을 청중으로 삼을 때는 해당하지 않는다.

또한 (흔히 상상하듯이) 그리스도는 성경에 명시적으로 기록되지 않은 어떤 일상 행위도 하지 않았다고 생각한다. "그분이 울었다는 대목은 두 번 나오지만, 웃었다는 것은 전혀 없다." 따라서 그는 한 번도 웃은 적이 없다고 추론한다. 이와 비슷하게, 그가 "제발"이나 "감사합니다"란 말을 한 번도 한 적이 없다고 추론할 수도 있다. 그런데 이런 일상적인 예의는 바로 일상적이라는 이유로 기록되지 않았고, 눈물은 (말하자면) '뉴스거리'이기 때문에 기록되었다고 볼 수 있지 않을까? 물론 요즈음에 들어와서는 일상적인 예의마저 대문짝만하게 다루는 습관이 생긴 건 사실이다. 앞서 요한의 비망록의 서평을 게재한 신문이 이런 식으로 보도했을 것으로 상상된다.

예언자, 드디어 미소 짓다

나사렛의 예언자는 어제 아침 자기를 보러 뽕나무에 올라갔던 세관장 삭개오 씨에게 점심을 내라고 자청하면서 인자한 미소를 지었다.

이보다 더 나은 필체를 갖고 있는 누가는 이런 식으로 아주 단순하게 기록한다. "예수께서 그 곳에 이르러서 쳐다보시고 그에게 말씀하셨다. '삭개오야, 어서 내려오너라. 오늘은 내가 네 집에 묵어야 하겠다.' 그러자 삭개오는 얼른 내려와서 기뻐하면서 예수를 모셔들었다"(눅 19:5-6, 표준새번역).

예의를 갖춘다는 말은 찌푸린 얼굴로 남에게 대접하라고 요구하는 걸 의미하지 않는다. 본문에 "기뻐하면서 모셔들었다"는 말은 그가 아주 기분 좋게 행동했다는 것을 시사한다. 물론 이런 고려 사항은 실제 사람들에게만 해당되는 것이다.

"이성적 정신과 인간의 몸을 가진 전적인 사람." 이따금씩 키루스가 헤로도토스에서 걸어 나와 성경 속으로 행진함으로써 역사가 하나로 종합되고 역사적 사실을 놓고 논쟁하는 일이 필요하다.

6. 단단한 음식물
연륜이 있는 자의 의무와 권위

젖을 먹고서 사는 이는 아직 어린아이이므로, 올바른 가르침에 익숙하지 못합니다. 그러나 단단한 음식물은 장성한 사람들의 것입니다. 그들은 경험으로 선과 악을 분별하는 세련된 지각을 가지고 있는 사람들입니다.

(히 5:13-14, 표준새번역)

기독교가 주장하는 내용은 어른을 위한 것이라는 견해가 때로 강하게 대두되곤 한다. 나는 비교적 젊은 시절에 그런 소리를 듣고 아주 강한 인상을 받았는데, 지금 그걸 돌이켜보면 무척 흐뭇한 느낌이 든다. 일단 청년기를 넘긴 사람이 '중년에게는 구원이 없다'는 보편적인 생각에 항의하는 일은 충분히 납득이 간다. 하지만 그런 사람은 꼬리를 잃은 여우와 같다는 조롱을 받을 확률이 높다. 나이가 들어서 자기에게 유리하기에 그런 소리를 한다고 지적받기 쉽다는 말인데, 이미 오래 전부터 그런 반감을 품고 있었다는 걸 보여 줄 수만 있다면 더 강한 입장을 견지할 수 있을 것이다.

세월이 인간 정신에 가하는 영향에 맹렬한 분노를 터뜨리는 인기 좋은 학파(감성파가 더 정확한 호칭일 것이다)가 있다. 그들은 나이를 범죄와 모욕 사이에 있는 어떤 것으로 생각한다. 그 예언자들은 자신들의 야만어 사전에서 **어른**, **성숙한**, **노련한**, **존경할 만한** 등의 단어들은 모두 없애 버렸고, **중년배의**, **나이 먹은**, **부루퉁한**, **노망한**, **늙어빠진** 등과 같은 경멸조의 형용사만 알고 있다. 이런 말로써, 마치 학대 행위가 냉혹한 현실을 쫓아내는 주문이라도 되는 것처럼, 자기 자신을 온통 채찍질한다. 그들이 갖고 있는 것은 '보이지 않는 사건에 얼굴을 찌푸리는' 분별없는 만용도 아니고, 그 사건을 미리 내다보고 그것을 견디는 분별 있는 용기도 아니다. 그렇다고 그 사건을 끌어안음으로써 그것을 정복하는 황홀한 용기는 더더욱 아니다. 오히려 함정에 빠져 온통 비명을 지르며 날뛰는 짐승과 같은 모습이다. 어쨌든 보기 좋은 모습은 결코 아니다.

그런 사람들은 현세에서 아무런 가치를 찾지 못한 채 믿을 것은 '차세대의 손에 있는' 미래밖에 없다고 큰소리로 선포한다. 이런 식으로 아첨의 소리를 늘어놓으면서 자신들의 짐을 차세대의 어깨에 올려놓고는 자기들의 실패는 세월 탓으로 돌린다. 속죄가 가능한 죄의 탓이 아니라, 돌이킬 수 없는 시간이 문제라고 한다. 어쩔 수 없이 먹는 나이로부터 도피해 젊음의 환상으로 빠져든다. 자신의 젊은 시절이든 타인의 젊음을 떠올리면서. 첫사랑, 어린 시절의 이상, 유치한 꿈, 엄마 품에서 듣던 노래, 모태 안의 캄캄한 안전 지대 등 이런 것들을 재료로 거대한 허구의 성을 쌓아 놓고 사나운 폭풍을 피하는 피난처로 삼는다. 그들이 믿는 것은 사실 미래가 아니라 과거다. 역설적으로 보일지 모르지만, 젊음을 믿는다는 것은 뒤를 돌아보는 것이다. 앞으로 내다보려면 노년을 믿어야 한다.

그리스도는 "너희가 어린아이와 같이 되지 아니하면"이라고 말씀하셨다. 이 말씀은 때로 유년 시절로 도피하는 것을 정당화시킬 때 인용되곤 한다. 어린아이들은 여러 면에서 서로 다르지만, 한 가지 공통점을 갖고 있다. 피터 팬―만일 그가 향수에 젖은 어른의 상상력 바깥에 실제로 존재한다면―은 병리학자의 진단을 받아야 할 인물이다. 모든 정상적인 어린이는 (우리가 아무리 그러지 말라고 설득해도) 자신이 성장할 것을 기대한다. "너희가 어린아이와 같이 되지 아니하면," 즉 너희가 오십 세 생일날 잠에서 깰 때 다섯 살 때 품었던 장래에 대한 기대감과 인생에 대한 흥미를 그대로 품을 수 없다면, "너희는 하나님 나라를 볼 수 없느니라." 우리는 날마다 죽어야 할

6. 단단한 음식물 301

뿐 아니라 날마다 새로 태어나야 한다.

"사람이 늙었는데 어떻게 태어날 수 있겠습니까?" 하고 니고데모가 물었다. 그의 질문은 조롱거리가 되곤 했으나, 사실은 아주 타당하면서도 심도까지 있는 질문이다. "어머니 뱃속에 다시 들어갔다가 태어날 수야 없지 않습니까?" 세월을 거슬러 출생 전의 캄캄한 안전 지대로 되돌아가고 경험의 가치를 모두 내버릴 수 있을까? 예수의 응답은 그런 공상을 모두 제거해 버린다. "육에서 난 것은 육이요, 영에서 난 것은 영이다." 오직 영만이 영원히 젊은 것이므로, 정신과 몸은 세월과 타협하는 법을 배우지 않으면 안 된다.

시간은 참으로 다루기 어려운 주제다. 어떤 면에서는 우리가 이에 대해 너무 많이 알고 있기 때문이다. 시간은 우리가 직접 포착할 수 있는 유일한 현상이 아닌가 생각한다. 우리의 모든 감각이 파괴되더라도 시간의 흐름만은 의식하게 될 것이다. 더욱이, 모든 의식적인 생각은 시간 안에서 이루어지는 작용이다. 그래서 시간에 대해 의식적으로 생각하는 일은 마치 자를 갖고 그 길이를 재는 것과 같다. 일부 사람이 갖고 있는 초(超)시간성에 대한 인식은 의식적인 생각의 질서에 속하지 않으며, 의식적 생각의 언어로 직접 표현될 수도 없다. 인간이 의식하는 모든 목적(생각을 포함한)은 시간과 더불어 생각하지 않을 수 없다.

교회는 언제나 철저히 현실주의적인 시간관을 갖고 있었으며, 시간과 영원을 구별하는 것을 그 특징으로 삼아 왔다. 교회의 견해에 따르면, 시간은 영원의 한 측면이나 한 조각이 아니고, 영원이라는 것도 끝없는 시간의 연장이 아니다. 이 두 개념은 서로 다른 범주에 속한다. 둘 다 신적인 속성을 갖고 있다. 하나님은 옛적부터 항상 계신 분인 동시에 현재 스스로 있는 자(I AM)이다. 영원한 존재인 동시에 영원히 현존하는 분이다. 로고스인 동시에 아버지이기도 하다. 늘 그렇듯이 신조들은 이 점에서도 날카로운 경고를 발한다. 만일 우리가 그 둘을 혼동하거나 둘 중 하나를 부정하면 혼란의 구렁텅이에 빠질 것이라고. 더군다나 신비주의자들—시간과 영원을 동시에 의식하는 드문 사람들—도 지식적으로나 경험적으로 이 교리를 지지한다. 그들은 세월을 아무 의미 없게 생각하는 흐리멍텅한 자들이 결코 아니다. 반대로 그들은 누구보다도 시간의 타당성과 인간 경험의 사실성을 강하게 주장한다.

시간이라는 것은 우리가 그것을 시공간의 연속선상에 있는 한 차원으로 생각하든, 부피를 가진 고체로 생각하든, 아무 영향을 받지 않는다. 케이(Kay)는 「시간과 콘웨이즈」(*Time and the Conways*)에서 이렇게 말한다. "우주에 커다란 마귀가 하나 있는데, 우린 그것을 시간이라고 부른다.…사물이 단지 선과 악이 섞여 있는 것에 불과하다면 괜찮지만, 시간이 우리를 앞지르고 있어서…문제가 더 악화된다." 그녀의 형제는, 시간이란 "일종의 꿈에 불과하고, 과거의 그 행복한 어린 콘웨이즈는" 지금도 실제로 존재하고 있다고 응답한다. "우리는 그 풍경의 일면—나쁜 면이라고도 할 수 있다—만 보고 있지만, 전체 풍경이 여전히 거기에 있다.…이 순간에, 혹은 어느 순간이든, 우리는 진정한 자아의 단면일 뿐이다. 우리의 **진짜** 모습은 우리의 전 생애에 걸쳐 우리를 완전히 펴 놓은 모습이다. 우리가 이생의 끝에 도달할 때, 우리의 전 시간이 바로 우리 자신—진정한 당신과 진정한 나—일 것이다."

좋다. 행복한 콘웨이즈가 현재 불행한 중년의 콘웨이즈와 여전히 공존하고 있다고 치자. 거꾸로 말해도 맞다고 치자. 불행한 중년의 콘웨이즈가 과거에 행복한 어린 콘웨이즈와 이미 공존하고 있었다고 하자. 그래서 어쨌단 말인가? 우리가 한 것은 공간적 이미지를 시간적 이미지로 바꾼 것밖에 없다. 우리가 선에서 악으로 움직이는 대신, 선과 악이 섞여 있는 모습(혹은 풍경)을 갖고 있는 것이며, 사태가 '설상가상'으로 악화되기 때문에 그 모습이 모두 드러날 때는(우리가 이생의 끝에 도달할 때) 선보다 악이 더 많을 수밖에 없다. 케이는 그걸 "괜찮다"고 생각할지 모르겠다. 그러나 실은 시간을 정복하는 게 아니라 시간에 무조건 항복하는 모습만 남게 된다.

그와 같은 항복은 우리가, 시간은 그 자체가 악이고 오직 사태의 악화만 초래할 뿐이라고 생각하는 순간 이미 이루어졌다. 콘웨이 가정에 어떤 성자나 예술가, 혹은 무언가 상당한 업적을 달성한 자가 하나도 없다는 것은 유감스런 사실이다. 만일 그가 권위를 갖고 시간의 흐름에 따른 영혼의 성숙, 십자가의 죽음에 앞선 영혼의 캄캄한 밤과 부활로의 귀결에 관해 얘기했더라면, 그의 견해가 큰 흥미를 불러일으켰을 것이다.

악의 문제와 싸울 때는 나쁜 과거에서 도피하든, 좋은 과거 속으로 도피하든 모두 쓸데없는 짓이다. 과거를 제대로 다루는 유일한 길은 그 전체를 받아들이는 것이고, 그럼으로써 그 의미를 바꾸는 것이다. T. S. 엘리엇의 「가족의 재회」에 나오는 영웅은 유전적인 악으로 인한 죄책감에 시달린 나머지 먼저 "작은 문을 통해 과거의 피난처로 되돌아가려고" 애쓰지만, 거기가 자신을 쫓는 하늘의 사냥개들을 피할 수 있는 곳이 아니라는 것을 알게 된다. "이제야 알겠어./ 최후의 피난처, 안전한 대피소를/ 그곳은 바로 그들을 만나는 장소. 그것이 유령들의 길이니.…" 그가 시간과 악으로부터 도망치는 한, 그는 그들의 노예가 될 뿐이고, 그들을 환영할 때만 그들을 변형시킬 힘을 얻게 될 것이다. "그리고 이제야 알겠어./ 내가 할 일은 도망치는 게 아니라 쫓아가는 것임을/ 발견되는 걸 피하는 게 아니라 찾아야 하는 것임을…/그건 가장 어려운 일인 동시에 유일한 길임을/ 이제 그들이 나를 인도할 테고, 그들과 함께 하면 안전할 테지./ 여긴 안전하지 않으니…빛나는 천사들을 따라가야지." 바로 그 때에야 그는 악 속에 있는 선을 포착할 수 있었고, 그 무서운 영혼의 사냥꾼들이 천사의 모습을 하고 있는 걸 볼 수 있었다. "나는 행복감을 느낀다. 마치 행복이/ 자기가 원하는 걸 얻는 데 있는 것도 아니고/ 없앨 수 없는 걸 없애는 데 있는 것도 아니고/ 오직 다른 안목을 갖는 데 있다는 것을." 그것은 현실로부터의 해방이 아니라 현실 속으로 들어가는 것이다.

이것이 현실을 수용하는 기독교적인 길이다. 이는 황홀한 체험도 없이 그냥 항복하는 자포자기의 길과 전혀 다르다. 한 그리스도인 저자는 "회개란 하늘의 방식에 따라 모든 것을 알고 싶어 하는 뜨거운 열정에 다름 아니고, 당신이 악을 악으로 알려고 고집하면 악을 선으로 아는 것이 불가능하다"고 했다. "사람의 악한 지식을 완전히 치료하는 길은 단 하나뿐. 과거의 악 자체를 선으로 아는 것과 장래의 악의 필연성으로부터 벗어나는 것. 올바른 지식과 완전한 자유를 동시에 발견하는 것. 모든 것을 사랑의 기회로 아는 것이다."

수난과 부활절의 이야기는 그런 자유를 확보하고 세월의 악을 이기는 승리의 이야기다. 죄책의 짐이 받아들여졌고("그분이 죄가 되었고"), 하나님으로부터의 소외로 인한 마지막 고뇌가 통과되었다(엘로이, 라마 사박다니). 현세의 몸이 부서져서 다시 만들어졌다. 그리고 시간과 영원이 한 인격 안에서 화해되었다. 이로부터 무지가 지배하던 원시적 낙원으로 후퇴하는 일은 결코 없다. 새로운 하나님의 나라는 영적인 경험을 토대로 세워진다. 시간이 부정된 게 아니라 시간이 성취되었다. "나는 장성한 자를 위한 음식물이다."

7. 창조적 예술가의 소명
일상에 의미를 부여하는 예술가의 창조성

이제까지 우리는 창조적 지성이란 주제로 기독교 신조와 예술가의 경험의 상응 관계를 탐구하면서 둘 사이에 놀랄 만큼 유사성이 있다는 것을 살펴보았다.

그러면 이것이 보통 사람과는 무슨 관계가 있는가?

최근에 와서 인간 및 인간의 우주에 대한 올바른 태도와 관련해 우리의 생각에 뭔가 심각한 문제가 있다는 사실이 아주 분명해졌다. 현상들에 대한 분석적 접근이 우리를 점점 더 분열과 임의성의 나락으로 떨어뜨린다는 것과, 삶을 종합적으로 건설하는 일이 시급히 필요하다는 점을 더욱 인식하기 시작했다. 우리가 희미하게 이해하고 있는 점은, 창조적인 예술가의 전공이 건설하는(혹은 창조하는) 일이라는 것, 그리고 그 방법이 아주 분명하진 않지만, 기독교가 우리를 인도하여 창조성을 그 속성으로 삼는 하나님과 바른 관계를 맺게 한다는 것이다. 따라서 보통 사람은 사방에서 창조적이고 건설적이 되라는 권면을 받고 있기에, 이 두 권위자에게 눈을 돌려 그들이 첫째, 창조성이 무엇인지, 그리고 둘째, 그것이 보통 사람과 그의 일상사에 어떤 중요한 의미를 갖는지에 대해 뭔가를 조명해 줄 것을 기대하게 된다.

이제 우리는 이 문제를 두 가지 각도에서 접근할 수 있다. 둘 중 어느 것을 택하든 상관없다. 하나는 예술가 자신으로부터 시작하는 것으로서, 그가 이런저런 방식으로 현상들을 다루되 자신의 필요에 걸맞는 만족스런 방법을 터득하는 모습을 관찰하는 것이다. 그의 정신이 어떻게 창조적으로 작동하는지 그 방식을 검토하고, 또 그 본질적 성격이 어떤 것인지를 발견하는 것이다. 그런 작업을 통해 창조적 지성의 본질에 관해 어떤 결론에 도달할 수 있다. 그리고 이 지점에서 우리가 내린 결론을 교회가 창조주에 관해 선포하는 교리와 비교해 보고, 둘 사이에 단지 기술적 표현의 차이만 있다는 것과, 예술가의 지성과 그 창조주의 지성 사이에 범주의 차이가 아니라 질과 정도의 차이만 있다는 점을 발견하게 될 것이다.

다른 하나는 신조로부터 시작해 어떤 질문을 던지는 것이다. 과거에 서로 상반된 이단들의 격론 속에서 그토록 까다롭게 주장되고 그토록 고집스럽게 보존되어 온 교리, 곧 삼위일체, 공간-시간-물질 안에 존재하는 영원하고 불가해한, 피조물이 아닌 성육한 인물, 독생한 말씀과 성령의 유출, 정통적인 신인(神人)의 존재 등에 관한 이 놀라운 신앙 고백이 우리에게 무슨 의미가 있는지 물어볼 수 있다. 우리가 그 진술들을 쪼개어 예술적 유추로 옮겨 보면, 거기서 인간 예술가가 작업하고 있는 모습이 떠오르는 것을 발견하게 되리라. 그 그림은 아주 세세한 부분에 이르기까지 우리가 일상 경험으로 그 모든 특징을 확증할 수 있는, 우리에게 무척 낯익은 것이다. 일단 이렇게 해 보면, 이런 상응 관계를 그저 우연한 일로 치부하는 것은 참으로 어불성설임을 알게 될 것이다. 사실 그것은 결코 우연의 일치가 아니다. 물론 그것은 신학자들이 만든 신인동형설의 또 다른 산물이라고 결론을 내릴 수도 있다. 교회의 교부들이 자기도 모르는 그 하나님의 본성을 정립해 보려 애쓰다가, 자기 주변의 예술가의 모습을 관찰함으로써 그것을 모델로 신의 초상화를 그려냈다고 말이다. 역사적으로 볼 때, 물론 그들이 의도적으로 그렇게 한 것은 분명 아니다. 글쎄, 그들이 의식적으로 시인을 신적인 존재로 치켜세웠을 가능성은 전혀 없다고 본다. 하지만 그들이 무의식적으로 인간으로부터 출발해 그런 식으로 유추했을 가능성은 있다. 인간의 추론이라는 것이 원래 그런 것이기 때문이다. 이는 아주 타당성 있는 이론이다. 하지만 한 가지 유의할 점은, 우리가 이 이론을 견지하고 있는 이상, 현재의 삼위일체 교리를 인간의 경험과 상관 없는 모호하고 선험적인 교리로 주장해서는 안 된다는 것이다.

다른 한편, 우리는 그 교리를 하나님에 대한 종교적인 경험에서 유래한 것으로, 즉 그리스도 안에 계시된 그리고 절대자의 본성에 관한 추상적인 철학적 추론에 의해 해석된 것으로 결론을 내릴 수도 있다. 이 경우에는, 그것이 아무리 복잡하고 이론적으로 보일지라도, 일단 우리가 그것을 이성의 산물이라고 말한 만큼, 그것을 비이성적이라고 부를 수 없다. 그러나 만일 이성과 종교적 경험을 바탕으로 세워진 이 이론이 인간 경험의 전혀 다른 영역에 실제로 적용될 수 있는 것으로 드러난다면, 기독교의 종교적 경험이란 것은 현실과 동떨어진 어떤 현상이 아니라고 결론내리지 않을 수 없다. 그것은 최소한 우주의 어디엔가 그 닮은꼴을 갖고 있다는 말이다.

아이작 뉴턴이 사과가 떨어지는 현상과 행성들의 원주 운동 사이의 어떤 유사성을 관찰했을 때, 이는 그가 사과에서 유추해서 천문학 이론을 주장했다고 할 수도 있고, 혹은 천문학적 수학 이론을 개발하던 중 문득 그것이 사과에 적용된다는 것을 인지했다고도 할 수 있는데, 이 둘은 똑같은 개연성을 갖고 있다. 하지만 전자의 경우를 놓고 그가 행성을 사과의 확대판으로 보고 그 속에 씨앗이 있다고 추정했다고 말하거나, 후자의 경우를 놓고, 행성의 움직임 자체는 뉴턴의 수학을 벗어나선 존재하지 않지만, 뉴턴이 한참 추상적으로 사색하다가 장황한 이론을 늘어놓고 보니 희한하게 사과의 움직임과 일치하는 것으로 드러났다는 식으로 말하면, 도무지 타당성이 없을 것이다. 뉴턴은 이성적인 사람이라서 그 두 종류의 움직임이 서로 닮았다고 결론을 내렸다. 행성이 사과를 본떴다거나 사과가 행성을 본떴기 때문이 아니라, 양자가 동일한 원리에 바탕을 둔 움직임이었기 때문이다. 우주에서 '태양계'라고 표시된 부분을 잘라내고, 또 '사과'라고 표시된 부분도 그렇게 해 보면, 동일한 패턴이 나타나게 된다. 그러므로 마치 나뭇결이 나무를 관통하고 있듯이, 이 패턴을 우주의 일부라고 여기는 것이 자연스럽고 바른 결론이다. 이와 비슷하게, 우리가 영적인 우주에서 '기독교 신학'이라 표시된 부위를 잘라내고, 또 '예술'이라고 표시된 부분도 잘라내면, 양자 모두에서 창조적 지성의 동일한 패턴을 발견할 수 있을 것이다. 이와 같이 우리도 비슷한 결론에 도달할 수 있다는 말이다.

우리가 창조적 지성이, 실은 영적인 우주의 나뭇결이라고 결론을 내린다면 우리의 조사가 예술가들—돌, 그림, 음악, 문자를 갖고 일하는 자—에게만 국한될 수 없다. 더 나아가 그와 똑같은 패턴이 모든 남자와 여자의 영적인 구조 안에도 나타나지 않는지를 물어보아야 할 것이다. 그리고 만일 그렇게 나타난다면, 혹시 우리가 평범한 남자와 여자를 비창조적인 활동과 비창조적인 안목에 가두어 놓음으로써 우리의 존재 구조를 크게 거스르고 있지 않은지 반성해야 마땅하리라. 만일 그렇다면 그것은 심각한 문제가 아닐 수 없다. 우리는 이미 어떤 물질이든 그 구조의 자연법에 거슬리는 방식으로 그것을 다룰 때, 얼마나 불행한 결과가 초래되는지를 똑똑히 목격했기 때문이다.

그러면 누군가가 보통 사람에게 인생을 창조적으로 살라고 요청하는 것이 무슨 의미냐고 물어볼 것이다. 우리는 그가 자신의 모든 경험을 잉크나 돌로 된 걸작품으로 바꿀 것을 기대하지 않는다. 그가 할 일은 농업이나 제조업, 정치나 재정 분야, 혹은 질서 있는 사회의 건설 등 자기가 속한 영역에서 스스로를 표현하는 일이다. 흔히 예술가로서의 삶이란 말을 하면, 부자가 오스카 와일드(Oscar Wilde)처럼 소파에 다리를 뻗고 앉아 들판의 백합화를 미적으로 감상하는 모습도 떠오른다. 그런데 보통 사람은 그럴만한 여유가 없다. 또 예술가가 자기 재료를 완벽하게 주무르는 대가다운 모습이 떠오른다. 그러나 보통 사람은 스스로를 인생(이게 그의 재료다)을 마음대로 주무르는 대가라고 생각하지 않는다. 사실 그런 모습과 거리가 멀다. 보통 사람에게 인생은 손으로 마음대로 좌우할 수 있는 재료가 아니라, 자신이 가진 수단으로 **풀어야 할** 지극히 어려운 **문제**의 연속이다. 아울러 자신이 사용할 수 있는 수단이 많으면 많을수록—기계의 힘, 빠른 운송 수단, 문화적 설비 등—그만큼 문제가 더 복잡해지고 어려워진다는 것을 알고 무척 괴로워한다. 특히 더 고통스러운 이유는 과학 지식의 증가가 자연을 통제할 수 있는 힘을 줄 것이란 약속이 생각나서 그렇다. 자연을 통제한다는 것은 인생을 마음대로 좌우하는 일도 당연히 함축하기 때문이다.

그가 예술가에게서 배울 수 있는 첫째 사항은, 자기 재료를 마음대로 주무를 수 있는 유일한 방법은, 정복이란 개념을 버리고 사랑으로 그것과 협력하는 것이란 점일 것이다. 누구든 인생의 주인이 되고 싶으면 인생의 종이 되라고 말이다. 만일 그가 생명의 진정한 본질에서 생명을 억지로 뽑아 내려 하면, 마치 예술 작품이 자기를 억누르는 예술가에게 보복하듯이 그것도 복수의 심판을 내릴 것이다.

둘째로, 흔히 사용하는 **문제**와 **해답**이라는 단어들은 현상에 대한 분석적 접근에 속하는 것이지 창조적 접근과는 무관한 것이다. 우리가 '문제를 풀 수' 있는 유일한 방법은 그것을 '창조적인 방식으로' 다루는 것이란 말을 상투적으로 쓰곤 하지만, 그건 화자가 그 의미를 굳이 생각지 않고 통속적인 상투어를 되풀이한 결과든지, 창조성의 본질에 대해 아주 무식해서 하는 말이든지 둘 중 하나다.

우리가 앞서 살펴본 인간 창조자의 창조 방식을 상기해 보면, 창조자는 크로스워드 퍼즐이나 기초 대수학처럼 일련의 자료들에서 시작해서 그로부터 어떤 결과—결정적이고, 예측 가능하고, 완전한 정답—를 연역해 내는 자가 아님이 분명하다. '문제와 해답'이라는 개념은 출산 행위에 적용할 때만큼 창조 행위에 적용해도 전혀 무의미한 것이다. 출산을 위한 과정에서 존을 메리에게 더한다고 존과 메리의 결합 문제에 대한 해답이 나오는 건 아니다. 그것은 조지나 수잔을 낳고, 그(그녀)는 (그 부모의 삶을 복잡하게 만드는 요인이 되는 것에 덧붙여) 전혀 새로운 일련의 문제를 가진 독립된 인격을 소유한다. 설사 90년대의 감상적 소설에 나오는 것과 같이 아기의 손이 존과 메리가 묶은 매듭을 다소 느슨하게 풀어 놓도록 허용한다 하더라도, 그 해답(조지나 수잔)은 유일한 정답도 아니고 결정적이고 예측 가능하거나 완전한 답도 아니다.

다시금 말하건대, 수학적 혹은 탐정 이야기 식 의미에서 시인의 작품이 당대의 문제에 대한 해답이라고 말할 수 있는 여지는 전혀 없다고 할 수 있다. 사실 이 두 요인은 닭과 달걀처럼 어느 것이 먼저인지 분명하지 않을 때가 많다. 예술 자체도 마치 결정적이고, 예측 가능하고, 완전한 어떤 정답을 기다리고 있는 것처럼 생각하고 그것을 찾느라 쓸데없는 에너지와 노력을 계속 쏟아 붓고 있다. 우리가 기껏 말할 수 있는 것은 시인과 그 시대 사이에는 밀접한 연관성이 있으며, 시공간의 모든 방향으로 영향을 주고받는 고도로 복잡하고 다양한 상호 관계가 있다는 점이다.

그럼에도 불구하고, 수학과 과학의 방법론에 사로잡힌 보통 사람은 막연하나마 수수께끼 같은 인물인 창조적 예술가에게, 자신에게는 없는 어떤 해석의 능력, 곧 자기가 침투할 수 없는 난해한 현상의 배후로 접근할 수 있는 어떤 능력이 있다고 인식한다. 때로는, 누구든 자기가 설명할 수 없는 어떤 우월성에 직면하면 흔히 그렇듯이, 그 점에 분개하기도 한다. 또 어떤 때에는 "그는 몽상가야. 그러니까 그냥 내버려 두자"는 식으로 그를 제쳐두기도 한다. 또 어떤 경우에는, 특히 당대에서 겪는 불협화음이 그에게 강하게 다가와 그것을 도무지 무시할 수 없을 때는, 예술가를 붙잡고 그가 가진 비결을 보여 달라고 요구하게 될 것이다. "여보시오, 당신에게는 우주의 수수께끼를 풀 수 있는 어떤 재주, 어떤 암호, 어떤 비법이 있지 않소? 우리를 위해 그걸 사용해 주시오. 우리에게 문명의 문제에 대한 해답을 제시해 주시오" 하고 소리칠 것이다.

이건 변명의 여지가 있긴 하지만, 그리 공평한 요구는 아니다. 예술가는 우선 인생이란 것을 풀어야 할 문제로 보지 않고, 창조를 위한 매체로 보기 때문이다. 그는 보통 사람에게서 문제를 해결해 달라는 부탁을 받고 있으나, 창조는 아무것도 해결하지 못한다는 점을 잘 알고 있다. 어떤 문제가 해결되면 그건 끝난 것이자 죽은 것이 되고 만다. 그런데 그의 관심사는 죽음이 아니라 생명이다. "당신으로 생명을 얻고 더 풍성하게 얻게 하기 위함이라." 물론 예술가는 자기 경험을 통해 보통 사람에게 사람의 본성의 성취에 관해 많은 걸 얘기해 줄 수 있다. 하지만 엉뚱한 질문을 계속 받게 되면 가장 불만족스러운 대답밖에 할 수 없을 것이다. 그리고 올바른 질문을 던질 수 없는 무능력이, 우리 시대와 우리나라에선, 일종의 풍토병처럼 되고 말았다.

사실 인간의 모든 경험을 무언가 결정적이고 예측 가능하고 완전한 정답을 가진 문제처럼 생각하는 사고 방식은, 최근에 탐정 소설이 굉장한 인기를 끄는 현상과 깊은 관련이 있다. 우리는 예술가가 우리에게 이런 인생관을 보여 주길 기대한다. 독자들이 탐정 소설을 실존적 문제에서 도피하는 도피처로 여기고 있다는 점은 의미심장한 사실이다. 그것은 "골치 아픈 문제에 신경을 끄게 만든다." 그건 사실이다. 왜냐하면 그것은 독자에게, 사랑과 미움, 가난과 실업, 재정과 국제 정치 등의 문제는 '도서관에서의 죽음'의 문제를 풀듯 얼마든지 풀어 낼 수 있는 문제라고 부드럽게 설득해 주기 때문이다. 조사가 마무리되면서 아름다운 결말이 나면, 독자는 그 문제 가운데 실은 문제로 제시된 부분만 해결되었다는 사실을 잘 인식하지 못한다. 살인자의 동기는 간파되었으나, 그의 잔학한 영혼의 치유에 관해선 한 마디도 하지 않았다. 사실 이런 작품을 쓸 때 필요한 기술은 그런 측면이 독자의 마음에 떠오르는 것을 미연에 방지하는 것이다. (왜냐하면 우리가 사전에 살인자의 영혼에 관해 너무 많이 알면, 그에 대한 해답을 기대하게 될 것이기 때문이다. 그리고 그것을 발견하고서 그에 대한 동정심이 너무 커지면, 그의 모습이 노출되는 것과 그가 정죄받는 것을 분개하게 될 것이다. 그런 동정심을 도저히 피할 수 없을 경우라면, 작가는 그 범인이 도망치게 하든가 자살을 선택하게 만들어, 다루기 거북한 그 문제를 더 높은 재판소로 이양해 버린다. 물론 거기서 어떤 심판을 받을지는 공개적으로 밝히지 않으면서.)

내가 이미 설명한 바와 같이, 나로서는 다른 사람의 작품보다 내 작품에 더 익숙하므로 「화려한 밤」(*Gaudy Night*)이란 소설을 예로 들까 한다. 이 소설은 세 가지 문제를 담고 있는데, 그 가운데 하나는 완전히, 또 하나는 부분적으로 해결되는 반면에, 나머지 하나는 해결되지 않은 채 남는다. 이 셋은 모두 작가가 구상한 핵심 주제와 연관이 있다.

첫째 문제는 처음부터 뚜렷한 문제 제기 방식을 취한다. "누가 스루베리 대학에 소요를 일으켰으며, 그 이유는 무엇인가?" 이것은 문제가 제기된 바로 그 방식대로 해결되는데, 그 해답은 예측 가능하고, 결정적이며, 완전한 유일한 정답이다. "범인은 하녀 애니였고, 그 동기는 어떤 여자 교수가 전문성을 고수하고자 그 하녀의 남편에게 내린 형벌에 대해 보복하기 위함이었다."

둘째 문제는 사실상 전혀 문제가 아니다. 그것은 인간이면 누구나 당면하는 것이다. "피터와 헤리엣은 자기들이 범한 일련의 잘못으로 인해 빠져든 잘못된 감정적 처지에서 어떻게 그 관계를 회복할 수 있을까?" 그 상황에서 양측은 지적으로 냉정하게 판단해 그 처지를 바꾸어 놓고 새로운 관계로 진입할 수 있게 되는데, 거기서도 여전히 오류와 오해의 여지는 남게 된다. 이 '해결책'은 결정적이지도 완전하지도 않다. 그것이 그 책의 예술적 구조상 예측 가능하고 또 필요한 것이긴 해도, 일반적인 자연법 상으로는 예측 가능성도 필요성도 없는 것이다.

셋째 문제는(그것을 굳이 문제라고 부르고 싶다면), 독자와 에니의 남편에게 형벌을 내린 그 여교수 모두에게 제기되는데, 가치관의 대결 형식을 취한다. 과연 전문성의 고수가 정서적·물질적 손해를 감수할 만큼 중요한 것인가? 이런 도덕적 문제에 대해선 아무런 해답이 제공되지 않는다. 단 그 상황과 인물만 바뀔 뿐이다. 양측을 대변하는 논리가 모두 제시되지만, 뚜렷한 판결은 내려지지 않는다. 다만 이런 인생과 저런 인생, 이런 표준과 저런 표준, 이런 사람들과 저런 사람들이 있고, 양자는 서로 갈등 관계에 갇힌 채 큰 불행만 초래할 뿐이다. 경험의 질이 높아지는 곳이면 어디에나 생명이 있다. 이 책이 당신에게 제공하는 유일한 판결은 바로 그 책 자체다.

따라서 진실성의 고수(삶을 고양시키는 것인 동시에 불행을 자초하는)는 이 책의 핵심 주제이고, 이는 탐정 소설의 역학에다 정서적 불안정을 야기하는 촉매제를 제공하는 동시에 이 책의 축소판을 소우주와 통합시키는 것이기도 하다. 내가 이 이야기를 내 멋대로 길게 늘어놓은 이유는 어느 탐정 소설가의 비평 때문이었다. 그는 이렇게 비평했다. "당신은 왜, 그 여교수가 에니의 남편에게 취한 자신의 행동에 관해 추호의 의심이라도 품게 했나요? 그녀는 자기가 잘못했을지도 모른다고 생각하더군요. 그런 모습은 당신의 전반적인 논제와 상충되지 않습니까?"

여기에 분명히 나타나는 개념은, 모든 인간의 처지가 탐정 소설에 나오는 문제와 같아서 단 하나의 해답밖에 없다는 생각이다. 즉 나머지는 모두 오답이고 정답은 하나뿐이라는 사고 방식 말이다. 그러나 인간의 처지는 모두 인간성의 자연법에 종속되어 있기에 사실 그럴 수 없다. 즉 인간의 악은 언제나 그 선한 본성 속에 뿌리박혀 있고, 그 선한 본성이 악을 구속할 수는 있을지언정 그것을 없앨 수는 없기 때문이다. 가치관의 충돌에서 생기는 선은 한편의 가치관을 완전히 정죄하거나 파괴함으로 오는 게 아니라, 양자의 긴장을 아치와 같이 유지하면서 새로운 가치를 정립하는 데서 오기 때문이다. 말하자면, 우리가 자료들 속에 엉켜 있는 어떤 것을 풀어 내기 위해서만 그것들을 검토하는 게 아니라, 그 자료들을 사용해서 무언가 새로운 것을 만들어 내기 위해서 그렇게 한다. 할례를 받거나 안 받는 것이 중요한 게 아니라, 새로운 창조가 중요한 것이다.

예술가의 새로운 창조물은 도덕적 판결이 아니라 살아 있는 예술 작품이다. 보통 사람이 예술가에게, 도덕적 판단을 내리거나 실제적인 문제 해결을 위해 도움을 달라고 부탁하면, 이런 대답만 얻게 될 것이다. "당신은 내가 내 책의 재료를 갖고 주무르는 것처럼 당신이 처한 실제 상황을 다루는 법을 배워야 합니다. 그것들을 취해 새로운 것을 만들 수 있어야 합니다"라고. 이는 A. D. 린드세이(Lindsay)가 「두 가지 도덕」(*The Two Moralities*)에서 한 말과 같다.

> 나의 신분과 의무(곧 도덕률)에 입각한 도덕에 의거해서 보면, 그 상황 자체가 우리에게 어떤 의무를 부과하고, 우리는 예 혹은 아니오, "하겠소" 혹은 "하지 않겠소" 하고 말한다. 우리로서는 이미 주어진 명령에 대한 순종과 불순종 가운데 하나를 택한다. 한편 도전과 은혜에 입각한 도덕으로 보면, 그 상황이 "이곳이 엉망진창이고, 여기에 내버려 둘 수 없는 악과 긴급한 문제가

있소! 당신은 어떻게 하겠소?" 하고 말한다. 이 경우에 우리는 "예" 혹은 "아니요", "하겠소" 혹은 "하지 않겠소"라고 말하면 안 되고, 무언가 새로운 것을 창조하고 발견해 내는 일이 필요하다. 평범한 사람과 성인(聖人)의 차이는, 전자가 소홀히 하는 명백한 의무를 후자가 수행한다는 데 있지 않다. 성인이 행하는 것은 보통 평범한 사람의 머리에 전혀 떠오르지 않는 것들이다.… '은혜로운' 행위는 상상력과 자발성이 필요하기에 예술가의 작품과 비슷하다. 그것은 이미 주어진 대안들 가운데 하나를 택하는 일이 아니라, 무언가 새로운 것을 창조하는 일이다.

그러므로 예술가와 예술가 아닌 사람의 차이는, 전자는 자신의 소명에 관한 한 은혜의 길을 좇아 사는 자라는 사실에 있다. 그는 사생활 면에서 반드시 예술가라고 할 수는 없지만 (인생이 그의 작품의 소재이므로) 인생을 사용해서 무언가 새로운 것을 만드는 자라고 할 수 있다. 그렇기 때문에 이 골치 아픈 세상의 고통과 슬픔이 그에게는 결코 무의미하고 쓸모 없는 것이 아니다. 이 점에서, 보통 그런 것을 잠자코 견디기만 해서 거기서 아무것도 얻지 못하는(너무 많이 알아 불평만 늘어놓는) 자들과 크게 대조된다. 따라서 우리가 예술가의 방식대로 그런 소재들을 다루려 하면, 탐정의 재주로 그걸 풀려 하면 안 되고 현 상태에서 그것을 갖고 무언가를 만들 수 있어야 한다.

이렇게 말한다고 해서—예술가의 활동까지 포함한—모든 인간 활동을 문제와 해답의 견지에서 보는 게 불가능하다는 뜻은 아니다. 나의 의도는, 우리가 어떤 식으로 그 단어들을 사용하든, 그것들이 표현하고자 하는 그 실재를 가리키기에는 부적합하다는 것이다. 가령, 우리는 셰익스피어가 「햄릿」(Hamlet)의 문제를 풀려고 하는 모습을 상상할 수 있다. 즉 이전의 극작가들이 물려준 까다로운 재료를 갖고 그런대로 인기 있는 연극을 만들어 내는 문제를 풀려는 모습 말이다. 혹은 그가 제작상의 문제를 풀려는 모습을 생각해 낼 수도 있다. 가령, 무대 장치를 잘 조정해서 불필요한 삽입구를 끼워 넣지 않고도 두 역을 맡은 배우들이 옷을 갈아입을 시간을 확보하는 방법 같은 것. 또 등장 인물의 문제를 푸는 모습도 상상할 수 있다. 햄릿이 로젠크란츠와 길덴스턴을 처치할 때의 재빠른 모습과 자기 부친의 원수를 갚을 때의 느린 모습을 어떻게 조화시킬까 하는 문제. 우리가 설사 비평가들이 지적하는 햄릿의 문제를 모두 해결한다 하더라도, 가장 중요한 사안—「햄릿」을 강력한 작품으로 만드는 그 아이디어와 에너지—에 더 근접하게 되는 것은 아니다. 「햄릿」은 그것이 안고 있는 문제들의 합보다 더 큰 그 무엇이다. 성 베드로 성당을 볼 때도 건축가들이 푼 문제들에 입각해서 보는 게 가능하다. 그 건물 부지가 부과하는 압력과 중압의 계산 등에 의해서 말이다. 하지만 거기서는 왜 사람들이 죽음을 각오하면서까지 그 성당이 파괴되는 것을 막으려 하는지 그 이유를 찾을 수 없다. 그것으로는 폭탄이 그 지붕을 뚫자 마치 자기 가슴이 폭파된 듯이 느끼는 자가 왜 수백만에 이르는지를 설명할 수 없다.

인간이 성취한 모든 업적을 볼 때, 그것들을 문제에 대한 해답이라는 관점에서 접근하는 건 가능하다. 특히 뒤돌아볼 때는 더욱 그렇다. 왜냐하면 그 일이 훌륭하게 수행되었다면, 그게 마치 불가피한 결과처럼 보일 것이기 때문이다. 애초부터 그렇게 될 수밖에 없는, 예정된 길인 것처럼 보인다는 말이다. 그게 바른 길이라는 의미는 그 제작자가 애초에 품은 아이디어와 합치한다는 뜻에서 그러하다. 그런데 그 아이디어 자체는 불가피한 게 아니다.

바로 이 지점에서 **문제**와 **해답**이라는 단어를 경솔하게 사용할 경우, 부적합할뿐더러 아주 잘못된 사고 방식에 빠질 수 있다는 점을 직시하게 된다. 그런 사고 방식은 모든 중요한 활동을 특정한 유의 문제에 입각해서 생각하는 것이다. 기초 수학과 탐정 소설에 등장하는 문제를 연상시키는 그런 유의 문제 의식 말이다. 이런 문제들은 사실 아주 제한된 의미에서만 해결될 수 있는 문제들이므로, **문제**와 **해답**이란 말은 이런 경우에 국한시켜 사용해야 한다고 생각한다. 그렇지 않고 무차별적으로 사용될 때에는 치명적인 위험을 가져올 수 있다. 그 경우에는 예술에 대한 이해를 왜곡시키는 만큼 인생에 대한 이해도 왜곡시킬 수 있다. 약간 반복하는 듯한 느낌도 들지만 이 점을 분명히 하고 싶다.

수학적 혹은 탐정 소설에 나오는 문제는 인생의 문제에서 볼 수 없는 네 가지 특징을 갖고 있다. 우리가 전자에서 그걸 찾는 데 익숙해져서 후자에서도 그것을 찾지만, 발견하지 못할 때에는 좌절감과 분노를 느끼게 된다.

(1) 탐정 소설에 나오는 문제는 언제나 해결 가능하다

사실 그것은 본래 해결할 목적으로 꾸며낸 것이라서, 해답이 발견되면 그 문제가 더 이상 존재하지 않는다. 무슨 수단을 써도 해결될 수 없는 탐정 소설 상의 혹은 수학의 문제가 있다면, 그건 이런 의미의 문제가 아닐 것이다. 그런데 모든 인간 경험이 이런 유의 문제를 제기한다고 생각하는 것은 지혜롭지 않다. 우리 인간에게 굉장한 위력으로 다가오는, 우리가 도무지 간과할 수 없는 거대한 경험이 하나 있다. 그것은 바로 죽음으로서, 그에 대한 해답은 존재하지 않는다. 당신이나 내가 마치 그것이 더 이상 존재하지 않는다는 식으로 생각함으로 그걸 해결할 수 있는 방도는 아예 존재하지 않는다. 인간은 자기가 풀 수 없는 문제가 있을 수 있다는 사실을 시인하길 꺼려했기 때문에, 초창기부터 연금술사들이 불로장수약을 찾아 나선 것이다. 그리고 최근에는 죽음을 앞두고 그것을 원망하고 분개하는 소리를 드높이고 있다. 죽음의 고통 자체를 두려워하기보다는 이 세상에 도무지 피할 수 없는 어떤 것이 있다는 생각 때문에 모욕감을 느끼기 때문이다. 우리는 성인이나 시인처럼 죽음의 개념에서 무언가를 창조하려 애쓰기보다는, 어떻게든 죽음의 문제를 피하고 없애고 풀어볼 수 없을까 하고 골몰하고 있다. 우리가 죽음의 불가피성을 원망하는 데 낭비하는 영적·정신적 에너지는, 우리가 간헐적으로 영속적인 운동의 문제를 해결하려고 노력하는 데 소모하는 에너지에 버금갈 정도다.

더욱이 이런 비합리적 생각은 전쟁의 가능성과 같은 아주 실제적인 문제를 제대로 다루지 못하게 방해한다. 그것은 전쟁의 악이 무엇보다도 수많은 생명을 앗아가는 데 있는 것처럼 생각하도록 부추긴다. 전쟁을 생존자의 삶과 영혼에 미치는 파괴적인 영향에 입각해 생각하지 않고 단지 생명을 앗아가는 악으로만 생각할 경우에는, 전쟁을 야기하고 전쟁에 의해 야기되는 삶의 조건에 관해 명석하게 다루기보다 무슨 대가를 치러서도 전쟁을 피하는 데 모든 노력을 경주하게 될 것이다. 이것이 바로 1919-1939년 사이에 우리가 행한 행태다.

물론 그렇다고 우리가 전쟁을 피할 수만 있다면 죽음도 피할 수 있을 것이라 생각한 것은 아니다. 다만 그런 식으로 생각하는 것처럼 말하고 행동했을 뿐이다. 죽음이란 사적으로 조금씩 일어나면 별로 눈에 띄지 않는다. 그렇기에 평화 시에는 죽음을, 피했어야 할 유감스런 사고인 것처럼 잘못 생각하는 게 가능하다. 92세의 부자 노인이 심장병으로 갑자기 죽게 되면, 신문은 이를 "백만장자의 비극적인 죽음"이란 제하에 머릿기사로 다룬다. 그러면 우리는 그토록 부유한 자가 전성기에 그렇게 꺾여야 한다는 사실에 상당히 놀라고 분개해 한다. 엄청난 과학 연구 자금을 가지고 과학이 그를 위해 마땅히 죽음의 문제를 풀었어야 했다고 생각한다. 만일 이런 식으론 생각하지 않는다면, 그처럼 깨끗하고 통증이 없고 성숙한 죽음에 왜 **비극적**이란 단어를 사용했겠는가? (그런 머릿기사는 너무 우스꽝스러워 사실일 리가 없다고 말하지 말라. 내 눈으로 그것을 똑똑히 목격했다.)

우리가 지난 1차 세계대전에서는 전쟁이 젊고 강한 자를 전성기도 이르기도 전에 죽이기에 전쟁을 증오한다고 말했다. 그런데 이번에는 노쇠한 자가 영면에 잠기는 모습을 보고 그때만큼 분노하고 있다. 누구도 한 번 이상 죽을 수 없다. 그런데도 대참사, 대규모 전염병, 그리고 무엇보다 대규모 전쟁은 우리의 눈과 귀에다 인생은 우리를 죽이려든다는 식의 끔찍한 지식을 주입시키고 있다.

이 때문에 우리는 정의 혹은 평화 유지를 위해서라도 전쟁을 감수하지 않으려 한다. 우리는 팔을 늘어뜨리고는 "전쟁은 그만!" 하고 소리치면서 유럽을 구출했다.

그럼에도 불구하고 우리는 "자기 생명을 버리려 하는 자는 그것을 얻을 것이다"라는 역설이 명백하고 실제적인 사실임을 너무나 잘 알고 있다. 불타는 집에서 밖으로 몸을 던져 죽음을 감수하려 하지 않는 한, 우리는 불에 타 죽을 것이 분명하다. 아니, 우리의 신체적 본성의 의지가 죽음을 수용할 준비가 되어있지 않았던들 결코 태어날 수가 없었을 것이다.

죽음의 문제는 탐정 소설 식의 문제 해결이 먹히지 않는다. 죽음에 대해 우리가 할 수 있는 일은 두 가지로서, 하나는 그것을 연기하는 것—이는 부분적인 해결에 불과하다—과, 또 하나는 죽음과 관련된 가치관 전체를 다른 행동 영역으로 옮기는 것—시간의 영역에서 영원의 영역으로—이다.

이제 탐정 소설 식의 문제가 갖고 있는 두 가지 특징을 더 살펴보자.

(2) 탐정 소설에 나오는 문제는 완전히 해결될 수 있다

느슨한 마무리나 불만족스런 수수께끼가 전혀 남지 않는다. 모든 문제에 해답이 있고, 모든 질문은 응답을 받는다. 우리는 두 가지 결론을 놓고 어느 편이 더 확률적으로 높은지 달아볼 필요가 없다. 집사에 대한 범죄를 해결하려고 형사가 요리사와 관련된 새로운 수수께끼에 휘말릴 필요도 없다. 그런 불확실한 문제들이 이야기 도중에 생기는 것 같지만, 결국 완전한 해결책이 발견되면서 모든 것이 말끔하게 정리된다. 여기서 이처럼 행복한 결론에 도달하는 것은 작가가 그 해결책이 응답할 수 없는 의문을 제기하지 않도록 조심하기 때문이라는 점을 굳이 지적할 필요가 없을 것이다.

이처럼 빈틈이나 약점이 전혀 없는 완벽한 해답을 찾으려는 성향은 인생의 여러 활동을 보는 관점을 크게 왜곡시킨다. 의료가 좋은 예다. 우리는 건강이란 것을 질병과 치료의 견지에서 보는 데 익숙해 있다. 한편에는 확실한 질병이, 다른 편에는 확실하고 완벽한 치료책이 있어야 한다고 생각한다. 그 치료책을 질병에 응용하면, 그 문제에 대한 정확한 해답이 나와야 한다. 만일 의사가 그 질병의 이름을 즉시 알고 치료책을 금방 내놓을 수 없으면, 우리는 돌팔이라고 화를 내고 싶어진다.

이와 마찬가지로, 독에는 언제나 해독제가 있다고 굳게 믿어 왔다. 즉 독의 효과를 거꾸로 하나하나 돌려 놓아 이전의 상태로 몸을 회복시킬 수 있는 양성 약물이 있다고 믿은 것이다. 사실 이런 식의 상보 작용을 하는 약물은 단 두 가지―아트로핀과 피소스티그마인―밖에 없는 것으로 알고 있다(그런데 공교롭게도 둘 다 양성이 아니라 유독 물질이다). 그 밖에 서로 중화시키는 약으로 사용되는 것도 단지 부분적인 효과밖에 없거나, 신체 기관에 가해진 해독을 치료하기보다 그 증상을 중화시키는 역할을 할 뿐이다. 대다수의 경우, 치료용 약품은 몸이 그 자원을 추슬러 스스로 치료할 수 있기까지 독의 효과를 지체시키거나 완화시키는 데 유용할 뿐이다. 어떤 경우에는 한 질병을 제거하는 대가로 다른 질병에 걸리게 하는 때도 있다. 시필리스에 대한 말라리아 처방이 그런 경우다. 혹은 병에 걸린 폐를 치료하는 데 필요한 그 치료책이 환자의 체질상 도무지 받을 수 없는 것이라 처방이 불가능한 경우도 있다.

우리는 해독제에 대한 미신적인 믿음을 포기했을 수도 있다. 하지만 모든 부실한 건강이 단 하나의 확실한 병으로 인한 것이고, 그에 대한 치료책도 아무런 부작용이 없는 단 하나의 완벽한 것이 있을 수밖에 없다는 식의 환상은 여전히 갖고 있다. 우리의 질병을 누군가는 그 정답을 알고 있는 크로스워드 게임처럼 생각하는 것이다. 완벽한 해답이 어딘가에 있어야 하고, 그걸 찾아서 적용하는 것이 의사의 본분이라고 말이다.

그러나 의사는 크로스워드 게임을 풀고 있는 게 아니다. 그는 환자의 몸을 재료로 삼고 환자의 창조적 협조를 필요로 하는, 아주 미묘하고 모험적이고 실험적인 창조적 활동을 수행하고 있는 중이다. 그는 잠시 몽롱해진 건강 상태를 회복시키고 있는 게 아니다. 건강을 개조하고 있는, 아니 스스로 개조하도록 돕고 있는 중이다. 이것이 하나의 문제처럼 보일지 모르지만, 대수학에서 제기하는 그런 문제—"만일 물통을 A 바가지와 B바가지로 채우는 데 각각 25분과 32분이 걸린다면"—와는 그 종류가 다르다. 그리고 그 답은 후자와 같이 아주 정확하다거나, 모든 조건을 충분히 만족시킬 그럴 가능성은 별로 없다.

환자가 건강과 마음의 평화를 얻는 첩경은 의사의 본분을 잘 이해하는 것이다. 그럴 경우 그는 의사와 창조적으로 잘 협조할 수 있을 뿐 아니라, 조급함과 좌절감에서 오는 정신적 고통을 면할 수 있을 것이다.

이 글을 쓰고 있는 이 순간에도 우리가 유의할 것은 야간 폭격기의 문제에 대한 잘못된 생각이다. 이 무서운 침입에 대한 우리의 고뇌가 더 커지는 것은 마치 그 해결책이 어딘가에 있는데, 단지 당국의 어리석음과 게으름 때문에 그것을 찾지 못하고 있다고 상상하기 때문이다. 그런데 우리가 그런 잘못된 생각을 지워 버리고 "이제 과거에는 한 번도 만든 적이 없는 새로운 것을 만들 때가 되었다"고 생각하면 훨씬 마음이 가벼울 것이다. 우리가 도움을 요청할 곳은 탐정이 아니라 발명가들이다. 창조적인 아이디어를 가진 사람들 말이다. 그리고 이제 우리는 창조적인 일이 어떻게 수행되는지를 어느 정도 알고 있다.

정부 대변인은 질문 공세에 시달려 "우리는 현재 여러 고안물을 갖고 작업을 하고 있습니다" 하고 발표한다. 상상의 눈으로 '우리'를 보면, 마치 천상의 작업실에서 부품이 배달되어 이제 지침서에 따라 그것을 조립해서 당일 저녁에 사용하기만 하면 되는 것처럼 부지런히 조립하고 있는 모습이 비친다. 이것은 창조의 방법과 거리가 멀다. 저기에 예측할 수 없고, 변덕스럽고, 명령으로 생길 수 없는 아이디어가 있다. 그런 아이디어는 아무 성과도 없는 노력과 생각을 한참 기울인 후에, 혹은 전혀 생각도 하지 않았는데 갑자기, 혹은 의식은 다른 데 가 있고 무의식만 한참 남아 있던 중에, 우리가 그 날과 그 시간을 모르는 때에 불쑥 머릿속에 떠오르게 된다. 또 저기에 무작위 상태에 빠지지 않으려고 애쓰면서 계산하고, 설계하고, 실험하고, 오류를 제거하는 등 에너지를 들여 괴롭고 힘들게 수고하는 노력이 있다. 그 아이디어가 처음 나타나는 곳은 손으로 만든 모델이다. 그러고 나면 그 아이디어에 더 가까운 모습으로 개조하기 위해 시험하고, 개선하고, 오류를 제거하는 등 새로운 노동이 뒤따른다. 손으로 만든 새 모델을 다시 점검하고 다시 시험한다. 그 아이디어의 이미지를 배가하기 위해 가게에서 다양한 활동이 펼쳐지고 우주에 그것을 배포한다. 그 아이디어는 그 고안물을 이해하고 사용해야할 사람들에게 능력 있게 전달된다. 이 모든 과정을 거쳐, 만일 그 아이디어가 정확하고 강력한 것이면, 마침내 최종적인 강력한 모습을 드러낼 수 있을 것이다. 그럼에도 그 결과는 단 하나의 완벽한 해답은 아닐 터인데, 그 문제 자체가 자기 몸에 해독에 필요한 재료를 안고 다니는 암호 같은 게 아니기 때문이다. 야간 폭격기의 문제를 풀 수 있는 단 하나의 결정적인 해답이란 없을 가능성이 높다.

이처럼 결정적인 답을 얻을 수 없는 문제의 또 다른 예는 서로 양립할 수 없는 두 가지—자유와 질서, 자유와 평등—를 우리가 동시에 완전히 누리고 싶어 하는 경우다. 이에 관해서는 다른 데서 논의한 적이 있는데,* 여기서 잠깐 덧붙이고 싶은 것은 개인의 자유란 개개인이 자신의 자유에 가하는 제약에 흔쾌히 동의를 표할 경우에만 사회 질서와 양립될 수 있다는 점이다. 그리고 모든 사람에게 똑같이 자신의 능력을 최대한 계발할 수 있는 자유가 주어진다면, 강자와 약자 사이의 평등이란 있을 수 없다. 또 이 땅에서 하나님의 나라를 세우려는 모든 시도가 직면하는 절망적인 딜레마도 있다. "권력으로 무장된 선은 타락했고, 권력이 없는 순수한 사랑은 파괴되었다."** 그와 같은 문제들은 수학적으로 풀 수 없는 것이다. 단 하나의 정답이 없다는 말이다. 거기에 타협이 있던지, 그 상황

---

* Dorothy Sayers, *Begin Here* 2장.
** Reinhold Niebuhr, *Beyond Tragedy*.

이 다른 각도로 재고되어야 한다. 왜냐하면 현재 설정된 그 각도로는 도무지 풀 수 없는 문제이기 때문이다. 이어서 세 번째 사항을 살펴보기로 하자.

(3) 탐정 소설의 문제는 설정된 방식대로 풀리게끔 되어 있다

여기에 탐정 소설 식의 문제와 창조적 상상력의 작업 사이의 가장 현격한 차이가 있다. 탐정 소설 식의 문제는 그 틀을 벗어나지 않고 풀 수 있도록 일부러 고안된 것이다. 이것이 그 문학 양식의 일부이고, 이런 좌우대칭형이 탐정 소설의 매력을 이루고 있다. 탐정 클럽에 처음 가입하는 신입 회원은 완전히 자의적인 이 규율을 지키겠다고 맹세하지 않는가?

> 회장: 그대는 그대의 탐정들이 주어진 범죄를 수사할 때 신의 계시, 여성의 직관, 주술, 속임수, 우연의 일치 혹은 하나님의 행위 등에 의존하지 않고, 또 그런 것을 이용하지 않고, 그대가 기꺼이 그들에게 부여하는 재치를 사용할 것을 약속합니까?
> 지원자: 약속합니다.

그런데 인생은 탐정 클럽에 가입하는 지원자가 아니다. 인생은 금지된 도움거리(주술과 속임수도 포함해서)를 뻔뻔스레 사용하고, 고치지 않고는 도무지 해결될 수 없는 식으로 문제를 설정하곤 한다.

실업의 문제를 예로 들어 보자. 우리가 그 문제를 설정한 방식 때문에 그것을 아직까지 풀지 못한 것일까? 현재 설정된 방식은 그것을 경제적 문제로 보는 것이다. 즉 노동과 자본, 시간과 임금, 재산과 재정적 보상 사이의 적절한 균형의 문제로 본다는 말이다. 이런 식으로 접근하게 되면, 임금을 일한 시간에, 아니면 일의 양과 질에, 혹은 일꾼의 필요에 맞춰야 하는지와 같은 상당히 혼란스럽고 상충된 질문들에 부딪혀 곤혹을 치르게 된다. 이 지점에서 우리는 우리의 탐정 이야기가 그 주어진 틀 밖으로 나온 게 아닌가 하고 생각하면서, 그것이 현실 세계에는 적실성이 없다는 점을 알아채기 시작한다. 아울러 실업의 문제가 우리로 하여금 고용의 문제만 고려하도록 생각을 국한시킨다는 점도 알아차리게 된다. 심지어는 일 자체에 대해 고려하지도 못하게 한다. 그 일이 과연 가치 있는 일인지, 일꾼이 그 일에서 만족을 찾을 수 있는지 여부는 제쳐놓고, 단지 일자리를 얻어 월급 봉투를 받는 것만 생각하게 한다. 그러면 우리는, 사람이 일하는 것은 충분히 돈을 벌어 장차 일을 그만두기 위한 것인가, 아니면 일해서 돈 버는 것이 먹고 살면서 그 일을 계속하기 위한 것인가 하고 자문해 볼 필요가 있다. 전자가 옳다면, 부자야말로 복 받은 자라고 할 수 있다. 그들은 여가 문명의 꽃과 같은 존재이기 때문이다. 반면에 후자가 옳다면, 생계에 필요한 것 이상의 임금을 받지 않는 일꾼이 복 받은 자라고 할 수 있다.

이 지점에 이르면 이제 우리가 이런 생각을 해 보게 될 것이다. '그렇다면 실업의 문제는 현재 설정된 그런 식으로는 해결할 수 없는 것이구나. 어쩌면 일과 돈에 관해 전혀 다른 질문을 던져야 하지 않을까' 하고. 예를 들어, 왜 연극 배우는 돈을 별로 벌지 못하는 데도 일하기 위해 그토록 열심히 사는 반면, 공장 근로자는 훨씬 더 버는 데도 살기 위해 억지로 일하는 것일까? 만일 세상(당신과 내)이 부보다 일을 더 귀하게 여긴다면, 우리에게 일을 계속 할 수 있도록 보장해 주는 그 생계 수준을 넘어 얼마만큼의 돈이 더 필요할까? 직업을 갖는 것이 더 우선적이라 하찮고 불필요한 일 혹은 사회에 해로운 일을 해도 무방한 것일까? 가령, 보기 흉한 장식품의 제조나 동일 상품의 제조업자들 간의 살벌한 경쟁 같은 것 말이다. 그 대신 우리가 직업을 위한 직업이 아니라 그 일이 과연 할 만한 가치가 있는지 물어보는 것이 바람직하지 않을까? 어떤 사람이 저질적인 영화를 제작하는 일에 고액의 연봉을 받고 일할지, 길과 집을 건설하는 일에 그보다 적은 돈을 받고 일할지 결정할 때, 나쁜 영화와 좋은 집의 상대적 가치와 필요성을 서로 달아보아야 하지 않을까? 프로 축구 선수는 열렬한 관중의 박수와 비명 소리에 휩싸이는 반면에 부두 인부는 아무런 인

사도 받지 못한다는 사실이 양자에게 주는 임금과 상관이 있지 않을까?

일단 우리가 일과 돈에 관해 실업의 문제가 함축하는 대로 순전히 경제적인 견지에서 생각하는 것을 그만둘 때에야, 비로소 창조적인 시민 의식에 입각해서 생각하는 길로 접어들 수 있다. 그래야만 우리 머리로 무언가를 만들기 시작할 수 있기 때문이다. 우리는 문제를 푸는 대신 새로운 생활 방식을 창조하게 될 것이다.

"그러면 부활 때에 그 여자는 누구의 아내가 되겠습니까? 일곱이 모두 그 여자를 아내로 맞아들였으니 말입니다." 당신이 이런 식으로 물으면 그것은 대답할 수 없는 질문이 되고 만다. 그러나 하늘나라에서는 그런 식이 통하지 않는다. 당신은 너무 제한된 형식으로 질문을 던진 셈이다. 따라서 그에 대한 해답은 당신이 정해 놓은 틀 바깥에서 가져와야 한다.

(4) 탐정 소설에 나오는 문제는 유한하다

그런 문제는 일단 해결되면 그것으로 끝이다. 마치 조지 조셉 스미스가 자신의 집 욕실에서 신부를 익사시킨 것과 관련해서 별 생각 없이 "죽으면 그것으로 끝난 거야" 하고 내던지는 말과 같다. 탐정 소설 식의 문제가 우리에게 재치를 발휘하도록 열심히 재촉하는 이유는, 일단 우리가 마지막 페이지를 읽고 나면 소파에 편안히 앉아 더 이상 생각하지 않게 하기 위함이다. 크로스워드 퍼즐도 마찬가지다. 장기 게임도 그렇다. 담을 쌓을 때 부딪히는 이런저런 문제들도 그러하다. 그 몸부림이 끝났기에 자정이 되더라도 아무 고통 없이 발을 뻗고 편히 쉴 수 있다. 우리가 그렇게 느낄 수 있는 이유는 그 문제가 일부러 그렇게 고안되었기 때문이다. 우리가 이 세상에서 성취할 수 있는 업적이 너무나 적기 때문에, 대리 만족을 얻으려고 상당한 돈을 지불할 준비가 되어 있는 것이다. 탐정 소설가는 이 점을 잘 알고 있고, 퍼즐을 만드는 자도 마찬가지다. 그리고 학생도 자기가 낸 숙제 아래 편에 성적을 받게 되면, 다시는 A, B, C에 관한 그 후의 역사를 조사하지 않아도 되기에 감사하는 마음이 생긴다.

그런데 이것은 탐정 소설 식의 문제와 인생의 문제 사이의 유사점이 아니라 차이점을 측정한 것이다. 그것을 거꾸로 뒤집어도 된다. 그런 문제는 일단 해결되면 죽은 것이나 다름없다. 지난 20년 동안 우리가 평화와 안전의 문제를 다루려고 어떻게 노력해 왔는지 생각해 보라. 아직도 그것을 하나의 문제처럼 다루는 게 가능하다는 환상을 은근히 품고 있지 않은지 반성해 보라. 우리는 마치 평화란 어떤 장치로, 일련의 규정으로, 국제 연맹으로, 혹은 다른 형태의 헌법으로, 그것도 단 번에 영원히 달성될 수 있는 그 무엇인 것처럼 스스로를 설득했다. 지금도 우리는 일단 전쟁이 끝나면 이번에는 태양을 멈추게 하고 사건의 흐름을 정지시켜서 더 이상 노력할 필요가 없게 할 그 비법을, 그 마법을 찾을 수 있을 것이라는 환상에 빠져든다. 지난 번에는 이 목표를 달성하는 데 실패했다. 왜 그랬을까? 한 마디로 그것을 달성할 수 있다고 생각했기 때문이다. 평화와 안전을, 풀어야 할 문제로 보았지 만들어야 할 작품으로 보지 않았기 때문이다.

그런데 예술가는 그와 같이 행동하지 않는다. 우리가 전쟁을 끝낸다거나 국제 연맹의 기구를 설립하는 것처럼, 책 하나를 끝낼 수 있고, 무척 잘된 작품이라고 생각하고는 잠시 휴식을 취할 수 있다. 하지만 그것은 어디까지나 끝없는 창조 활동 가운데 잠시 쉬는 것일 뿐임을 너무나 잘 알고 있다. 이단은 그의 에너지와 그의 아이디어를 혼동하고, 하나님의 아들의 (역사상의) 한시적인 안식과 삼위 하나님이 하늘에서 취하는 영원한 안식을 혼동하지만, 그는 그런 혼동에 빠지지 않는다. 그가 만든 것은 살아 있는 것이라 열매를 낳을 수 있다. 그것은 계속해서 새로운 주제와 새로운 공상, 생각과 행동을 유발하는 새로운 계기를 만들어 낸다. 마무리된 각 장은 그 책의 흐름에서 하루치 분량일 뿐이다. 마무리된 각 책은 인생의 순례 길에서 일 년치 분량일 뿐이다. 혹은 또 다른 비유를 들자면, 그것은 그의 창조적 지성이 술술 풀어 내는 끝없는 동영상에서 잘라낸 정물 사진일 뿐이다. 그 자체로는 하나의 사진이지만, 서로 연결된 과정의 일부로서 그 뒷 사진을 앞 사진과 이어 주는 것이다.

　이 점을 예술가가 늘 의식하고 있지 않을진 모르지만, 알고 있는 것만은 분명하다. 하루가 끝날 때나 한 해를 마무리할 때, 그는 스스로 '일이 끝났어' 하고 말할지 모른다. 그러나 그 마음속으론 사실 일이 끝난 게 아니고, 만들고자 하는 열정이 다음 날 그를 다시 사로잡아 참신한 세계를 만들게끔 밀어붙일 것임을 알고 있다. 그리고 잠시 동안은 이 참신한 세계가 그가 방금 끝낸 세계와 전혀 연관이 없는 것처럼 생각할지 모르지만, 자기가 만든 피조물들을 죽 되돌아보면 각 작품이 어떤 면에서 나머지 작품의 결실이요 열매인 것을 알게 될 것이다. 아울러 그 모든 세계가 자기 아이디어의 이미지인 한 우주에 속해 있다는 점도 알게 되리라. 나는 탐정 소설의 긴 발전 과정의 끝 부분에 속하는 「화려한 밤」이란 소설이 그 후에 나온 희곡이자 기독교 신학을 구체화한 최초의 작품 「당신의 집을 사모하다」와 같은 주제를 다루고 있다는 것이 결코 우연이 아님을 알고 있다. 그것들은 창조의 대가에게 드리는 찬송이 변형된 형태들이다. 이제 거의 20년이 지난 다음, 나는 「시체는 누구?」(*Whose Body?*, 시공사)에서 아주 다른 가곡의 경쾌한 멜로디 아래 분명히 울려 퍼지는 그 곡조를 들을 수 있다. 더 거슬러 올라가자면, 「가톨릭 이야기」(Catholic Tales, 도로시 세이어즈의 시집-편집자 주)에 나오는 활기 찬 일련의 시구에서 그것을 다시금 듣게 된다.

나는 백향목과 참나무를 멋지게 깎아
대들보를 만들어 솔로몬 왕이 꿈꾸던 그 집을 만든다오.
수없이 망치를 두드리고
넓은 날개를 가진 금빛 나는 천사들과 함께

내 마음에 품은 생각은 오직 이것뿐.
모든 게 끝났을 때 내 침실은
얼마나 밝을까 하는 생각.
내 기쁨은 완벽한 꽃 모양이
안으로 굽어 올라 그 연장과 입맞춤하는 모습을 보는 것.

내가 계획한 일을 어떻게 끝내게 될까?
그 실마리는 나무 속에 있나니!
흔들리는 팔다리로 나는 몸을 굽히고 일어선다네.
내 땀은 피처럼 흘러내리고
내 손으론 끝을 잡고 깎아내렸다네.

오늘 내가 그 작품을 쓴다면 그런 식으로 쓰진 않았을 것이다. 밝은 침실과 흔들리는 팔다리, 그리고 마지막 절에 나오는 느낌표를 피했을 것이다. 하지만 결말이 첫 대목에 담겨 있는 건 분명하다. 그 바퀴가 완전히 한 번 돌았다거나, 시간 연구가들이 유행시킨 표현으로 나선이 그 출발점 위로 한번 돌아왔다고 말하는 것도 정확한 표현은 아니다. 아이디어가 그 속에 담긴 우주의 구석마다 처음부터 존재하고 있었고 영원히 그 모습을 현현하고 있다. 시간대 내에선 그 아이디어를 종결짓거나 완전히 파악할 수 있는 지점이 있을 수 없다. 그 문제는 영원히 풀 수 없어서 결국 폐기되고 만다. 그러나 그것이 새롭게 진술될 때마다 새 것이 만들어져서 "Q. E. F."(*Quod erat faciendum*, 라틴어로, 수학에서 결미로 씀. '해답 끝'이라는 의미—편집자 주)란 공식이 사인으로 기록된다.

살아 있는 문제를 확정적이고 죽은 결론으로 풀려는 욕심은 자연스런 것이다. 그것은 죽음을 향한 물질적 의지의 일부다. 그것은 가장 개화되고 진보적인 인간들의 천성으로서, 그들은 남에게서 그런 모습을 보게 되면 그걸 미워하면서도 그것이 바로 거울에 비친 자기 얼굴인 것을 모르는 자들이다.

현상 유지를 꾀하거나 고리타분한 전통에 매달리는 자들에게 독설을 퍼붓는 자의 경우, 스스로 고정된 목표점을 설정하지 않는 한 그런 행동이 정당화될 수 있다. 만일 그가 속으로 전쟁이 끝나면, 혹은 혁명이 끝나면, 혹은 "유럽 연방이 탄생하면", 혹은 프롤레타리아가 승리한 다음에는 문제가 해결될 것이라고 생각한다면, 그도 그들과 다를 바가 없다. 그리고 그는 자기 자신과 타인을 끔찍하게 기만하고 있는 셈이다. 맹인이 맹인을 막다른 골목으로 인도하는 격이다. 그는 사실 그런 식으로 말하거나 생각함으로써 어떤 업적에 대한 접근 자체를 불가능하게 만드는 셈이다.

이처럼 탐정 소설 식의 문제가 갖고 있는 네 가지 특징을 검토해 보니, 삶의 모든 현상을 문제와 해답의 견지에서 보기가 왜 그렇게 쉬운지, 그리고 우리가 어떤 해답을 얻었다고 생각할 때라도 그것이 만족스럽지 않을 때가 왜 그렇게 많은지 이해할 것 같다. 우리가 스스로에게 인생은 해결 가능한 것이라고 설득하려면 그것을 해답이 있는 어떤 문제로 규정짓지 않으면 안 되기 때문이다. 그렇게 하지 않으면 해답은 물론이고 문제마저 알아차릴 수 없다. 무슨 현상이든 예로 들어보라. 가령 장미를 보자. 당신은 장미를 풀기 위해 어떻게 접근하겠는가? 당신은 장미를 재배하고, 그 향기를 맡고, 그것을 모으고 걸치고, 향료나 화향으로 만들고, 그 그림을 그리거나 그에 관해 시를 쓸 수 있다. 이 모든 것은 창조적인 활동이다. 그런데 당신은 장미를 풀 수 있는가? 이 문장이 어색하게 느껴지지 않는가? 이 문장이 의미를 지니려면, 먼저 장미를 어떤 해답을 전제로 하는 하나의 문제로 규정지어야 한다. 이런 식으로 말할 수 있을 것이다. 만일 장미를 어떤 화학적 구성 분자들의 배열로 본다면, 장미를 가리키는 화학 공식은 X다. 혹은 장미를 기하학적으로 복잡한 평면 시스템으로 본다면, 이 장미에 대한 공식은 이러이러하다고. 혹은 장미를 색채 변이를 보여 주는 멘델의 유전 법칙의 좋은 본보기라고 본다면, 파란 장미를 재배하는 방법은 다음과 같다는 식으로.

그러나 이와 같은 해답들은 결코 장미를 풀 수 없다. 첫째 해답이 화학자에게는 완전한 답변일지 몰라도 장미를 꽃병에 꽂는 여인에게는 전혀 부적절한 답변이다. 둘째 해답은 미술가에겐 어느 정도 도움을 줄지 몰라도, 정원사로서는 불만족스런 답변이다. 셋째는 발견할 수 없을 가능성이 높은데, 설사 그렇지 않더라도 향료 제작자에겐 전혀 도움이 안 되는 답변이다. 그럼에도 향료 제작자, 정원사, 여인, 미술가는 장미의 해답이 아니라 장미 자체에 몰두한 끝에 세상에 장미의 새로운 모습들을 내놓을 수 있고, 그럼으로써 서로서로 힘있게 장미를 나눌 수 있다.

인생을 순전히 문제와 해답의 견지에서만 논할 때 따르는 위험은, 이런 탐정 게임이 갖고 있는 한계와 그 놀이 자체를 가능케 해주는 애초의 자의적 규칙의 존재를 간과하기 쉽다는 점이다. 그 규칙은 그 해답이 풀 수 없는 것이면 무엇이든 아예 문제로 설정하지 않는다는 것이다. 화학자에게는 사람이, 값어치가 몇 푼 안 되는 소금, 설탕, 철, 다량의 수분으로 구성되어 있다는 사실이 흥미롭고 유용한 것일 수 있다. 그러나 우리가 "사람은 사실 이런 것들에 불과한 존재"라고 주장하거나, 그 몇 푼 안 되는 것을 물에 용해시키면 사람에 관한 완전한 해답이 나올 것이라고 생각하면 안 된다. 그런 식으로 주장하거나 생각하는 것은 우리가 조건부로 제시한 "화학자에게는"이란 부분을 잊어버린 결과이기 때문이다. 그 조건부는 우리의 주장을 이런 식으로 더 축소시킨다. "사람이 하나의 화학 물질에 불과하다면, 이것이 그의 화학 공식이다." 이는 전혀 별개의 문제다. 이와 비슷하게, 요즈음 유행하는 위대한 인물들의 정체를 까발리는 행위만 보아도, 먼저 자신들이 해결할 수 없는 그 위대성을 문제의 범주에서 제외시킨 다음 나머지 부분에 대해 밋밋한 해답을 내놓는 식이다. 물론 이런 유의 해답은 그 인물이나 그의 위대성에 대한 답변이 전혀 아니다.

수학자 크로네커는 "하나님이 정수(整數)를 만들었고, 나머지는 모두 사람의 작품이다"라고 말했다. 사람은 자기가 풀 수 있는 방식으로 정수들을 배열하여 문제를 만들 수 있다. 하지만 정수 자체가 갖고 있는 헤아릴 수 없는 신비 앞에 서면, 자기 속에 하나님의 형상에 따른 그 삼위일체성(tri-unity)이 있음을 상기하고, 그것이 곧 정수를 포함하고 정수를 창조할 수 있다는 점을 기억하지 않는 한, 무력감에 빠질 수밖에 없다.

이것이 바로 사람 안에 있는 창조적 지성의 소명이다. 지성이 창조 활동에 관여할 때는 어떤 틀 안에 설정된 문제들을 푸는 데 유념하는 게 아니라, 그 상황이 지닌 변증법적 요소를 모두 묶어내고 그렇게 종합된 것을 힘있게 드러내는 데 관심을 둔다. 달리 말하면, 창조적 예술가는 삼단 논법을 다루는 게 아니라, 그 아래 깔린 주요 전제 곧 보편적 진술을 다룬다는 뜻이다. 그렇기 때문에 그는 언제나 문제를 일으키는 문제아 역할을 한다. 왜냐하면 모든 논증은 그 주요 전제의 수용에 의존하고 있고, 이것은 본질상 논리적 증명에 종속되지 않기 때문이다. 창조적 예술가는 그 주요 전제에 손을 올려놓고 세계의 토대를 흔들어 놓는다. 그가 이런 위험한 일에 몰두할 수 있는 것은 자기 집이 이 세상에 있지 않고 영원한 하늘에 있기 때문이다.

예술가는 자신의 창조적 본성을 잘 의식하지 않는다. 이상할 정도로 순진하게 그 신비로운 삶을 살아갈 뿐이다. 만일 그 신비의 핵심을 의식적으로 끄집어 내라고 한다면, 이런 식으로 말하지 않을까 생각된다.

나는 내 속에서 나의 참 본성의 법칙으로 인식하는 어떤 패턴을 발견한다. 그리고 그 패턴은 경험에 부합하는 것으로서, 내 행위가 그 패턴을 따르는 동안에는 내가 경험을 힘있게 해석할 수 있음을 알게 된다. 더 나아가, 그와 똑같은 패턴이 내 작품 속에도 내재하는 것을 발견한다. 아울러 신학자가 하나님에게 부여하는 그 존재의 패턴이 바로 내가 내 작품과 내 속에서 발견하는 것과 같다는 점도 알게 된다.

그러므로 나로서는 이 패턴이 살아 있는 우주의 실제 구조에 부합한다고, 또 그것이 나 자신뿐 아니라 다른 사람 속에도 존재한다고 믿고 싶다. 따라서 다른 이들이 우주에서 무력감을 느끼고 우주와 껄끄러운 관계에 있다고 느낀다면, 그들의 삶과 일의 패턴이 비뚤어져서 우주의 패턴과 부합하지 않기 때문이라고 결론을 내리게 된다. 요컨대, 그들은 자기 본성의 법칙에 거슬러 산다는 말이다.

내가 이런 확신을 갖게 된 것은 나 자신의 경험 때문이다. 내가 인간 사회의 패턴을 좇아 살 때는 무력감에 빠지고 우주와 껄끄러운 관계에 있는 것처럼 느끼곤 한다. 반면에 나의 참 본성에 따라 살 때에는 내가 인간 사회에 대해 그리고 인간 사회는 나에 대해 서로 껄끄러운 관계에 있다고 느끼곤 한다. 나는 인간 사회가 그 진정한 모습에서 벗어났다고 생각하는데, 만일 내 판단이 옳다면 내 경험은 신학자들의 경험을 다시금 확증시켜 주는 셈이다. 그들 역시 인간의 내면이 근본적으로 비뚤어져 있다는 것을 인지했기 때문이다.

당신이 나에게 내 본성의 참 법칙으로 인식하는 그 패턴이 무엇이냐고 묻는다면, 나로서는 그것이 창조적 지성의 패턴이라고밖에 대답할 수 없다. 즉 그 작품이 나오도록 단번에 영감을 주고 그것을 판단하고 전달하는 그 넘치는 힘을 가진, 쉼 없는 에너지에 의해 물질적 형태로 나타난, 어떤 영원한 아이디어라고 말이다. 이 셋은 곧 마음속에서 그리고 그 작품 속에서 하나로 존재한다. 그리고 이것이 바로 신학자들이 하나님의 존재 패턴으로 규정한 것이다.

   만일 이것이 옳다면, 인간 창조자의 지성과 창조주의 지성은 동일한 패턴으로 형성된 것이고, 그들의 작품은 모두 그들의 형상에 따라 만들어진 것이다.

   만일 당신이 지나가는 예술가를 붙들고 그에게 질문을 던진다면, 그가 자신을 이런 식으로 설명할 가능성은 별로 없다. 그 역시 우리와 마찬가지로 신학과 경험 사이에 어떤 연관성을 찾는 데 익숙하지 않을 것이다. 또 내가 책의 앞부분에서 말한 것처럼, 요즈음 신학자들도 교리를 설명할 때 굳이 인간 창조자에 빗대어 설명하려 하지 않는다. 그들은 하나님과 그분의 자녀의 닮은 점을 예로 들 때 '아버지의 상징'을 즐겨 사용한다. 반면에 '창조자의 상징'을 사용할 때에는—이런 경우가 드물긴 하지만—하나님과 그 피조물간의 깊은 간격을 보여 주는 예로 든다. 하지만 베르자예프가 말하듯이 "예술가와 시인의 형상은 자기 자녀보다 자기 작품에 더 분명히 새겨져 있다." 특히 삼위일체 교리를 다룰 때에는 그 신비성과 독특성에 늘 강조점을 둔다. 우리가 아우구스티누스를 좇아 이 교리는 사람에게 자기 옷소매만큼 눈에 익고 친근한 것이라고 말하면 마치 신성 모독죄라도 짓는 것처럼 말이다.

불행하게도, 한편에선 교회와 예술의 간격이, 또 다른 편에선 국가와 예술의 간격이 갈수록 넓어지면서, 보통 사람은 예술가가 이 세상에서나 내세에서 별 볼일 없는 자라는 인상을 받고 있다. 이런 현상은 예술가를 영적인 고립 상태에 빠지게 했으므로 그에게도 나쁜 영향을 미쳤다고 볼 수 있다. 그럼에도, 이리저리 헤매는 요즈음의 주도적인 사상가들은, 자신들 못지않게 길을 잃고 헤매는 인류를 향해 뒤늦게나마 인생에 대한 창조적인 태도를 가지라고 권하고 있는데, 그런 태도를 가장 잘 비춰 줄 수 있는 자는 예나 지금이나 예술가밖에 없다.

또 창조적 지성이란 것은 보통 사람의 지성과 동떨어진 비실제적인 그 무엇이 아니다. 예술가란 삶의 현실에서 물러나 어렴풋이 꿈만 꾸는 존재라는 생각은 그릇된 것이다. 내가 추측하건대, 이런 개념은 최종 결과물과 상관없이 행정 조직을 기계처럼 돌려야 하는 자들이 유포한 것이 아닐까 추측한다. 예술가가 정부 부서로 침입하자, 관료들이 소스라치게 놀라 곧장 본론으로 들어가던 그 무자비한 현실주의를 더 이상 즐기지 못한다. 예술가가 그 주요 전제에다 손을 올려놓는 신성 모독의 죄를 짓는 바람에, 전제주의에 의해 십자가에 못 박히고 관료제에 의해 조용히 질식된다. 보통 사람에게는 예술가가 다른 어떤 직업인보다 더 가까운 편인데, 그의 소명은 바로 인류의 가장 높은 공통 분모를 표현하는 일이기 때문이다. 그것은 바로 인간을 짐승과 구별시켜 주는 창조자의 형상이다. 만일 보통 사람이 자기 속에 있는 신성을 즐기고 싶다면, 오직 무언가를 창조하는 행위를 통해서만 그렇게 될 수 있다.

학자가 지혜를 쌓으려면 여가를 가져야 한다.
사람은 하는 일이 적어야 현명해진다.
쟁기를 잡고 막대기를 휘두르며 소를 모는 데 여념이 없고,
송아지 이야기밖에 할 줄 모르는 농부가 어떻게 현명해질 수 있으랴?
그의 머릿속에는 이랑을 짓는 생각으로 가득 차 있고,
저녁에는 암소에게 먹이 주는 일로 시간을 다 보낸다.
모든 직공과 기술자는 물론, 주야로 일만 하는 자들은 모두 마찬가지다.
도장을 새기는 사람은 새로운 도형을 만드는 데 열중하고
그 도형과 똑같은 것을 파느라고 부심하며, 일을 완성하려고 밤

을 새운다.

마찬가지로 대장장이는 모루 옆에 앉아서 이 쇠로 무엇을 만들까를 생각한다.

그의 살은 불길에 화끈 달아, 뜨거운 화롯불과 맞싸우듯 한다.

망치 소리에 고막이 터질 듯하고 그의 눈은 모형을 노려본다.

일을 잘 마치려고 심혈을 기울이고, 완성품을 내기까지 밤을 새운다.

또 옹기장이는 일터에 앉아서 자기 발로 풀무를 돌리며,

생각은 항상 자기 작품에 집중되어 있고 동작 하나하나를 신중하게 한다.

손으로 진흙을 빚으며 발로 반죽을 갠다.

그릇에 윤을 잘 내려고 온 정성을 기울이며, 가마를 깨끗이 하느라고 밤을 새운다.

이 사람들은 모두 자기 손재주에 자신을 갖고 있으며,

저마다 자기 일의 특기를 지니고 있다.

이런 사람들이 없이는 도시를 건설할 수가 없고,

거주민도 없을 것이고 여행자도 없을 것이다.

그러나 그들은 시의회에 불리지도 않으며, 공중 집회에서 윗자리를 차지하지도 않는다.

그들은 재판관 자리에 앉지도 않으며 법률을 잘 알지도 못한다.

그들의 교양이나 판단력은 출중하지 못하고 격언을 만드는 사

람들 축에 끼지도 못하지만,

그들 때문에 이 세상은 날로 새롭게 되고 지탱이 된다.

그리고 그들은 오직 자신들의 하는 일이 잘 되기를 빌 뿐이다.

집회서 38:24-34(공동번역)

저자 연보

1893　옥스퍼드에서 영국 성공회 사제 헨리 세이어즈와 메리 세이어즈의 외동딸로 태어나다.
1897　케임브리지 블룬티셤 교구로 이사하다. 아버지와 가정 교사에게 가정 교육을 받다. 바이올린과 언어(라틴어, 프랑스어, 독일어)를 배우다.
1909　샐리스베리의 고돌핀 기숙 학교에 입학하다. 영국 성공회의 견진성사를 받다. 홍역에 이은 폐렴을 앓다.
1911　건강이 악화되어 학교를 떠나 개인 공부를 시작하다.
1912　옥스퍼드 서머빌 칼리지에 입학하다.
1915　최상의 성적으로 졸업하다(옥스퍼드 최초의 여자 졸업생이 되다).
1916　프랑스 Hull High School의 교사가 되다. 생애 첫 시집을 출간하다 (*Op.I*).
1917　옥스퍼드로 돌아와 Basil Blackwell 출판사에서 일하다.
1919　프랑스 L'Ecole des Roches 학교에서 사무 일을 하다. 두 번째 시집 *Catholic Tales* 출간.
1920　영국에서 돌아와, 시간제로 번역과 가르치는 일을 하다. 여성으로서 처음으로 옥스퍼드 대학교에서 석사 학위를 받다.
1922　첫사랑에 실패하다. 자동차 영업인 빌 화이트를 만나다.
1922-1931　런던의 Benson 광고 회사에서 카피라이터로 활동하다.
1923　Lord Peter Wimsey 시리즈의 첫 작품인 *Whose Body?*를 출간하다.

1924   존 안토니를 낳다.

1926   스코틀랜드 출신 기자 아더 플레밍과 결혼하다. *Cloud of Witness* (Wimsey novel) 출간.

1927   *Unnatural Death*(Wimsey novel) 출간.

1928   아버지 헨리 세이어즈가 사망하다. 에섹스 주 위덤에 어머니의 집을 마련하다. *The Unpleasantness at the Bellona Club*와 *Lord Peter Views the Body*(Wimsey novel) 출간. 추리 소설 단편선 *Great Short Stories of Detection, Mystery, and Horror* 1권을 편집하다.

1929   어머니 메리 세이어즈가 사망하다. 위덤의 집으로 이사하여 전업 작가가 되기 위한 준비를 하다. *Great Short Stories of Detection, Mystery, and Horror* 2권을 편집하다. '추리 소설 클럽'을 창설하다.

1930   *Strong Poison*(Wimsey novel), *The Documents in the case* 출간.

1931   *The Five Red Herrings*(Wimsey novel) 출간. '추리 소설 클럽' 회원들과 *The Floating Admiral*을 공저하다.

1932   *Have His Carcase*(Wimsey novel) 출간.

1933   *Hangman's Holiday, Murder Must Advertise*(Wimsey novel)출간.

1934   *The Nine Tailors*(Wimsey novel) 출간. *Great Short Stories of Detection, Mystery, and Horror* 3권을 편집하다.

1935   *Gaudy Night*(Wimsey novel) 출간.

1936   희곡 *Busman's Honeymoon*을 쓰다(이후 영화로 제작되다).

1937   *Busman's Honeymoon*(Wimsey novel) 출간. 캔터베리 대성당의 청탁을 받아 희곡 *The Zeal of Thy House*를 쓰다.

1938   또 한 권의 Wimsey novel 저술을 중지하다(사후 Jill Paton Walsh가 *Thrones, Dominations*라는 이름으로 완결하다).

1939   캔터베리 대성당 공연을 위한 두 번째 희곡 *The Devil to Pay*를 쓰다. *In the Teeth of the Evidence*(Wimsey novel) 출간.

1940 라디오 방송용 그리스도 탄생극 *He That Should Come*을 쓰고 성공을 거두다(이후 무대에서도 공연되다). 기독교 신앙에 대한 에세이 *Begin Here*를 쓰다.
1941 *The Mind of the Maker* 출간.
1942 BBC 방송으로부터 그리스도의 삶을 다루는 12회분의 희곡 청탁을 받고, *The Man Born To Be King*을 쓰다.
1944 단테의 「신곡」 번역을 시작하다.
1946 리치필드 성당 750주년 기념 연극 청탁을 받고 *The Just Vengeance*를 쓰다.
1947 에세이집 *Creed or Chaos?* 출간.
1948 교수법에 관한 소논문 "The Lost Tools of Learning"을 쓰다. *Six Against the Yard*를 공저하다.
1949 단테의 「신곡」 "지옥편"을 번역하다.
1950 BBC 라디오에서 변증 연설을 하다("The Sacrament of Matter"). 더럼 대학교에서 문학 박사 학위를 받다. 아더 플레밍이 사망하다.
1951 콜체스터 시의 축제를 기념하는 희곡 *The Emperor Constantine*을 쓰다.
1952 St. Thomas-cum-St. Annes 교회 런던 교구의 교구 위원이 되다.
1954 *Introductory Papers on Dante* 출간.
1955 「신곡」 "연옥편"을 번역하다.
1957 *Further Papers On Dante* 출간. 중세 프랑스 서사시 "Song of Roland"를 번역하다. 「신곡」 "천국편" 번역을 미완결한 채, 12월 17일 위덤의 자택에서 심장마비로 사망하다. (1962년 그녀의 절친한 친구 바바라 레이놀드가 "천국편" 번역을 완성하다.)

옮긴이 **홍병룡**은 연세대학교 정치외교학과와 동 대학원을 졸업했으며, IVP 대표 간사로 일했다. 리젠트 칼리지와 기독교학문연구소(Institute for Christian Studies)에서 공부하였고, 현재 전문 번역가로 일하고 있다. 지금까지 「여성, 그대의 사명은」, 「소명」, 「정의와 평화가 입맞출 때까지」, 「다원주의 사회에서의 복음」, 「그리스도와 문화」, 「헬라인에게는 미련한 것이요」, 「코끼리 이름 짓기」(이상 IVP), 「완전한 진리」(복있는사람), 「서로서로 세우자」(생명의 말씀사) 등 다수의 책을 번역했다.

도그마는 드라마다
: 문학적 상상력과 교리의 재발견

초판 발행_ 2009년 10월 22일
2판 발행_ 2017년 6월 22일

지은이_ 도로시 세이어즈
옮긴이_ 홍병룡
펴낸이_ 신현기

펴낸곳_ 한국기독학생회출판부
등록번호_ 제313-2001-198호(1978.6.1)
주소_ 04031 서울 마포구 동교로 156-10
대표 전화_ (02)337-2257 팩스_ (02)337-2258
영업 전화_ (02)338-2282 팩스_ 080-915-1515
홈페이지_ http://www.ivp.co.kr 이메일_ ivp@ivp.co.kr
ISBN 978-89-328-1483-4

ⓒ 한국기독학생회출판부 2017

책값은 뒤표지에 있습니다.
무단 전재와 복제를 금합니다.